Sergei Rudakov

# Eine Hochspannungsleitung auf dem Mond
Eine fantastische Erzählung

**Sergei Rudakov**

# Eine Hochspannungsleitung auf dem Mond

Eine fantastische Erzählung

Rediroma-Verlag

Bibliografische Information der Deutschen Nationalbibliothek:
Die Deutsche Nationalbibliothek verzeichnet diese Publikation in der Deutschen Nationalbibliografie; detaillierte bibliografische Daten sind im Internet über http://portal.dnb.de abrufbar.

ISBN 978-3-98527-918-0



Korrektor Oksana Bulavina
Computer-Layout und Gestaltung Svetlana Teregulova
Gestaltung des Umschlags durch Dmitry Andreev
Das Buch verwendet Zeichnungen des Autors
Übersetzer Renate Zöller



www.rediroma-verlag.de
14,95 Euro (D)

**Inhalt**

# Kapitel 1. Die Apollo 18

Die Saturn 5, die leistungsstärkste Rakete, die je von Menschenhand gebaut wurde, hob von Cape Canaveral ab und trug das Raumschiff Apollo 18 in den Himmel. So wie im Juli 1969 Hunderttausende von Menschen nach Brevard County in Florida kamen, um die Pioniermannschaft der Apollo 11 zu verabschieden. So wie Apollo 12, die heldenhafte Apollo 13, die wissenschaftliche Apollo 14, 15, 16 und die höchst effektive Apollo 17 in den Himmel aufstiegen. Auch jetzt, ein halbes Jahrhundert später, blickten Männer, Frauen und Jugendliche mit Bewunderung in den Himmel.

Die Rakete flog senkrecht nach oben. Die fünf Triebwerke der ersten Stufe – eines in der Mitte und vier symmetrisch um das erste herum – bildeten ein Kreuz. Die hellen Flammen waren am Tageshimmel deutlich sichtbar. In der Höhe verwandelte sich das Kreuz plötzlich in ein Quadrat. Das zentrale Triebwerk schaltete sich ab, um die untragbar hohe Überlast zu reduzieren. Nach einer weiteren halben Minute schalteten sich auch die seitlichen Motoren ab. Der ersten Stufe war der Treibstoff ausgegangen, und die Automatik schoss sie ab, damit die zweite Stufe starten konnte. Wenige Augenblicke später schalteten sich die Triebwerke der zweiten Stufe ein. Mit einem guten Fernglas konnte man die Flammen des Düsenstrahls erkennen, der das Raumschiff beschleunigte. Die Apollo 18 steuerte, ohne in die Erdumlaufbahn einzutreten, direkt auf den Mond zu.

Die Raumfahrtveteranen, pensionierte NASA-Mitarbeiter, Teilnehmer des ersten Apollo-Programms und die Gäste auf dem Podium blickten gebannt in den Himmel. Es war wie damals im Jahr 1969. Die Menschen machten einen Ausflug in die Vergangenheit. Erinnerungen wurden wach. Viele hatten Tränen in den Augen.

Aber nicht alles war wie damals.

Normalerweise würde das Startteam nach einem Raketenstart das Signal „Entwarnung“ erhalten. Nach Wochen harter Schichten, die fast rund um die Uhr liefen, könnte es dann entspannen. Die Mitarbeiter könnten hundert Gramm Wodka trinken und eine Woche Urlaub nehmen. Aber dieses Mal war das anders.

Kaum waren die Teile des Startkomplexes abgekühlt, schwärmten die Experten des Startteams aus. Sie inspizierten Träger, Masten, Einheiten und Systeme, damit die Reparaturen sofort beginnen konnten. Schläuche und Kabel, die durch den Raketenstart beschädigt worden waren, mussten ersetzt und Aggregate, Einheiten und Systeme getestet werden. So schnell wie möglich bereiteten sie den Startkomplex für den Empfang der Rakete Saturn-5 mit dem nächsten Raumschiff Apollo-19 vor.

Auch die Apollo 18, die ins All flog, unterschied sich stark von ihren Vorgängern. Das Einzige, was sie von ihnen geerbt hatte, war eine Mondlandeplattform, dieselbe, mit der Neil Armstrong und Edwin Aldrin sanft in das Meer der Stille hinabgelassen wurden. Anstelle eines Kommando- und Kontrollraums und einer Startrampe gab es eine mobile Kabine. Und genau dort befinden sich jetzt die Astronauten: der siebenunddreißigjährige Commander Brad Norton und der fünfunddreißigjährige Pilot Paul Duke. Sie flogen zu zweit, nicht zu dritt, wie es vor der siebzehnten Apollo üblich war.

Die mobile Kabine war für eine relativ komfortable, abgeschlossene Unterkunft für zwei Personen im Weltraum oder auf der Mondoberfläche konzipiert. Sie konnte auf den Mondrover (lunare mobile Plattform) montiert und mit ihm bewegt werden; die Kabine konnte einfach auf den Mondboden gestellt werden. Die Kabine bot Platz für Sauerstoff, Wasser, Nahrung und Kohlendioxidabsorber für dreißig Tage.

An der Vorderseite der Kabine befand sich ein großer verglaster Balkon. Davor standen zwei Sessel, auf denen Bradley und Paul halb liegend saßen. An der Decke, auf der Konsole zwischen den Sitzen, an den Wänden links und rechts und sogar auf dem Boden befanden sich Warnleuchten, Kippschalter, Knöpfe und Anzeigen. Die Sitze und das halbkugelförmige Fenster erinnerten an ein Hubschraubercockpit oder eine Baggerkabine, und die vielen Instrumente erweckten den Eindruck, man befinde sich im Cockpit eines Flugzeugs. Das Teleskop-Periskop über dem Sitz des Kommandanten war von U-Booten entliehen, während die Kojen und ein kleiner Tisch hinter den Sitzen sehr ähnlich wie das Fahrerhaus eines schweren McTrucks aussahen. Von außen wirkte die mobile Kabine wie ein normaler Bus.

Auf dem Längsträger des Fensterflügels, der wie eine Fensterbank aussah, befand sich ein Kaktustopf. Um zu verhindern, dass der Kaktus im Fahrerhaus umherflog, wurden er und der Topf in einen Netzbeutel gesteckt und mit Klebeband am Träger befestigt.

Direkt vor dem Cockpitfenster konnten die Astronauten die stumpfgraue Oberfläche der Frontverkleidung erkennen. Die Instrumente zeigten die zunehmende Geschwindigkeit und Höhe des Raumschiffes an. Die Vibrationen und das Brummen fielen mit dem Betrieb der Düsentriebwerke zusammen.

Plötzlich gab es einen leichten Stoß, einen Ruck – die erste Stufe fiel ab. Es gab einen zweiten Ruck. Die zweite Stufe war nun in Betrieb.

Zwei oder drei Minuten nach dem Start, sobald das Raumschiff die Atmosphäre verlassen hatte, wurde auf Befehl des Bordcomputers die Frontverkleidung abgesprengt. Ein kleiner Stoß. Die helle Sonne blendete die Augen, verblasst aber sofort wieder. Die in den Fenstern installierten automatischen Lichtfilter reduzierten das Licht auf ein angenehmes Maß.

Fast ohne die Flugbahn zu ändern, beschleunigte das Raumschiff und gewann an Höhe. Die Augen der Astronauten suchten die Erde. Bei früheren Flügen war sie kurz nach dem Abwurf der Verkleidung aufgetaucht. Aber jetzt war die Erde außer Sichtweite. Dorthin, nach hinten, wurden die Abgase der zweiten und einige Minuten später der dritten Stufe geleitet.

Nachdem das Schiff auf die zweite Raumgeschwindigkeit beschleunigt hatte, schaltete sich schließlich das Triebwerk der dritten Stufe ab. Die Schwerelosigkeit setzte ein. Das lose Tablet des Kommandanten schwebte. Ein unangenehmes Gefühl der Übelkeit entstand im Magen und verging sofort wieder. Ein leichter Ruck – die dritte Stufe löste sich. Sie wurde von Houston abgelöst. Sie gaben das Kommando für einen Korrekturimpuls, und drei Tage später würde die Stufe den Mond treffen. Diese Methode, eine nicht mehr benötigte Stufe zu entsorgen, erforderte eine minimale Menge an Brennstoff und wurde von allen Apollos verwendet.

Über die Funkverbindung waren Jubel und Beifall zu hören. Houston gratulierte den Astronauten zum erfolgreichen Erreichen einer passiven Flugbahn. Dies bedeutete, dass das Raumschiff im freien Flug, bei dem die Triebwerke abgeschaltet sind, den Mond erreichen würde. Seine abnehmende Sichel strich über die Achtzehnte.

Anhand von Instrumentenmessungen wurde der Zustand der Aggregate, der Kabinesysteme und der Landungsstufe überprüft. Alles normal. Alles normal. Alles normal.

Bereit zum Andocken der Kabine. In der Startposition stand sie aufrecht auf der Landeplattform. Ihr länglicher Quader fügte sich in die glatten Konturen der Frontverkleidung ein, die für einen minimalen Luftwiderstand sorgte. Jetzt, im Vakuum, behinderte nichts die Bewegung der kantigen Kabine. Die Astronauten dockten von der Landeplattform ab, entfalteten die Kabine und dockten wieder an. Sie lag nun auf der Landungsstufe und hielt sie fest umklammert. Die Kabine würde also im Liegen zum Mond hinabsteigen und genauso würde sie auf dem Mondrover reisen.

Erneute Überprüfung der Ausrüstung. Die Kommunikation zwischen der Kabine und der Stufe erfolgte über einen drahtlosen Kanal. Die Sensormesswerte waren normal, die Kommunikation gut, es gab keine Vibrationen oder intermittierende Geräusche.

Die Astronauten hatten die Erde gesichtet! Da war sie, schwamm unter den Füßen hervor. Was für eine Schönheit!

Houston überließ dem Kommandanten die Verantwortung für die Instrumente und schickte Paul Duke los, um sich umzuziehen. Er befreite sich aus den Gurten und schwebte in die Luftschleuse, die sich an der Rückseite des Cockpits befand. Die Schutzkleidung wurde hier gelagert, in Regalen, die speziell für sie angefertigt worden waren. Sowohl für den Start als auch für das Gehen und Arbeiten auf der Mondoberfläche – die sogenannten „extravehicular activities“ – wurden die gleichen Raumanzüge verwendet.

In der Luftschleuse in der Ecke war ein Reisigbesen zu sehen. Einer der Veteranen des Mondprogramms hatte vorgeschlagen, einen Besen zu benutzen, um den Staub von den

Anzügen zu fegen, bevor man von der Mondoberfläche aus die Luftschleuse betrat. Es blieb keine Zeit, um einen Hightech-Besen aus Nanomaterialien zu entwickeln. Sie nahmen, was sie zur Verfügung hatten. Auf diese Weise gelangte der gewöhnliche Besen in den Kosmos. Natürlich verfügte die Luftschleuse über einen leistungsstarken Staubsauger mit speziellen Filtern und dieses Reinigungssystem für Raumanzüge in der Luftschleuse wurde auch nicht abgeschafft. Trotzdem war es sehr klug, den zusätzlichen Schmutz draußen zu lassen.

Paul hängte seinen Raumanzug an den Ständer und zog sich einen bequemen Trainingsanzug an. Er schaute auf seine Hausschuhe, zog sie aber nicht an. In der Schwerelosigkeit brauchte man keine Hausschuhe.

Ein heller Lichtstrahl flackerte über den mittleren Wohnbereich der Kabine, glitt über die weichen, hellen Polster und wurde von der Kühlschranktür reflektiert. Kleine runde Bullaugen in den Seitenwänden und der Decke des Cockpits sowie in der Außentür der Luftschleuse ermöglichten eine Rundumsicht. Abwechselnd blickte die Sonne in sie hinein. Die Apollo rotierte langsam.

Die Anzeigen und Displays leuchteten in einem beruhigenden Grün, nicht in Rot, und der Kommandant schwebte ebenfalls aus seinem Sitz in die Luftschleuse. Die Astronauten befreiten sich von ihren klobigen Raumanzügen und begannen mit der Überprüfung und Vorbereitung auf den dreitägigen Flug in der Schwerelosigkeit. Da die Motoren ausgeschaltet waren und die Technik gut funktionierte, konnten sie in aller Ruhe ihrer Arbeit nachgehen.

Der Pilot überprüfte die Kommunikation mit der Erde über den Transpondersatelliten. Auf diese Weise würde die Kommunikation nach der Landung auf dem Mond erfolgen. Diese

Entscheidung wurde getroffen, weil das Landegebiet und ein Teil der Strecke, die die Mondrover zurücklegen sollen, von der Erde aus nicht direkt sichtbar waren.

Der Rückübertragungssatellit wurde von der Europäischen Weltraumorganisation entwickelt und in eine extra-elliptische Umlaufbahn gebracht. Das Apogäum des Satelliten befand sich hoch über der nördlichen Hemisphäre der Erde. Auf diese Weise konnte der Satellit, während er von der Erde aus direkt sichtbar war, auch über den Nordpol des Mondes hinaus auf dessen nicht sichtbare Seite schauen. Der Zeitpunkt, an dem der Repeater seine maximale Entfernung von der Erde erreichen würde (Apogäum), war mit der Einsatzzeit der Besatzung der Apollo18 abgestimmt. Der Relay-Satellit bewegte sich langsam, sehr langsam in der Nähe seines Apogäums und „schwebte“ ziemlich hoch über dem Polarhorizont des Mondes, um die Kommunikation zwischen dem Kontrollzentrum und den Astronauten zu gewährleisten.

Das Projekt zur Aussetzung des Satelliten war eine einmalige Sache.

Seine Umlaufbahn lag in einer Ebene senkrecht zur Ekliptik – von einer solchen Bahn aus kann man sowohl die Erde als auch die zirkumpolaren Regionen des Mondes gleichzeitig sehen. Doch diese Umlaufbahnen sind extrem instabil. Die Flugbahn ist schlecht vorhersehbar und das machte es unmöglich, sich in Zukunft auf den Satelliten zu verlassen. Nach einigen nicht-elliptischen Drehungen würde der Satellit zur Erde fallen und in der Atmosphäre verglühen.

Jetzt aber verhielt sich der Satellit recht anständig. Er nahm den Gruß von Duke entgegen und gab ihn korrekt an den Flugleiter weiter. Der umgekehrte Vorgang funktionierte ebenso präzise.

In einem ähnlichen Modus – ruhig, leicht entspannt – arbeitete auch das Flugkontrollzentrum. Die Ballistik berechnete den Korrekturimpuls und gab ihn in den Bordcomputer der Landeplattform ein. Das Triebwerk arbeitete die ihm zugewiesenen Sekunden, dann kehrten Stille und Schwerelosigkeit in das Raumschiff zurück.

Eine Nachricht vom Startteam traf ein. Es wurde gemeldet, dass die Trägerrakete Saturn 5 und das Raumschiff Apollo 19 im Stadium des Kaltstarts waren. Das bedeutete, dass der Flugzeugträger und das Raumschiff angedockt und auf die Startrampe gestellt worden waren. Alle Raumschiff- und Raketensysteme waren geprüft und betriebsbereit. Die Rakete war noch nicht betankt, die Batterien noch nicht installiert und das Flugprogramm noch nicht in den Computer geladen worden.

Strukturell war die Apollo 19 identisch mit der Apollo 11 bis 17. Kommandoraum, Wartungsraum, Lande- und Startrampen. Das Raumschiff war modernisiert worden. Es konnte nicht nur zwei, sondern drei Menschen zum Mond befördern und sie dann zur Erde zurückbringen. Es konnte jede Phase des Fluges und das gesamte Programm automatisch ausführen.

Die Apollo 19 stand am Startplatz, bereit, im Falle einer Katastrophe die Besatzung der Apollo 18 zu retten. Drei bis vier Tage, um die Rakete aufzutanken und alle Systeme in Bereitschaft zu versetzen, weitere drei bis vier Tage, um den Mond zu erreichen. Sollte die Besatzung von Apollo 18 in Not geraten, blieb ihr nur eine Woche Zeit, um auf Hilfe zu warten.

Alle waren von dem Wunsch beseelt, dass eine Rettungsaktion nicht notwendig sein würde, dass Apollo 19 ihre Hauptaufgabe, die zweite Besatzung zur Mondstation zu bringen, erfüllen und dass Paul und Bradley zur Erde zurückkehren würden.

Am Ende des dritten Tages begann sich das Leben zu normalisieren. Die dünne Sichel des Mondes leuchtete schillernd gegen die vom Licht der Erde erhellte Nachtseite. Die Berge und Krater warfen lange, schwarze und tiefe Schatten. Es war unmöglich, in den Schatten etwas zu erkennen. Aber die Gipfel der Berge glitzerten und streckten sich nach den Sonnenstrahlen aus. Der Terminator, die Grenze zwischen Hell und Dunkel, zeichnete den Boden der Krater nach und teilte die Meere in „noch Nacht“ und „schon Morgen“. Der Mond, der während der drei Tage der Reise immer mehr zugenommen hatte, wurde größer und größer.

Jetzt begann die heiße Zeit für die Ballistiker.

Die Apollo 18 flog direkt zum Nordpol des Monds, ohne in eine kreisförmige Umlaufbahn einzutreten, wie das früher immer der Fall gewesen war, und landete am Fuße des Whipple-Kraters, nur 30 Kilometer vom selenografischen Scheitel entfernt. Eine präpolare Umlaufbahn hat keinen besonderen Vorteil gegenüber einem direkten Treffer auf dem Mond, sondern verbraucht nur zusätzlichen Treibstoff. Und Treibstoff musste gespart werden. Eine Landung am Mondpol ist energetisch gesehen kostspieliger als eine Landung in der Äquatorregion, wo die sowjetischen Instrumente der Luna-Serie und die Raumschiffe vom Apollo-Programm landeten.

Um am Nordpol des Mondes landen zu können und die Risiken zu minimieren, musste die Landeplattform erheblich modifiziert werden. Erstens hatte sie die Aufgabe, die Besatzung im Falle eines Unfalls der Trägerrakete zu retten, und zwar von dem Moment an, in dem die Astronauten im Cockpit von Apollo 18 Platz nahmen, bis zum Wiedereintritt in die Atmosphäre. Zweitens hatte die Landeplattform zusätzlichen Treibstoff. Seine Triebwerke mussten die erforderlichen Flugbahnkorrekturen vornehmen und dann die Kabine mit der Besatzung sanft in die bergige Region des Nordpols absenken. Und drittens ermöglichten die verlängerten Stegbeine die Landung an steilen Hängen, wobei der Steg und die mobile Kabine in einer horizontalen Position blieben.

Am Morgen des vierten Tages ließ Houston die Astronauten ausschlafen. Es versprach, ein langer Tag zu werden. Aufwachen, Frühsport. Der Mond wurde größer und schwoll weiter an. Die sonnenbeschienene Sichel hatte sich verjüngt; die Schattenseite, beleuchtet von einer fast vollen Erde, nahm die Hälfte des Panoramafensters ein. Direkt vor ihnen sahen sie das von Bergen umgebene Meer des Regens. Unter dem Raumschiff breiteten sich die Karpaten, der Apennin, der Kaukasus und die Alpen aus, aber ganz anders als auf der Erde. Jenseits der Alpen lag das Meer der Kälte. Über die Meere, über die Berge, dorthin, wo sich das obere Horn des Mondes am Nordpol festhielt, hielt die Apollo ihren Kurs.

Nach dem Frühstück zogen die Astronauten ihre Anzüge an und nahmen in ihren Sitzen Platz. Das Flugkontrollzentrum duplizierte die Informationen, die Bradley und Paul auf ihren Displays beobachteten. Der Bordcomputer drehte die Apollo um. Sie flog nun mit dem Motor und dem Panoramafenster des Cockpits nach unten. Die Oberfläche des Mondes lief unter dem Kaktus hervor, stieg nach oben und verließ das Sichtfeld. Die Apollo geriet etwas ins Stocken.

Die Mondanflugbahn bestand aus passiven Abschnitten, in denen nur die Gravitationskräfte von Sonne, Erde und Mond die Bewegung des Fahrzeugs beeinflussten, und aktiven Abschnitten, in denen das Triebwerk lief. Die von der Ballistik berechnete Flugbahn war eine komplexe räumliche Kurve. Die Flugbahn wies auf den beabsichtigten Landepunkt hin, wobei die Geschwindigkeit des Raumschiffs am Landepunkt vollständig aufgehoben sein sollte.

Dreihundert Kilometer vor dem Pol schaltete sich das Triebwerk der Landebrücke zum Bremsen ein. Die Abbremsphase war kürzer und die Überbelastungen schwerer als bei den Apollo-Vorgängern. Dadurch konnte der Treibstoffverbrauch bei der Landung deutlich gesenkt werden, wobei ein erheblicher Teil des Treibstoffs für die Flugbahn zum Pol verwendet wurde. Der Wechsel zwischen Schwerelosigkeit und Überbelastung war den Piloten von Jagdflugzeugen und Sportfliegern sehr vertraut. Norton und Duke, die Piloten, waren auf den abrupten Übergang von einem dreitägigen Flug in der Schwerelosigkeit zu hohen Beschleunigungskräften vorbereitet, sie mussten auf manuelle Steuerung umschalten, einen Landeplatz wählen und das Raumschiff am Ende landen.

Es überflog die Stelle, an der die erste Mondsiedlung errichtet werden sollte, und flog genau über die Strecke, die sie für die Rückkehr vom Landeplatz zur Siedlung mit dem rollenden Transporter nehmen würden. Sie schalteten die hochauflösenden Videokameras ein. Die schlechten Lichtverhältnisse erforderten den Einsatz einer Kamera mit großer Blende. Ihre großen, paarigen Linsen ähnelten den Augen eines fantastischen Rieseninsekts. Für den Laser-Entfernungsmesser war die Dunkelheit jedoch perfekt. Durch die hohe Abtastfrequenz und die Präzision, mit der der Laser Entfernungen erfasst, entstand eine Karte, auf der selbst die kleinsten Kieselsteine zu erkennen waren.

Die vertikale und horizontale Geschwindigkeit des Raumschiffs verringerte sich und es flog nun über den Peary-

Krater und näherte sich der nicht einsehbaren Seite des Mondes. Die Triebwerke flogen über den Nordpol; aus dem Cockpit hatte man einen Blick auf die Bergkette, hinter der sich der majestätische Rozhdestvensky-Krater abzeichnete.

Paul schaltete auf manuelle Steuerung um. Im langsamen Sinkflug begann er, einen weiten Bogen über dem Landeplatz zu machen, damit die vordere und hintere Videokamera und der Laserentfernungsmesser ein detailliertes Bild der Mondoberfläche aufnehmen konnten. Bradley versuchte, in der Dunkelheit der Polarregionen etwas zu erspähen. Weder das Sonnenlicht noch das schwache, von der Erde reflektierte Licht erreichten die Tiefebene. Nur die Sterne und die sonnenbeschienenen Hügel vertrieben ein wenig die Dunkelheit.

Beide kannten das Gebiet anhand von fotografischen und topografischen Karten, die von den Satelliten aus erstellt worden waren. Vorausgewählte Standortoptionen für die Landung. Die Landeerfahrung der Besatzung des ersten Durchgangs sowie das Training am Simulator kamen ihr dabei zugute. Der Kommandeur und sein Pilot hatten Hunderte von Landungen in den baumlosen Kordilleren geübt, zunächst mit dem Hubschrauber, dann mit dem irdischen Äquivalent der Landungsstufe.

Obwohl die Landung zum ersten Mal in den Bergen stattfand, war die Auswahl eines geeigneten Landeplatzes eine wichtige, aber keineswegs die einzige Aufgabe, die die Astronauten bei ihrem Flug über die Berge zu erfüllen hatten. Sie suchten einen Platz, der für die Landestufe mit ihrer Fracht – zwei Mondrover, ein Solarkraftwerk und Hochspannungsleitungen – geeignet war. Von hier aus sollte der beste Standort für das Polarkraftwerk anhand der Höhe bestimmt werden. Ein Ort, der im Winter von der Sonne beleuchtet würde und zu dem man mit dem Mondrover hinauf- und dann in den Peary-Krater hinabfahren könnte. Und alle drei Punkte – der Apollo-Landeplatz, der Lkw-Landeplatz und das Solarkraftwerk – sollten möglichst nahe beieinanderliegen, damit sie für die Mondrover mit einer einzigen Batterieladung erreichbar waren. Dazwischen sollten keine unwegsamen Bergrücken und Schluchten liegen, und schließlich sollte das Landegebiet nicht zu weit in die nicht sichtbare Seite des Mondes hineinreichen.

Der Kommandant warf einen Blick auf die Karte des Entfernungsmessers und hielt Ausschau nach Gebieten von besonderem Interesse. Sie beabsichtigten, die Standorte erneut in geringerer Höhe zu überfliegen, um ein gut aufgelöstes Stereobild von ihnen zu erhalten und eine größere Karte des Gebiets zu erstellen. Der Pilot schloss den Bogen und umkreiste die Strecke noch einmal in einem kleineren Radius, ohne die Geschwindigkeit zu ändern, aber weiterhin im Sinkflug. Es wurde deutlich, wo sie am besten landen würden. Der Kommandant tippte auf den Touchscreen und gab dem Bordcomputer an, wo er landen sollte, übertrug die Kontrolle aber nicht dem Autopiloten.

Der Treibstoff reichte nur noch für hundert Sekunden Flugzeit. Beide blickten auf die Karte und schauten sich an, dann steuerte Paul das Raumschiff steil den Hang hinunter zum Boden des Peary-Kraters. Dann drehte er ebenso scharf ab und flog leicht nach links über den Kraterschacht, wobei er an Höhe gewann. Weitere zehn Sekunden Flug, eine Kehrtwende und das Flugzeug schwebte über dem Hügel an die vom Kommandanten angegebene Position. Paul Duke balancierte auf dem Düsenstrahl, der eine Staubwolke aufwirbelte, und dann setzte der erfahrene Hubschrauberpilot das Raumschiff sanft und präzise auf den Hang ab, genauso, wie er es beabsichtigt hatte. Von der Vorderseite des Cockpits blickte man auf das Tal, und der Ausgang der Luftschleuse war nur einen Schritt von der Mondoberfläche entfernt. Die Plattform der Landungsstufe ruhte praktisch auf einem Hügel, sodass es möglich war, das Schiff ganz ohne Leiter zu verlassen.

Beide schauten noch einmal auf die Tankanzeige am Haupttank. Null! Sie richteten ihren Blick auf die Kraftstoffanzeige des Reservetanks. Voller Tank!

„Meisterschaft ist kein Geschenk, und man kann sie nicht für Geld kaufen", war später die Einschätzung der russischen Kollegen gegenüber der Besatzung der Apollo-18.

## Ein Polarkraftwerk

Das Raumschiff stand waagerecht, ohne sich zu bewegen. Dennoch hatte der Pilot die rechte Hand am Steuerknüppel, die linke am Gashebel, bereit, jederzeit den Motor des Landungsstegs einzuschalten und eine andere Position anzufliegen, falls eine Tendenz zum Verrutschen oder Umkippen bestehen sollte. Der Kommandant schaltete die Videokameras entlang der Unterkante der Landestufe ein und überprüfte, ob alle vier Beine sicher auf der Böschung standen und ob es in der Nähe keine tiefen Gruben gab. Dann hob er das Periskop und überprüfte die Umgebung. Obwohl das Periskop mit einer hochauflösenden Multiband-Videokamera ausgestattet war und ein klares Bild auf dem Bildschirm lieferte, verwendete Bradley Norton den alten optischen Modus. Egal, wie perfekt die Technologie war, das menschliche Auge konnte doch besser sehen, erahnen, einfach „fühlen", was die Videomatrix zwischen den Pixeln und Kontraststufen verbirgt.

Doch weder das menschliche Auge noch die Automatisierung entdeckten etwas Bedrohliches. Die Apollo 18 stand auf einem sanften, von der Erde abgewandten Hang. Das Fahrwerk wurde von den nach vorne und unten ausgefahrenen Vorderbeinen getragen. Die Hinterbeine hingegen waren eingeklappt, wie die einer Heuschrecke, bevor sie springt. Das Heck des Cockpits berührte fast den Boden. Es gab keine gefährlichen Abgründe oder Steilabfälle weiter unten am Hang.

Der Landeplatz befand sich am äußeren Hang des Whipple-Kraters. Der kleine Einschlagkrater Whipple überlappte den Schacht des älteren und größeren Kraters Peary. Im Zug dessen hatte sich zwischen dem Peary-Krater und dem Rozhdestvenskij-Krater auf der nicht einsehbaren Seite des Mondes eine riesige Bergkette gebildet. Dieses Massiv breitete sich vor den Astronauten aus. Das Tal zur Linken lag in der Dunkelheit. Die Ostsonne beleuchtete das Hochland; ihr diffuses Licht durchdrang die Dunkelheit und enthüllte eine außerirdische, faszinierende Landschaft.

Eine weitere Minute verging. Paul Duke ließ seinen Blick, ohne das Steuer loszulassen, über die Bergkette und die Sterne darüber gleiten. Bradley Nortons Augen lösten sich von der Außenwelt und suchten sich einen Weg zu den vertrauten Instrumentenanzeigen. Die Beschleunigungsmesser bestätigten das Gefühl, dass das Schiff stillstand. Die Wände der Kabine, die an der Außenseite mit Solarzellen bedeckt waren, begannen, Strom zu erzeugen. Der Kommandant drückte die Sendertaste und meldete sich in Houston: „Wir sind auf dem Mond. Alles ist in Ordnung.“

Nachdem er die Besatzung zu ihrer Ankunft beglückwünscht hatte, erlaubte der Flugdirektor ihr, die Navigations- und Pilotenausrüstung auszuschalten und das Cockpit vom Raumflugmodus auf den Planetenstationsmodus umzuschalten. Die stromfressende Stereo-Videokamera und der Laser-Entfernungsmesser waren ausgeschaltet.

Paul war der Erste, der den Stuhl verließ. Von seinen Fesseln befreit, zwängte er sich ungeschickt zwischen die Sitze und machte seinen ersten Schritt über den Mond, wenn auch innerhalb der Kabine. „Es ist ein kleiner Schritt für einen Mann“, zitierte Paul die erste Hälfte des berühmten Satzes von Neil Armstrong. Und dann war der Äther voll von Blödsinn: „... und noch ein kleiner Schritt und noch einer ...“ So erreichte er, seine Schritte zählend, die Luftschleuse. Er wechselte seine Kleidung. Er zog seine Hausschuhe an.

Hausschuhe! Das heißt, man ist zu Hause. „Und da wir auf dem Mond zu Hause sind, sind wir Mondbewohner“, erinnerte sich Paul an die Überlegungen seiner kleinen Tochter und begann, das Essen vorzubereiten, egal, ob es das Mittag- oder das Abendessen sein würde.

Auch Bradley zog sich um und startete eine Breitbandübertragung von Laserortungs- und Stereobildern der Mondoberfläche über einen Relay-Satelliten. Der Laser-Entfernungsmesser und die Stereo-Videokameras arbeiteten während des Abstiegs mit maximaler Geschwindigkeit und Auflösung und zeichneten eine gigantische Datenmenge auf. Auf der Erde wurde diese wahnsinnige Menge an digitalen Informationen von einem Supercomputer verarbeitet, um die detailliertesten und genauesten Karten zu erstellen. Sie würden sie nutzen, um einen Standort für die Installation eines Solarkraftwerks auszuwählen. Es sollte ein Ort ausgewählt werden, an dem die beiden Mondmobile und die Ausrüstung aufbewahrt werden konnten. Und vor allem würden sie den Weg für die Mondmobile ebnen, um zunächst das Polarkraftwerk zu erreichen und dann in den Peary-Krater hinabzusteigen, um am Mondnordpol vorbei nach Süden zur sichtbaren Seite des Mondes zu gelangen. Hier, am Byrd-Krater, sollte die Besatzung der Apollo 18 eine bewohnbare Station errichten – die erste Siedlung auf dem Mond. Damit würde ihre Mission erfüllt sein. Sie würden auf den Schichtwechsel warten, die Kollegen, die mit der Apollo 19 kommen würden. Und mit dieser sollten Bradley und Paul zur Erde zurückkehren.

Aber das würde alles später passieren, jetzt wartete ein warmes Abendessen auf sie. Die übliche Bohnensuppe mit Fleischklößchen in einem gewöhnlichen Teller aus dünnem Plastik war in der Raumfahrt ungewöhnlich. Fast das gesamte Raumfahrtzeitalter hatten sich die Astronauten in der Schwerelosigkeit mit speziell zubereiteter Nahrung aus Tuben ernährt. Die Vorgänger, auch in der Mondphase des Apollo-Programms, hatten sich ebenfalls in der Schwerelosigkeit aus Schläuchen ernährt. Diesmal wurde zum ersten Mal an einer außerirdischen Tafel ein Essen serviert, das nicht aus einem Schlauch kam.

Paul öffnete die Saftdosen und nahm das Brot und ein paar ganze Tomaten aus der Verpackung. Der Service war äußerst asketisch, wie in einer Hütte oder in der Werkstatt, wenn die Männer in Abwesenheit der Frauen den Tisch mit im Supermarkt gekauften Lebensmitteln in einer Schachtel decken. Das Festmahl war schnell vorbei. Es war bis auf den letzten Krümel aufgegessen. Und das nicht nur, weil die Männer Hunger hatten, sondern auch, um den Abfall zu minimieren. Teller, Verpackungen und Servietten wurden nicht weggeworfen, sondern aufbewahrt. Das Geschirr wurde gestapelt, indem ein Teller in den anderen geschoben wurde. Das Verpackungsmaterial wurde gepresst und in einen speziellen Behälter gegeben. Das Geschirr und die Verpackungen wurden aus einem Material hergestellt, das bei der Verbrennung Kohlendioxid, Wasser und einige andere Stoffe freisetzte, die Pflanzen benötigen. Alle organischen Abfälle mussten gesammelt werden.

Sie sollten in einem Gewächshaus verarbeitet werden. Bereits nach der Landung der zweiten Mondexpedition wurde geplant, solch ein Gewächshaus auf den Mond zu bringen. In der Anfangsphase des Mondprogramms wurde das Gewächshaus nur benötigt, um den Wasserkreislauf und die Ansammlung fester organischer Stoffe, wie holziger Pflanzenstämme, zu gewährleisten. Die Absicht war allenfalls, Kräuter anzubauen. Das angesammelte Wasser und die festen organischen Stoffe sollten im nächsten Programm verwendet werden, um ein großes Gewächshaus aus Mondmaterie zu bauen.

Die Mission der Apollo 18 begann zu einer Zeit, als es am Nordpol des Mondes Winter war und auf der nicht sichtbaren Seite der Morgen anbrach. Die tief stehende Sonne lugte hinter einer zerklüfteten Bergkette hervor. Das waren die Umrisse des Kraters von Hermite, der durch zahlreiche Meteoriteneinschläge zerstört worden war.

Die Mondexpedition richtete sich nach der Uhrzeit in Houston, nicht nach den natürlichen Mondstunden, die etwa siebenhundert Stunden dauern. In Houston brach die Nacht herein, und auch die Besatzung musste das Tagesgeschäft beenden. Paul räumte das Geschirr ab, Bradley trug die heutigen Ereignisse in das Bordmagazin ein. Die Vorhänge verdeckten die Bullaugen und das Cockpit war ruhig und friedlich. Die Mondbesucher bereiteten sich auf den Schlaf vor, und als sie einschliefen, spürten sie ein leichtes Mondbeben. Es war ihre dritte Stufe, die auf der Mondoberfläche aufschlug.

Der Morgen begann natürlich mit Sport, und danach machte sich Paul ans Eierkochen. Er stellte die Bratpfanne auf den Elektroherd und schlug vier Eier hinein. Die Bratpfanne wurde mit einem Deckel abgedeckt, von dem aus ein flexibler Schlauch den Rauch und Dampf in einen Filter ableitete. Er nahm vakuumverpacktes frisches Gemüse und Dessert aus dem Kühlschrank. Er goss den Tee in feine Porzellantassen. Ja, er schenkte ein! In die Tassen! Das war, was die Schwerkraft bewirkt! Selbst wenn sie klein ist, ermöglicht sie einem, sein Leben auf irdische Weise zu gestalten, auf dem Boden zu gehen, auf einem Kissen zu schlafen.

Der Kommandant überprüfte derweil die Funktion des Transmitters. Die Hälfte der Standort- und Videodaten wurde über Nacht zur Erde gesendet. Der Supercomputer hatte bereits einen Teil der Informationen verarbeitet und eine Karte des Gebiets rund um die Apollo erstellt.

Die Astronauten frühstückten gemeinsam mit den Tag- und Nachtschichten des Kontrollzentrums. Frisch rasierte, gerade erst zum Dienst angetretene, aber auch stoppelbärtige Gesichter lächelten vom Monitorbildschirm. Bradley und Paul stießen vor dem Bildschirm auf den Beginn eines neuen Arbeitstages an. Drei Sekunden später ertönte ein Gläserklirren als Antwort. Das Gespräch wurde in aller Ruhe, mit einer Pause, fortgesetzt. Innerhalb von ein paar Hundert Millisekunden rauschte das Signal zurück zur Erde, bevor Bradleys Stimme mehr als eine Sekunde später in den Kopfhörern der Schicht zu hören war. Der Weg zurück dauerte ebenso lange.

Dann wurde die Plauderei beendet. Sie tranken ihren Tee aus. Das Geschirr wurde weggeräumt. Tassen, Gabeln und Löffel wurden mit einem Papiertuch abgewischt. Nachdem die Bratpfanne benutzt wurde, sollte sie mit dem Deckel verschlossen werden und ... sonst war nichts zu tun. Weder waschen noch anders reinigen. Paul nahm den Rest von dem Ei mit einem Stück Brot aus der Pfanne und verschlang ihn. Die

Weltraumbratpfanne, der Traum eines jeden Junggesellen, wurde in der dafür vorgesehenen Nische befestigt.

Die Nachtschicht hatte eine Mission für die Besatzung vorbereitet. Sie sollten ihre Raumanzüge anziehen und zu Fuß zu dem Ort gehen, an dem sie ein Funkgerät aufstellen und mit dem Mondrover Raumschiffe empfangen sollten.

Die Weltpresse berichtete ausführlich über die aktuelle Mondmission und verglich sie mit der Odyssee. Die Pioniere hatten es nicht leicht. Sie drangen in das Unbekannte ein, verließen sich nur auf sich selbst und schliefen zusammengekauert in einem engen Raum. Sie erhielten eine spürbare Strahlendosis. Die Ressourcen des Raumschiffs reichten nur für drei bis vier Tage Aufenthalt auf dem Mond. Die Erdbewohner bewunderten den Sieg der Amerikaner bei der Durchführung des jahrzehntelangen Apollo-Programms und sagten, es sei ein schwieriger, heldenhafter Schritt gewesen. Die Pioniere wiesen den Weg. Jetzt war der Verkehr auf dieser Straße in Bewegung geraten. Der Mond sollte Ort zum Leben und zum Bauen werden. Einzelne Menschen waren auf dem Mond gewesen, jetzt sollte die ganze Menschheit auf dem Mond sein können.

Das Programm zur Erforschung des Mondes war sehr komplex, groß angelegt und kostspielig. Es konnte nicht von einem einzigen Land verwirklicht werden, ganz gleich, wie viel wissenschaftliches und wirtschaftliches Potenzial dieses Land hatte. Länder, deren Regierungen und die Bevölkerung hatten sich an der Erschließung des Mondes beteiligt. Es war notwendig, das von der Raumfahrtindustrie des Planeten entwickelte wissenschaftliche und technische Know-how optimal zu nutzen.

Die USA hatten Erfahrung mit bemannten Missionen zum Mond. Wer wäre besser geeignet als die NASA, dieses

Thema zu verfolgen? Und nicht nur fortzufahren. Zu den grundlegenden Änderungen an der Trägerrakete Saturn 5 gehörten deutlich kürzere Startvorbereitungszeiten und eine höhere Anzahl von Starts. Die interplanetaren Raumschiffe und Landeplätze wurden neu konzipiert, um den neuen Anforderungen gerecht zu werden. Russland dagegen hatte Erfahrung mit dem Bau langfristiger Orbitalstationen, und nun hatte die Raumschiffraketen-Gesellschaft die Aufgabe übernommen, Mondsiedlungsmodule zu bauen.

Geplant war ein großer Frachtstrom zur Mondoberfläche. Die Energia-Trägerrakete sollte wiederbelebt werden. Sie konnte über hundert Tonnen Nutzlast in eine niedrige Erdumlaufbahn befördern und mithilfe einer Oberstufe zwölf Tonnen auf die Mondoberfläche bringen. Die beiden Startanlagen von Energia auf dem Raketenstartplatz Kosmodrom Baikonur würden wieder instandgesetzt werden. Auch die Europäische Weltraumorganisation und die China Space Corporation nutzten das Potenzial kerosinbetriebener Trägerraketen für den Start von Nutzlasten ins All. Forschungsinstitute, Laboratorien und Konstruktionsbüros engagierten sich unabhängig von ihrer Zugehörigkeit zu einem bestimmten Land in der Forschung und Entwicklung auf den Gebieten der Mondgeologie, der Metallurgie und der Gewährleistung komfortabler Lebensbedingungen für die Mondarbeiter. Instrumente, Ausrüstung, Transport und Energieerzeugung wurden unter Berücksichtigung des Weltraumvakuums, der hohen Strahlung und der sehr hohen Kosten für die Erreichung der Mondoberfläche entwickelt. Das komplexe, äußerst umfangreiche Programm konnte nur durch eine gemeinsame Anstrengung und eine ehrliche Herangehensweise gelöst werden.

Natürlich waren sich die Astronauten der Verantwortung bewusst, die sie hatten: Das Beste, was sie für die Menschheit tun konnten, war, ihre Arbeit gut zu machen.

Und so begann der Arbeitstag. Die Steuerung des Cockpits wurde den Erdbewohnern überlassen. Die beiden zogen sich um und zwängten sich, unbeholfen, wie sie durch die Raumanzüge waren, in die Luftschleuse. Die luftdichte Tür, die den Cockpitraum von der Luftschleuse trennte, schloss sich und die Vakuumpumpe wurde eingeschaltet. Die Luft wurde nicht, wie bei den ersten Mondmodulen, aus der Luftschleuse heraus-, sondern in Zylinder geblasen, um die Luftschleuse bei der Rückkehr der Astronauten wieder damit zu füllen. Der Druck in der Schleuse sank auf ein Hundertstel der Atmosphäre. Dann öffnete sich das Ventil, das die Schleuse mit dem externen Vakuum verband, und blies die restliche Luft aus. Die Außentür öffnete sich. Unter den Astronauten herrschte verständlicherweise große Aufregung. Nur ein Schritt trennte sie vom Mond, und es war – der Tradition folgend – Kommandant Bradley Norton, der als Erster den Boden betrat. Paul überreichte dem Kommandanten ein Funkgerät mit Batterie und einen Handkarren. Gerade als er von Bord gehen wollte, erinnerte er sich an den Besen. Er holte ihn aus der Ecke und trat auf den Mond. Die Tür der Luftschleuse schloss sich. Paul lehnte den Besen mit dem Stiel nach unten an den Eingang, genauso wie man einen Besen an der Haustür abstellt, um den Schnee von den Schuhen und der Kleidung zu fegen, bevor man das Haus betritt.

Sie setzten das Funkgerät auf einen Karren und machten sich auf den Weg. Aber am Hang drohte der Radiosender immer wieder vom Wagen zu rutschen oder sich mit ihm zu überschlagen. Nach einigem Hin und Her beschlossen sie, den Wagen stehen zu lassen und die Last auf dem Rücken zu tragen. Bis zum Landeplatz, zu dem sie zu Fuß unterwegs waren, waren es etwa zwei Kilometer. Der unbequeme Funkkasten und die schwere Batterie erschwerten die Fortbewegung. Das Unangenehmste war die Bewegung auf dem Hang. So gingen sie, langsam und mit vielen Pausen, um den Abhang herum und erreichten schließlich die Hochebene. Das im Schatten liegende Plateau wurde durch das von den Gipfeln reflektierte Licht erhellt. Die Astronauten klappten den Lichtschutz an ihrem Helm auf. Jetzt, wo sie den ebenen Boden erreicht hatten, machte das Laufen mehr Spaß. Schließlich erreichten sie den Zielpunkt. Das flache, horizontale Gebiet hatte keine Berge oder Erhebungen zur sichtbaren Seite des Mondes. Ein idealer Ort für den Landeanflug und den Empfang von Fracht-Raumfahrzeugen. Die Nachtwache im Kontrollzentrum hatte nicht umsonst gearbeitet, und Apollo 18 hatte vor der Landung nicht umsonst eine topografische Vermessung in geringer Höhe durchgeführt.

Die NASA und Roscosmos hatten die Starts getrennt. Nur die Fachleute der NASA hatten Erfahrung mit bemannten Missionen zum Mond. Sie waren diejenigen, die den bemannten Teil des Monderkundungsprogramms durchführen mussten. Roscosmos übernahm die Fracht. Die Energia-Trägerraketen, die von zwei Standorten in Baikonur gestartet wurden, liefen auf Hochtouren und brachten hundert Tonnen schwere Pakete ins All. Zwei Mondrover und ein Ausrüstungstransporter starteten im Abstand von einem Monat von Baikonur aus. Die ganze Zeit über kreisten sie in der polaren Mondumlaufbahn und warteten auf die Landung.

Die Astronauten säuberten den Landeplatz von Steinen, verteilten die Antennen der Funkstation auf beiden Seiten des Landeplatzes und schalteten den Strom ein. Über einen Relay-Satelliten wurde automatisch eine Verbindung zwischen der Station, dem Kontrollzentrum und dem ersten Frachtraumer hergestellt. Die Ballistiker berechneten die Flugbahn des Frachtgefährts bei der Abfahrt und der Landung. Sie aktivierten das Triebwerk zum Abbremsen, wenn es sich auf der vom Landeplatz abgewandten Seite der Umlaufbahn befand. Das Fracht-Raumfahrzeug würde auf eine solche Flugbahn wechseln, dass das Perizentrum – der tiefste Punkt der Umlaufbahn – unterhalb der Mondoberfläche lag, wobei die Flugbahn die Mondoberfläche am vorgesehenen Landeplatz kreuzte. Kurz davor würde das Triebwerk erneut die Bremsen betätigen, sodass das Raumfahrzeug den Mond mit einer horizontalen und vertikalen Geschwindigkeit von null berührte. Die Ballistik informierte die Astronauten über den Azimut und die Ankunftszeit des Frachtgefährts. Bis zum Treffen war es noch eine Stunde hin. Die Astronauten bewegten sich langsam in eine sichere Entfernung und konnten endlich die Mondlandschaft und den Sternenhimmel bewundern.

Das Fracht-Raumfahrzeug kam genau an der richtigen Stelle und zur richtigen Zeit an. Und doch kam sein Erscheinen überraschend. Der von der Sonne beleuchtete Bolide sprang hinter dem Horizont hervor, fegte über den Peary-Krater und prallte auf den Landeplatz. Eine Sekunde später lichtete sich der Staub, und man konnte die Pyramide des Treibstofftanks der Landeplattform und das Mondmobil mit dem Triebwerk sehen, das regungslos und vollkommen ebenmäßig auf den Beinen der Landeplattform ruhte. Es sah aus, als würde es schon ewig dort stehen. Das Gehirn weigerte sich, die Geschwindigkeit dieses Boliden und die kühle Bewegungslosigkeit des Monuments, auf dem das Raumschiff zum Stehen kam, zu kombinieren.

Die Ingenieure hatten erst sehr spät bei maximaler Schubkraft gebremst. Diese Methode ermöglichte die Landung eines schweren Fahrzeugs mit einem sehr begrenzten Treibstoffvorrat, erforderte aber ein präzises Manövrieren. Zu diesem Zweck wurde die Antriebsstation installiert. Der Bordcomputer des Landungsstegs, der die Signale der beiden Antennen empfing, korrigierte kontinuierlich seine eigene Flugbahn und sorgte so für eine sanfte Landung am Zielort.

Bei der späteren Betrachtung der Aufnahmen in Zeitlupe konnten die Astronauten alle Phasen des Landeanflugs und der Landung des Raumschiffs sehen. Hier bewegte sich das Schiff fast waagerecht nach vorne, während das Triebwerk des Landungsstegs mit voller Leistung auf die Bremsen einwirkte. Bei der Annäherung an den Kraterrand näherte sich die Längsachse des Fahrzeugs allmählich der Senkrechten und das Triebwerk reduzierte den Schub. Bereits über dem Landesteg befand sich die Achse in einer vertikalen Position, schwebte für den Bruchteil einer Sekunde einen Meter über der Oberfläche und schaltete den Motor ab. Der Fremdkörper traf auf den Mond. Das Fahrwerk gab nach und trug das Gewicht der Konstruktion. Das Raumschiff stand genau zwischen den Antennen der Antriebsstation.

Während im Kontrollraum die Telemetriedaten ausgewertet wurden, inspizierten die Astronauten die Landeplattform und das Mondmobil mit den Solarpaneelen. Nach der Überprüfung der Instrumente und der Ausrüstung gab das Kontrollzentrum den Befehl zum Ausfahren der Landungsbrücke. Langsam berührte die Landungsbrücke auf halber Strecke den Mondboden und kam zum Stillstand. Das Mondmobil regte sich. Seine vier Räder drehten sich. Der Mondrover fuhr über den Rand der Plattform auf die Landungsbrücke und ohne anzuhalten auf die Mondoberfläche. Die

Mondbewohner, Paul und Bradley, konnten das Geschehen nur beobachten. In den Helmen der Raumanzüge eingebaute Videokameras übermittelten das Bild zur Erde. Der Leiter des MCC bat seine Freunde, auf die Plattform des Landestegs zu klettern, und wies den Techniker an, mit den Testläufen des Mondmobils zu beginnen. Folgsam fuhr es um den Landungssteg herum. Es übte das Beschleunigen, Bremsen, Rollen und Anhalten. Die Baggerschaufel grub, dann ebnete die Planierraupe die Fläche ein. Die Mechanismen und das Kontrollsystem des Mondmobils funktionierten einwandfrei.

Die Ballistik teilte mit, dass der zweite Mondrover in anderthalb Stunden empfangen werden könne, dass man sich aber beeilen müsse, um einen Landeplatz zu finden und die mobile Funkstation darunter zu verlegen. Hundert Meter von der ersten Stelle entfernt gab es eine weitere, ebenso flache Stelle ohne Steine und Schlaglöcher. Von dort aus stellten Bradley und Paul symmetrisch auf beiden Seiten Funkantennen auf. Langsam kehrten sie zum ersten Mondmobil zurück. Sie hatten jetzt eineinhalb Stunden freie Zeit. Ihnen kam die Botschaft der ersten Astronauten in den Sinn: „Bestaunt in jeder freien Minute den Mond, schaut euch die Krater und den Regolith an. Bewundert die Sterne und die Sonne am Sternenhimmel.“

Eine andere, unirdische Welt, extrem, aber nicht feindlich, hieß die Menschen willkommen ... Die anderthalb Stunden vergingen schweigend. Dann erst wurde über die Freisprecheinrichtung gemeldet, dass das Triebwerk bremste, und bestätigt, dass die berechnete Sinkflugbahn eingeschlagen wurde. Die diensthabende Schicht im Kontrollraum, die Experten und auch die Astronauten warteten nicht, sondern erlebten in aller Ruhe, wie die Zeit verstrich.

Die Ballistik erklärte eine zehnminütige Bereitschaft. Die Astronauten beschlossen, wieder auf die Plattform des Landestegs zu steigen, um das Geschehen von oben zu beobachten.

Das Szenario der zweiten Landung unterschied sich nicht von dem der ersten, aber jetzt sahen sie, wie das Frachtgefährt am Horizont auftauchte. Der Blick folgte einer schnellen, flachen Flugbahn, und schließlich, genau wie berechnet, wurde die Geschwindigkeit reduziert und das Fahrzeug dockte an.

Eine Sekunde. Und ... es war, als ob jemand eine Handvoll Sand mit voller Kraft auf die Astronauten geworfen hätte. Staub, Sandkörner, sogar kleine Kieselsteine, alles, was der Düsenstrahl des Landungsstegs aufgenommen hatte, verteilte sich mit hoher Geschwindigkeit in einer sanft geneigten Parabel. Der Staub erreichte die Astronauten, ohne auf atmosphärischen Widerstand zu stoßen, bedeckte ihre Anzüge und klebte am Visier ihrer Helme. Kleine Kieselsteine prasselten auf die Plattform des Landungsstegs. Bradley versuchte, den Staub mit seinem Handschuh vom Visier zu wischen, aber er verschmierte ihn nur und fügte auch noch den Staub vom Handschuh hinzu.

„Wenigstens haben die Steine nicht das Helmglas beschädigt", bemerkte Paul.

Dem Glas, oder besser gesagt dem Polykarbonat, konnte ein Stein nichts anhaben, aber die weichen Teile des Anzugs konnten undicht werden, und der Aufprall auf Arme und Beine konnte schmerzhaft sein. Sie waren zu nahe am Landeplatz und kletterten auf das Podest. Auf der Erde hätte sie natürlich weder Staub noch Steine aus einer solchen Entfernung erreichen – sie wären von der Luft gebremst worden.

Bradley erfand ein neues Sprichwort: „Neugierde muss mit gesundem Menschenverstand einhergehen!“

Das zweite Mondmobil kam vom Landesteg und wiederholte die Testfahrt um ihn herum. Die äußere Inspektion und die Instrumente zeigten normale Werte an, und das Kontrollzentrum kündigte eine Mittagspause an. Die Freunde kletterten auf das erste Mondmobil, und die Erde übertrug die Kontrolle auf eine Fernbedienung, die an einem speziellen Gestell auf der Plattform des Mondmobils befestigt war. Paul berührte die Steuerknöpfe. Der Mondrover drehte sich mit allen vier Rädern im Kreis. Er blieb an Ort und Stelle und drehte sich um seine eigene Achse. Dann stellte er die Räder parallel und fuhr in Richtung zu ihrem kosmischen Zuhause.

Beim Befahren des Hangs fuhren die linken Räder auf Teleskopstützen nach unten. In der Ferne erschien das Periskop auf dem Dach des Cockpits. Das Mondmobil schlängelte sich sanft über das Terrain und hielt dabei die Plattform horizontal. Die Spur der einzelnen Räder wurde automatisch berechnet. Geschmeidig, ohne zu taumeln, näherten sie sich dem verlassenen Handkarren und nahmen den Griff wieder auf. Sie hielten am Cockpit an. Während die morgendliche Wanderung etwa zwei Stunden gedauert hatte, benötigten sie für den Rückweg nur etwa zwanzig Minuten. Sie halfen sich gegenseitig und kehrten die Anzüge. Zum Glück blieb der Staub eher an den Stäben des Besens als am Material des Anzugs haften. Der Besen konnte mit zwei oder drei Strichen an der Kante des Landungsstegs gereinigt werden. Der Staub vom Helm war ebenso leicht zu reinigen. In der Luftschleuse wurden die Anzüge mit Druckluftstrahlen von Staubresten befreit, der Druck wurde ausgeglichen und die Innentür zur Kabine geöffnet.

Sie legten die Anzüge auf die Gestelle und begannen mit dem Kochen. Kochen bedeutete, Lebensmittel aus dem Kühlschrank zu nehmen und in der Mikrowelle zu erhitzen. Es ist nicht schwer, den Magen eines hungrigen Menschen zu überraschen, aber man musste zugeben, dass die Köche von der Erde ihr Bestes gegeben hatten. Die perfekt gegarten Gerichte verloren auch nach längerer Lagerung und Wiederaufwärmen nicht ihren feinen Geschmack. Das obligatorische Gemüse und die Säfte sorgten für Abwechslung auf der Speisekarte.

Nach einer kurzen Pause wurde das Mondmobil wieder aufgesattelt. Nun mussten sie am Außenhang des Whipple-Kraters entlang nach Westen gehen und ein wenig hinaufsteigen. Sie nahmen oberhalb des linken und rechten Rades Platz. Sie bewegten sich nicht schnell, sondern beobachteten sorgfältig die Stelle, auf die sie seine Räder setzen sollten. Die Vermessungsingenieure auf der Erde untersuchten eine Karte des Gebiets, die durch Laserortung und Stereobilder modelliert wurde, und kartierten den Verlauf und die Lage des Polarkraftwerks. Die Route war bereits in den Computerspeicher eingegeben worden, und das Mondmobil fuhr selbstständig, wobei es den bordeigenen Entfernungsmesser und die hochauflösenden Videokameras nutzte, die im Umkreis des Mondrovers reichlich vorhanden waren. Die Männer hatten keine andere Wahl, als die Bewegung einfach zuzulassen. Sie hätten die Route anpassen können, aber das war nicht ganz einfach. Auf Wunsch des diensthabenden Psychologen legten sie alle halbe Stunde eine kurze Pause ein. Die Berge, die Landschaft, die zurückgelegte und noch zurückzulegende Strecke wurden fotografiert, gefilmt und in die Erinnerung eingebrannt. Drei Stunden später erreichten sie die Baustelle.

Hier, auf dem Gipfel des Whipple-Kraters, streng nach Süden ausgerichtet, sollte ein polares Solarkraftwerk installiert werden. Die 100-Kilowatt-Station sollte in der Lage sein, die maximale Strom-Menge während der Zeit des Mondtages zu erzeugen, wenn der Mond tief in der Nacht auf der sichtbaren Seite des Mondes steht. Das Polarkraftwerk und das Hauptkraftwerk, das auf der sichtbaren Seite des Mondes montiert wurde, waren in entgegengesetzte Richtungen ausgerichtet. Sie würden die ununterbrochene Stromversorgung der ersten Mondsiedlung sicherstellen.

Sie stoppten. Sie schauten sich um.

Zögernd übergab der Leiter des MCC die Verantwortung an den Chefkonstrukteur des Solarkraftwerks. Seine Leute – das Bauteam, die Kraftwerkskonstrukteure, die Vermessungsingenieure, die zu Seleniumvermessern geworden waren, die Installationsingenieure – alle drängten sich im Kontrollraum und saßen wie gebannt vor den Monitoren. Der Chefkonstrukteur hörte sich die Bereitschaftsberichte an, wartete auf die Bestätigung von Bradley und Paul und nickte mit dem Kopf: „Los geht's."

Bradley schaltete die Navigationsausrüstung des Mondmobils in den Vermessungsmodus. Paul kletterte mit dem Funkgerät auf eine erhöhte Position, von der aus er die gesamte Baustelle überblicken konnte. Das Mondmobil fixierte das Funksignal als Referenzpunkt und bewegte sich sehr langsam entlang der Projektachse, auf der die Konstrukteure herumliefen. Laser und optische Entfernungsmesser generierten eine riesige Menge an Daten. Die tief stehende Sonne beleuchtete die Oberfläche, aber um einen zu starken Kontrast zu vermeiden, wurden die Scheinwerfer zur Unterstützung des optischen Entfernungsmessers eingeschaltet. In die Räder eingebaute Beschleunigungsmesser zeichneten

Mikrobeschleunigungen auf: Auf diese Weise wurden der Boden, seine Dichte, das Vorhandensein von Hohlräumen und Gesteinsaufschlüssen in der Deckschicht untersucht. Nur jeder tausendste Punkt wurde in Echtzeit an die Erde übertragen. Der Computer zeichnete den Rest im Speicher auf und übertrug ihn nachts zur Verarbeitung an den Supercomputer der Erde.

Während sich das Mondmobil fortbewegte, wurde auf den Monitoren ein Oberflächenprofil aufgezeichnet. So wurde schließlich ein vorläufiges, evaluierendes Bild erstellt. Für die Experten war klar, dass hier das Kraftwerk entstehen sollte! Nach kurzer Überlegung gaben die Konstrukteure den Befehl, die Paneele und Armaturen aus dem Mondmobil auszuladen.

Bradley machte sich mit dem Kran und Paul mit dem Stapler an die Arbeit. Vorsichtig schwenkte Bradley den Ausleger des Krans mit dem Steuerhebel auf dem Bedienfeld. Der Kran schwebte genau über dem Schwerpunkt des Bündels von photovoltaischen Wandlern. Paul befreite das Bündel von den Halterungen und legte die Hebegurte an. Der Kran löste das Bündel langsam von der Plattform, trug die Platten und ließ sie auf den Mond herab. Nach dem ersten ein zweites Bündel, ein drittes ..., dann war der Betonstahl an der Reihe, später die Befestigungselemente. Bradley zog das Mondmobil entlang der Projektachse und setzte die Entladung fort. Auf diese Weise luden die Astronauten-Bauarbeiter den gesamten Triebwerksbausatz wie am Fließband ab. Zufrieden bedankte sich der Chefkonstrukteur bei Bradley und Paul und übergab die Kontrolle an den Leiter des MCC, während er und sein Team mit der Detailplanung für die Kraftwerksinstallation begannen.

Nach Houstons Uhr war es bereits später Abend. Der Leiter des Kontrollzentrums verkündete das Ende der Arbeit, was von den Medizinern mit großer Begeisterung aufgenommen wurde. Die Arbeitsbelastung auf ihren Stationen war heute sehr hoch gewesen und sie hatten noch einen ebenso schwierigen Tag vor sich.

Bradley und Paul setzten sich auf die leere Ladefläche des Mondmobils und fuhren los. Die Rückfahrt auf dem bekannten Weg dauerte wesentlich kürzer. Die hohe Geschwindigkeit des Mondmobils wurde auch dadurch erreicht, dass die Bewegungsabteilung die Mikrobeschleunigungen der Räder ermittelte und die Mechanik des Regoliths berechnete – hier schien die Mondoberfläche sehr fest zu sein.

Das Zuhause wartete auf seine Bewohner. Es öffnete freundlich die Schleusentür, staubte sie ab und tauchte sie in die kühle, ozonhaltige, fast irdische Atmosphäre ein. Houston genehmigte sich eine Dusche. Ein begrenzter Wasservorrat und ebenso begrenzte Entwässerungskapazitäten setzten den Waschprozeduren strenge Grenzen. Sie wuschen sich, wie die Menschen es in früheren Zeiten getan hatten, donnerstags und an besonderen Festtagen. Bradley begann mit der Übertragung der topografischen Vermessungsdaten über den Breitbandkanal des Transponder-Satelliten. Sie aßen eine Kleinigkeit und gingen ins Bett.

In der Schaltzentrale dagegen war kein Schlaf in Sicht. Das Bauteam hatte bereits damit begonnen, auf der Grundlage der ersten Ergebnisse der Kartierung die Installationspläne vor Ort zu erstellen. Das Referat für den Verkehr mit dem Mondmobil untersuchte sorgfältig die Fahrtrouten der einzelnen Räder und des Mondmobils als Ganzes sowie dessen Geschwindigkeit und Beschleunigung. All dies vermittelte ein sicheres Verständnis des Profils und der Qualität der Oberfläche.

Mitten in der Nacht schlug der Leiter der Bewegungskontrolle dem Chef der Missionskontrolle vor, das zweite Mobil im Automatikmodus vom Landeplatz zur Astronautenunterkunft zu bringen, und zwar sofort, damit am Morgen mit den notwendigen Umräumarbeiten begonnen werden konnte.

„OK", stimmte der Leiter des MCC zu, „aber nur strikt auf der Spur des ersten Mondmobils und nicht schneller als eine Schildkröte. Ach ja, und die Ärzte sollen die Herzfrequenz der Besatzung im Auge behalten. Wenn jemand aufwacht, melden Sie sofort über den Lautsprecher, aber im Flüsterton, dass sich das Mondmobil auf unser Kommando hin bewegen soll."

Bradley wachte durch eine kaum wahrnehmbare Vibration auf. Er öffnete die Augen. Er lauschte. Zum vertrauten Geräusch der Ventilatoren war noch etwas hinzugekommen. Er zog die Vorhänge der Bullaugen auf. Das zweite Mondmobil bahnte sich mit eingeschalteten Scheinwerfern seinen Weg den Hang hinunter.

„Paul", rief Bradley seinem Kameraden leise zu, „schau!"

Beide sahen bewundernd zu, wie sich das Mondmobil, das dem gepflasterten Weg folgte, langsam näherte.

„Das Bewegungsteam hat ein zweites Mondmobil zu Ihnen geschickt", sagte der Arzt mit leiser Stimme, um die Ruhe der Nacht nicht zu stören. „Morgen früh können Sie dann in aller Ruhe mit dem Umräumen beginnen."

„Sie haben es erraten", antwortete der Kommandant kaum hörbar.

Das Mondmobil drehte sich um und stellte sich in eine Reihe mit dem ersten Mobil. Die Scheinwerfer gingen aus.

Die Astronauten hatten schon viel Automatisierung gesehen, aber die intelligente, unabhängige Bewegung der Maschine verblüffte sie immer wieder.

Sie zogen den Vorhang zu und schliefen wieder ein, als hätte es den nächtlichen Vorfall nie gegeben.

Der Vormittag wurde damit verbracht, die Kabinen umzuräumen. Sie sollte von der Landeplattform entfernt und auf das erste Mondmobil gesetzt werden. Der mittlere Bereich, in dem sich das Energiezentrum befand, wurde geräumt und das Mondmobil bereitgestellt, um die Kabine aufzunehmen. Paul brachte das erste Mondmobil in die Nähe der Landestufe und sicherte es mit speziellen Verschlüssen. Bradley befestigte den Kranhaken an der Kabine. Paul hatte in seinem klobigen Raumanzug Mühe, die Leiter zum Kabinendach zu erklimmen. Mit vier Schlingen hakte er das Cockpit ein und stieg ab. Bradley gab den Befehl zum Abdocken des Cockpits von der Landeplattform und sah Paul an. Er machte die charakteristische Geste „Vira“ für die Anhänger der Schleuder. Der Kran bewegte die mobile Kabine von der Landeplattform zum Mondmobil. Paul kletterte zurück ins Cockpit und hängte die Schlingen aus.

Ein Foto wurde vor dem riesigen, vierbeinigen Treibstofftank aufgenommen. Das war alles, was vom Raumschiff Apollo 18 übrig geblieben war.

„Danke! Du hast deine Aufgabe redlich erfüllt.“ Die Astronauten verabschiedeten sich mit Dankbarkeit von ihrem Raumschiff.

Sie kletterten auf das Mondmobil, jetzt ihr Zuhause auf Rädern, und nahmen rechts und links Platz. Der Bediener des Kontrollzentrums schaltete das Cockpit vom Planetenstationsmodus auf den Transportmodus um. Sie machten sich auf den Weg. Das zweite Fahrzeug, das von der Erde aus gesteuert wurde, folgte.

Schnell und völlig problemlos erreichten sie die Baustelle.

Für Uneingeweihte mochte der Bau eines Solarkraftwerks auf dem Mond ein Kinderspiel scheinen. Auf dem Mond gibt es bekanntlich kein Wetter. Es gibt keinen Wind, für den Strukturen mit einem großen Segel so kritisch sind. Keinen Schnee. Es gibt daher keine unvorhersehbaren Schneelasten. Es gibt keinen Regen und keine staubige Atmosphäre, sodass die Sonnenstrahlen immer sauber bleiben. Sogar das Mondbeben ist nur mäßig, kein richtiges Beben, eher ein Wackeln.

*Landung auf dem Mond*

Das Bauteam war jedoch anderer Meinung. Einhundert Kilowatt Leistung sind zweihundert Paneele. Es handelte sich um ein Gerüst, das an das Gelände angepasst, gesichert und festgebunden werden musste, damit es sich nicht verschob oder durch das Beben des Mondes umkippte. Es war schließlich ein ganzes Netz von Kabeln, wobei jedes Geflecht seinen eigenen Platz hatte. Und alles in allem gab es nur zwei Arbeiter. Die Ingenieure, Monteure und Konstrukteure ließen sich von der vermeintlichen Einfachheit der Aufgabe nicht blenden. Sie saßen gebannt vor den Bildschirmen, bereit, jederzeit einzugreifen.

Die Arbeiter – Bradley und Paul – dachten sich nichts dabei. Sie verteilten die Rahmenpfosten, Streben und Querbalken auf der Baustelle. Schritt für Schritt wurde das Gebäude nach den Plänen einer schlaflosen Schicht von Bauingenieuren errichtet. Die Standorte der Pfeiler wurden markiert und die Installation begann. Trotz der dicken Handschuhe und der klobigen Raumanzüge ging die Arbeit gut voran. Sie waren sogar versucht, das Mittagessen ausfallen zu lassen, um früher fertig zu werden, aber die aufmerksamen Mediziner wiesen sie streng zurecht: „Was schnell gemacht ist, braucht später lange, um wiederhergestellt zu werden."

Sie gingen in ihr Zuhause. Nun ja, „hineingehen" bedeutete in diesem Fall: erst der Besen, die Schleusenkammer, die Vakuumpumpe regulieren, der „Staubsauger", wieder die Schleuse und den Astronautenanzug auf das Gestell hängen. Es fühlte sich gut an, sich zu strecken und zu biegen!

Bradley verpasste Paul einen leichten Schlag gegen den Kiefer. Dieser wich einem Schlag aus und schlug zurück in den Magen. Fünf Minuten Sparring stärkten den Körper und regten den Appetit an. Und das war gut so! Italienisches Essen, sogar vakuumverpackt und in der Mikrowelle aufgewärmt, kann ein wahrer Genuss für den Feinschmecker sein, egal, wo er sich befindet, auch auf dem Mond.

Das auf dem Cockpit montierte Periskop wurde von den Erdbewohnern bedient. Journalisten und Fernsehleute konnten es drehen und wenden, wie sie wollten. Zu diesem Zweck wurde ein Raum mit einer großen Leinwand eingerichtet, auf der das Bild gezeigt wurde. Außerdem gab es ein Periskop-Bedienfeld. Die neugierigen Besucher richteten die Kameras des Teleskops auf die Baustelle, sahen den Astronauten bei der Arbeit zu und blickten im Teleskopmodus in die ferne Landschaft. Die Besucher hatten auch Zugang zu der derzeit ungenutzten Videoausrüstung an Bord der Mondmobile. Der Raum war mit Videoaufzeichnungs- und Übertragungsgeräten ausgestattet. Im Allgemeinen machte die Besatzung wenig Gebrauch vom Periskop, sowohl während der Fahrt als auch im Stand, aber die Dienststellen auf der Erde ließen sie keinen Moment in Ruhe.

Die zweistündige Siesta endete mit einem kleinen Nachmittagsimbiss. Und schon wieder: Raumanzug anziehen, in die Luftschleuse, Vakuumpumpe, Überdruckventil, externe Luftschleuse.

Die Arbeiten schritten voran. Sie wurden durch eine gut durchdachte Konstruktion der Paneele und des Rahmens ermöglicht. Paul brachte kontinuierlich unter Anleitung der Ingenieure die entsprechenden Teile herbei. Bradley, der nur einen Schraubenschlüssel zur Hand hatte, befestigte sie aneinander. Hier, am Pfahl, wurden die Paneele der Fotovoltaikanlagen vertikal angebracht, um die Strahlen der tief stehenden Sonne einzufangen. Fast die gesamte Fläche der Tafeln war nach Süden ausgerichtet, nur einige wenige Tafeln am linken Rand waren nach Osten und die am rechten Rand nach Westen orientiert. Die Seitenpaneele waren so konzipiert, dass sie am Mondmorgen und -abend Strom erzeugen konnten, falls das Hauptkraftwerk zu dieser Zeit nicht genug Strom lieferte.

Drei Tage später war die Station fertig montiert, verkabelt und an eine Schaltanlage angeschlossen. Die Schaltanlage – das Äquivalent zu einer Aufwärtstransformatorstation – konnte siebzehn Kilovolt Gleichstrom liefern. Für siebzehn Kilovolt war die Hochspannungsleitung vom Polarkraftwerk zur Mondsiedlung im Byrd-Krater ausgelegt.

Das zweite Mondmobil trug zwei Spulen mit Draht. Ein halber Millimeter dicker, sechs oder zehn Millimeter breiter Aluminiumdraht war auf zwei Spulen mit jeweils hundertachtzig Kilometern gewickelt. Die Entfernung zwischen dem Polarkraftwerk und der zukünftigen Siedlung betrug nur 120 Kilometer, aber da das Gelände sehr schwierig war und keine Vermessung durchgeführt wurde, wurde diese Länge mit einer gewissen Zurückhaltung gewählt. Das Mondmobil drehte sich um und die Astronauten verbanden die Enden der beiden Drähte mit den entsprechenden Anschlüssen an der Schaltstation. Eine der Spulen war auf Hochspannungsisolatoren montiert. Die anderen Enden der Drähte waren mit einer Abwärtsstation verbunden, die direkt auf dem Mondmobil installiert war.

Die Astronauten sahen zu, wie ein Kabel das zweite Mondfahrzeug mit dem ersten verband und die Schaltstation einschaltete. In der Woche, die die Expedition bereits dauerte, hatte die Sonne ein Viertel ihres Weges über den Horizont zurückgelegt und beleuchtete nun die photovoltaischen Wandlerplatten ausreichend. Der Ladestrom ging an die Batterien der Mondmobile und an das Cockpit.

Das Kraftwerk funktionierte also. Alle Arbeiten an der Berme des Whipple-Kraters waren abgeschlossen, und

Houston plante den Aufbruch zur sichtbaren Seite des Mondes für den nächsten Morgen früh um acht Uhr.

Die Borduhr zeigte inzwischen 20 Uhr an, und Bradley und Paul beschlossen, einen letzten Rundgang um das neue Gebäude zu machen. Auf dem von den Rädern der Mondmobile und den Astronautenstiefeln zerfurchten Mondstaub stand eine imposante Wand aus Sonnenkollektoren, die sich auf einen offenen Rahmen stützte. Ihre schwarze Oberfläche würde hundert Kilowatt Strom von der südlichen Sonne erzeugen, aber selbst jetzt reichte die Leistung des Kraftwerks aus, um das Mondmobil anzutreiben. Es war ein wenig traurig, den Kraterhang, den Felsen, der während der Ruhezeit als Bank gedient hatte, und das Kraftwerk selbst zu verlassen.

In der Nacht, während die Astronauten schliefen, lud die Transportabteilung die Route in den Computerspeicher, und die Energietechniker testeten die Station.

## Über den Mond

Am Morgen, nach dem Aufladen und dem Frühstück, machten sich die Astronauten zusammen zu einem „Spaziergang“ auf. Sie wurden von Mitarbeitern des MCC begleitet. Es gab informelle Berichte der Dienststellen über die Einsatzbereitschaft. Der Bericht wurde, wie üblich, von der Besatzung abgeschlossen: Kraftwerk im Erzeugungsmodus, Batterien aufgeladen, Mannschaft bereit zum Verlegen von Stromleitungen.

„Nun, alles ist auf einem guten Weg!“, erklang die Stimme des Leiters des MCC.

Paul zog seinen Raumanzug an und nahm auf der Brücke an der Backbordseite des Mondmobils Platz, um die Verlegung des Aluminiumdrahtes zu beobachten. Bradley bediente das Mondmobil vom Cockpit aus. Er schaute sich um, zögerte ein wenig, und ohne es zu merken, sagte er auf eine Art, wie Gagarin es getan hatte: „Los geht's."

Das Mondmobil mit den Stromkabeln war das erste, das sich bewegte. Bradley fuhr mit seinem Mondmobil Seite an Seite und hinkte etwas hinterher. Paul beobachtete die Verlegung des Drahtes. Zwei Arme mit Führungsrollen wickelten den Draht ab und verlegten ihn direkt auf dem Regolith, in einer von den Rädern des Mondmobils gelegten Spur. Regolith ist ein guter Isolator, und durch den Abstand von sechs Metern zwischen den Drähten war ein Leckstrom praktisch ausgeschlossen. Die Rollen sorgten dafür, dass der Draht in der Achse der Leiterbahn verlegt wurde, ohne durchzuhängen oder zu spannen. Es wurde besonders darauf geachtet, dass der Draht nicht mit Regolith bedeckt war, da sonst die Gefahr bestand, dass das Aluminium überhitzen und schmelzen würde. Bei maximaler Leistung floss ein Strom von etwa sechs Ampere durch den Draht, der den Draht, wenn auch nur leicht, erwärmte. Auf dem Mond gibt es keine Atmosphäre und der Draht konnte nicht durch den Luftstrom gekühlt werden. Regolith leitet keine Wärme ab, da seine Wärmeleitfähigkeit extrem gering ist. Ein flach liegender Draht konnte also nur durch Wärmestrahlung in den Weltraum und nur von der Oberseite her gekühlt werden.

Der Stapler folgte einem ausgetretenen Pfad: zuerst zur Landestelle der Apollo 18, dann zur Landestelle der Mondmobile. Als sie an der Anlegestelle vorbeifuhren, fotografierten Bradley und Paul die Anlegestelle. Jeder von ihnen machte wahrscheinlich hundert Bilder. Sie setzten ihren

Abstieg fort. Hinter dem Abhang tauchten die Landungstreppen auf und die Mondmobile kamen an. Auch sie wurden mit einem Fotoshooting geehrt. Die Sonne stand bereits über dem Horizont und beleuchtete ihre großen Treibstofftanks, aber darunter lag eine dunkle, unwegsame, unbewegliche Wildnis. Die Fahrzeuge schalteten ihre Scheinwerfer ein, verlangsamten ihre Fahrt und begannen, in den Peary-Krater hinabzufahren. Die Operatoren auf der Erde verdoppelten ihre Aufmerksamkeit. Bradleys Blick wanderte von der mit Scheinwerfern beleuchteten Stelle vor ihm zum Stapler.

Ein intelligentes System, das von Programmierern erdacht wurde, hatte die Hauptrolle bei der Steuerung des Einbaus inne. Seine Aufgabe war es, das Mondmobil aufzuhalten, wenn sich herausstellte, dass der Draht mit Regolith übersät war. Es machte jedoch nichts aus, wenn der Draht ein wenig im Regolith versank. Die Wärme würde durch das Metall auf die freiliegenden Bereiche übertragen und in den Weltraum abgeleitet werden. Es war eine mathematische und programmiertechnische Herausforderung, zwischen dem unbedeutenden Eintauchen des Aluminiums in den Regolithen und dem erheblichen Eintauchen zu unterscheiden. Sie, die Mathematiker und Programmierer, beobachteten den Stapelvorgang mit Spannung und schauten nicht nur zu – sie legten gerade eine Art Prüfung ab.

Sie kamen langsam voran: zwei, höchstens vier Kilometer pro Stunde, fast ohne Pause. Dank des gut erkundeten Geländes konnte die Transportabteilung die Strecke so anlegen, dass der Draht nicht in tiefe Gruben und Spalten geriet oder steile Hügel hinaufkam, ohne sich zu sehr zu winden. Die sechsstündige Schicht verging wie im Flug. Die Astronauten und MCC-Techniker, die mit Leidenschaft die Stromleitungen verlegten, fühlten sich weder hungrig noch müde. Der

Leiter des MCC griff ein und stoppte schließlich das Mondmobil. Bradley fuhr widerwillig zum Stapler und verband die Stromnetze der Mondmobile über die Kabelspule. Die Batterien des ersten Mondmobils und der Kabine begannen sich aufzuladen.

Die Mittagszeit bedeutete schon wieder die Schleuse und damit den Verlust von Luft und Zeit. Eine kontinuierliche sechsstündige Schicht war jedoch als physiologische Grenze für den Menschen anerkannt, und die Ärzteschaft hatte ein System von sechsstündigen Schichten eingeführt. Einer verrichtete seine Schicht über Bord, der andere steuerte den Mondrover im Cockpit, dann zwei Stunden Mittagspause, dann tauschten sie die Plätze und weitere sechs Stunden Schicht. Laut Houstons Zeitplan stand nach dem Abendessen noch ein Plan an.

Während des Mittagessens fand eine Telefonkonferenz mit der Verkehrsabteilung und den Programmierern statt. Der Verkehrsleiter dankte dem Kommandanten und dem Piloten noch einmal für den Einsatz am und im Peary-Krater. Der Standort ermöglichte die Erstellung einer sehr detaillierten Karte der Innenfläche genau des Teils des Kraters Peary, in den die Moonwalker jetzt hinabstiegen. Der erfolgreiche Start der Reise hatte die Teilnehmer ermutigt. Es wurde gescherzt und gelacht. Auch am Nachmittag verlief der Einsatz der Moonwalker reibungslos und ohne Zwischenfälle. Sie hielten für die Nacht an, als es nur noch eine kurze Strecke bis zum Boden des Kraters war.

Bevor sie zu Bett gingen, unternahmen Bradley und Paul auf Anraten der Mediziner einen Spaziergang. Sie zogen ihre Raumanzüge an und traten in den Mondstaub. Die Schleusentür schloss sich und es wurde so dunkel, dass es anfangs verwirrend war. Allmählich begannen ihre Augen, die Sterne zu erkennen – helle, stille und nicht blinkende Flecken auf der schwarzen Himmelskuppel. Hoch über dem Horizont ritt der Große Wagen auf einem Löwen, der den Krebs zwischen seinen Zähnen hatte. Der Kleine Bär stand im Zenit. Und sein Schwanz, der Polarstern, zierte die Spitze der Himmelskuppel. Mit einer geringen Abweichung zeigte der Poparlstern auch am Mond den Polar an.

„Der Polarstern im Zenit bedeutet, dass wir uns am Nordpol befinden!“, rief Paul aus. In der Hektik der letzten Tage – beim Bau des Senders und bei der Verlegung der Stromleitungen – hatten sie die Fremdartigkeit ihrer Situation fast vergessen. Der Nordpol des Mondes war sehr nahe, weniger als zehn Kilometer von ihrem Schlafplatz entfernt.

Sie gingen ein paar Schritte zurück und drehten sich um. Das Mondmobil ließ sich durch die Reflexion der Sterne im Panoramafenster des Cockpits erahnen. Sie baten den diensthabenden Mitarbeiter, die Scheinwerfer des Mondmobils einzuschalten, und drei Sekunden später blinzelten sie in das helle Licht. Sofort wurde darum gebeten, die Scheinwerfer wieder auszuschalten.

„Wir werden uns nicht verirren“, fasste Paul das Experiment zusammen. Sie wollten einen Spaziergang unter den Sternen machen, ohne die Scheinwerfer einzuschalten. Über dem Mondmobil leuchtete Denebola, der Beta-Löwe, der zweithellste Stern im Sternbild Löwe. Auf der gegenüberliegenden Seite, tief über dem Horizont, leuchtete der Markab, Alpha Pegasi, und sie gingen in der Dunkelheit auf ihn zu. Paul erinnerte sich daran, wie er und seine Töchter einmal den Zeitpunkt einer Wanderung falsch eingeschätzt hatten und in einer mondlosen Nacht von den Bergen herunterkommen mussten. Die Augen konnten kaum die Grenze zwischen Himmel und Erde erkennen, die großen weißen

Felsbrocken hoben sich kaum von dem dunklen Grün ab. Weder in der Nähe noch in der Ferne war etwas zu sehen. Dafür war das Gehör ungewöhnlich scharf. Überraschenderweise konnte er die Äste der Bäume vor sich hören, und seine Ohren verrieten ihm, dass der Weg bald abfallen würde. Die Füße blieben fest auf dem Weg. Sein Gehirn erinnerte sich an all die Kurven, die Felsen und die Bäume entlang des Weges. Er trug seine jüngste Tochter auf den Schultern, während die Älteste vertrauensvoll hinter ihm herging. Wenn Paul versehentlich über einen Stein stolperte, trat Olivia darüber hinweg. Es bestand keine Notwendigkeit, ständig nachzufragen.

Jetzt hörte Paul nur noch seinen eigenen Atem und das Rascheln seiner Kleidung. Er begann, einfach seinen Füßen zu vertrauen. Die geringe Schwerkraft und der sperrige Raumanzug veränderten seinen Gang, aber seine Füße fanden ihren Weg mit Sicherheit. Es war, als könnten sie die Unebenheiten des Geländes spüren, sie traten über den Stein, wenn sie ihn berührten, und reagierten auf die Gruben und Unebenheiten. Um Bradley nicht zu verlieren, fing sein Blick die Reflexion der Sterne auf seinem Helm auf. Der Körper wollte sich bewegen, die Seele wollte weiter und weiter gehen. Sie hatten sich schon eine Weile von den Mondmobilen entfernt, als der Einsatzleiter sie aufforderte, zurück ins Cockpit zu gehen. Sie waren dem Zauber der Nacht verfallen. Paul spürte die Berührung von Bradleys Hand, drehte sich gleichzeitig um und nahm Kurs auf Denebola. Jetzt konnte ein geschultes Auge die Mondmobile schon von Weitem sehen. Sie machten einen Umweg, um den Spaziergang zu verlängern, aber leider war der Ausflug Denebola-Markab-Denebola bald zu Ende.

„Gute Nacht“, wünschte die Erde.

„Schlaft gut“, antworteten die Mondbesucher.

Der Morgen traf auf die Nacht. Es gab viel zu tun. Das Glück hatte die Expedition bis jetzt begleitet. Gut gelaunt nahmen sie ihre Plätze ein, schalteten die Kabelkonsole aus, fluteten den Raum mit Scheinwerfern und fuhren weiter. Die Rover fuhren immer tiefer den Abhang hinunter. Sie gingen gleichzeitig auf den Grund des Kraters. Plötzlich blieb der Stapler stehen. Auf dem Bildschirm blinkte eine Meldung auf, dass das intelligente System ein Einsinken des Kabels in den Regolith entdeckt und die Bewegung gestoppt hatte. Im Führerhaus sitzend, wendete Paul und fuhr an das Heck des Staplers heran. Die Verbindungslinie zwischen dem Wall und dem Kraterboden war mit einer tiefen Staubschicht bedeckt, und obwohl die Räder den Regolith darunter verdichtet hatten, bröckelten die Ränder der Spur ab und bedeckten beide Drähte. Nichts muntert einen morgens so auf wie ein plötzlich auftauchendes Problem. Die Reste des Schlafs hatten die Diensthabenden und die Mondmobil-Crew schnell vertrieben. Nur die Programmierer des intelligenten Systems erlaubten sich schließlich ein Gähnen und steuerten demonstrativ die Kaffeemaschine an.

Paul fuhr auf die andere Seite des Fertigerhecks und richtete seine Scheinwerfer auf die Radspuren. Aber auch aus diesem Blickwinkel zeigten die Videokameras das gleiche Bild, nämlich verstaubte Drähte. Bradley ging an den Drähten entlang. Sein Fuß sank zwanzig bis fünfundzwanzig Zentimeter tief in den Regolith ein, der harte Boden unter ihm war zu spüren. Er tastete nach dem Draht und zog ihn heraus. Er starrte ein paar Sekunden lang auf den staubigen, baumelnden Nullleiter in seiner Handfläche und zeigte ihn Paul. Er stand auf und drückte den Knopf zum Abschalten des

Kraftwerks. Das Hochfrequenzsignal lief durch das Aluminium zur Polarstation, durch Hochspannungsfilter zum Eingang des Kontrollsystems, das das Signal decodierte und die Stromleitung abschaltete. Obwohl es unwahrscheinlich ist, dass stromführende Drähte einer Person, die auf dem Regolith steht, Schaden zufügen, schreibt die Sicherheitstechnik vor, dass jede Annäherung an einen Hochspannungsdraht oder eine Spule zur Unterbrechung des Stroms führen sollte. Bradley nahm den Draht in seine andere Hand. Im Team entstand eine Idee, wie man sich aus dieser Situation befreien könnte: „Bringt die Steine her."

Paulus verstand, was der Kommandant wollte. Er zog das Mondmobil vom Stapler weg und fuhr auf seiner Spur zum Schacht. Beim Abstieg entdeckte er Felsbrocken von geeigneter Größe. Er harkte sie mit dem Planierschild auf einen Haufen, legte sie in die Baggerschaufel und kehrte zum Stapler zurück. Bradley bat den Operator, den Stapler ein Dutzend Meter nach vorne zu fahren. Dann nahm er die Drähte einen nach dem anderen aus dem Boden und nahm sie auseinander. Er nahm einen Steinbrocken nach dem anderen, legte ihn in kurzen Abständen in die Fahrbahn des Staplers und verlegte dann den Draht auf den Brocken.

„Jetzt haben wir eine richtige Stromleitung mit Masten", sagte Bradley mit zufriedener Stimme. Aber als er sich die Drähte noch einmal ansah, rief er aus: „Moment noch!" Er ging zur Schleuse hinüber, nahm einen Handfeger und fegte die beiden mit einer Staubschicht bedeckten Drähte ab. Das Aluminium schimmerte schemenhaft im Scheinwerferlicht. Jetzt war alles in Ordnung.

Der Stapler bewegte sich langsam vorwärts. Bradley folgte ihm und beobachtete die Verlegung des Drahtes. Paul leuchtete mit seinen Scheinwerfern auf die Drähte an den Felsen und ging, nachdem er sich vergewissert hatte, dass sie nicht von den Steinen gerutscht waren, hinter dem Kommandanten her und beobachtete, wie das Aluminium zwischen den Walzen hindurchfloss und sich in einer glänzenden Schlange in die Spur des Mondmobils legte. Bradley ging eine Meile lang, begleitet von zwei Mondmobilen. Unter den Füßen lag die flache, berechenbare Oberfläche des Kraterbodens, die von einer dünnen Staubschicht bedeckt war. Gelegentlich sah er kleine Krater von kleinen Meteoriten. Den Fotos und Sondierungsdaten nach zu urteilen, erstreckte sich eine solche Oberfläche über den gesamten nördlichen Teil des Kraters.

Auf Anweisung des Kontrollzentrums kletterte Bradley auf das Mondmobil und stellte sich, wie auf einer Kapitänsbrücke, an die Reling des Geländers. Durch das gläserne Panoramafenster konnte er sehen, wie Paul sich in seinem Stuhl ausstreckte und die bevorstehende Route auf dem Bildschirm vor ihm ablief. Die Mondmobile sollten den Durchmesser des Bodens des Kraters Peary durchqueren und seinen südlichsten Punkt erreichen. Hier verschmolz der Schacht des Peary-Kraters mit dem Schacht des älteren und größeren Byrd-Kraters. Die Reisenden erklommen den Peary-Wall und stiegen dann den inneren Hang des Byrd-Kraters hinunter zu seinem breiten, flachen Boden. Dort sollten sie das Hauptsolarkraftwerk installieren und die erste Mondsiedlung errichten. Sie würden das Unterkunftsmodul aufnehmen und installieren. Damit wäre die Mission von Bradley und Paul beendet.

Die Mondmobile und deren Besatzung fuhren unter Autopilotkontrolle strikt in einer geraden Linie, nicht um kleine Krater herum, sondern einfach darüber. Wo immer es möglich war, hat die Mondmobil-Abteilung den Weg begradigt, um die Länge der Stromleitungen zu verkürzen. Der Stapler folgte dem Mondmobil des Kommandanten von Spur zu Spur. Ein intelligentes System und Spezialisten aus dem Kontrollzentrum überwachten die Verlegung des Kabels. Paul machte alles zugleich: navigieren, den Monitor beobachten, um zu sehen, wie die Stromleitungen verlegt werden, Kontakt zur Erde halten. Bradley hingegen fuhr als Beifahrer mit. Er hatte die Gelegenheit, einfach nur die vorbeiziehende Landschaft zu betrachten. Ab und zu gab es abseits des Weges große Krater. Von unten sahen sie wie Hügelstümpfe aus. Vor ihnen erstreckte sich die Ebene jenseits des nahen Horizonts. Dahinter, links und rechts, waren Berge zu sehen, die in der Dunkelheit kaum zu erkennen waren. Die bekannten Sternbilder leuchteten am Firmament.

Die Suche nach Wasser war nicht Teil des Programms von Apollo 18. Dennoch schauten die Astronauten in die kleinen Krater, die sie unterwegs entdeckten. In einem von ihnen sammelte Bradley einige klare, eisähnliche Kristalle auf. Er nahm sie mit in die Kabine, legte sie in einen Plastikbecher und wartete darauf, dass die Kristalle schmolzen. Aber sie schmolzen nicht. Quarz, bestimmte Paul, der ein wenig vertraut mit Mineralogie war.

Sie bewegten sich ohne Unterbrechung in einem angemessenen Tempo. Sie fuhren aus dem Schatten heraus. Die Sonne traf das Heck so, dass ein Schatten vor dem Cockpit lag, der über den Horizont hinausging. Die von den fast horizontalen Strahlen beleuchtete Oberfläche hatte keine Farbe, nicht einmal eine Helligkeitsabstufung. Der starke Kontrast zwischen den schattierten und den beleuchteten Bereichen war für das Auge unangenehm. Die Videokameras wussten nicht mehr, wie sie belichten sollten: Die Bildschirme blinkten weiß, dann wurde die Blende zu schwarz. Um den

Kontrast zu mildern, wurden die Scheinwerfer wieder eingeschaltet.

Sie hatten ein schnelles Mittagessen. Vor ihnen lag die gleiche glatte, eintönige Ebene, die bis zum Horizont reichte. Es hatte keinen besonderen Sinn, dass ein Mann außerhalb der Kabine blieb, und die Astronauten beschlossen, die Reise zusammen in der Kabine fortzusetzen. Bradley nahm den Kommandositz ein, Paul setzte sich auf den Pilotensitz und die Kolonne setzte ihren Weg fort. Die Automatik des Mondmobils hielt die Kabine so ruhig und fügte sich so gut in das Gelände ein, dass der dienstfreie Paul, eingelullt von dem schwachen Zittern und dem sanften Schaukeln, einschlief.

Sie hielten auf Anweisung des MCC an. Die sechsstündige Wache war vorbei, und das Programm sah die Abendprozeduren und Schlaf vor. Aber sie hatten keine Lust zu, essen oder zu schlafen. Sowohl ein schläfriger Paul als auch ein fauler Bradley auf der Wache fühlten sich eher wie Passagiere in einem rasenden Zug als wie Eroberer anderer Planeten. Sie wollten immer weiter eilen, an den Zwischenstationen vorbeigleiten und alles Neue und Unbekannte auf dem Weg entdecken. Die Ärzte waren sich über den physiologischen und psychologischen Zustand der Besatzung im Klaren und schlugen vor, dass sie nach einer ausgiebigen Bewegungspause und dem Abendessen die Reise fortsetzen sollten. Bradleys und Pauls schallendes „Hurra“ wurde von dem MCC-Team empfangen.

Die Mondmobile bewegten sich weitere sechs Stunden lang. Vor ihnen lagen die Kraterspitzen, die den südlichen Teil des Peary-Kraters zieren. Paul, der Wache hatte, stoppte den Mondrover sanft, um Bradley nicht zu wecken – er war von den Medizinern seit Mitte der Schicht in den Schlaf geschickt worden. Er betätigte einen Schalter und ein Vorhang wurde über das Panoramafenster des Cockpits gezogen. Im Halbdunkel zog er sich aus und kuschelte sich unter die warme Decke. Für den Schlafengehenden senkte das Medizinerteam die Temperatur in der Kabine ab.

Zum x-ten Mal entbrannte in der Mondrover-Transportabteilung eine Diskussion darüber, welche Route man im südlichen Teil des Peary-Kraters nehmen sollte. Der kürzeste Weg zur Mondsiedlung führte durch eine Ansammlung von kleinen Kratern. Die nach Mond-Maßstäben nicht sehr großen Krater waren ziemlich beeindruckend. Die Spezialisten waren im Besitz einer Karte des Gebiets, die mithilfe von Satellitenradar erstellt worden war. Die Laserortung und die optische Ortung, die die Apollo-18-Besatzung beim Abstieg aus der Umlaufbahn vornahm, verdeutlichten zwar Einzelheiten des Geländes, aber ihr Raumschiff flog immer noch hoch und mit hoher Geschwindigkeit, und die Experten blieben mit vielen Unklarheiten zurück. Am Ende war sich die Transportabteilung einig, dass es zwar möglich war, zwischen Kratern und durch Spalten zu navigieren, aber nicht, die Krater zu besteigen oder auf den Grund zu tauchen.

Die Transportabteilung gab die empfohlene Route an die Besatzung weiter, lud sie aber nicht in den Computer hoch. Da die Astronauten es besser sehen konnten, wurde ihnen das Steuer überlassen.

Sie hatten wirklich eine bessere Aussicht ... Sie wachten wie immer fröhlich und gut gelaunt auf. Sie hatten gut die Hälfte des Weges zurückgelegt, die Hälfte ihres Ziels erreicht. Nach dem Aufladen und dem Frühstück zog Paul seinen Raumanzug an, ging auf dem Gelände umher und untersuchte das Cockpit, die dünnen Drahtspulen und die Mondmobile. Die Stiefel sanken regelmäßig in eine dünne Staubschicht ein und trafen auf den darunterliegenden

Mondboden. Auf der Brücke des Kapitäns setzten sich die Maschinen in Bewegung. Der Weg lag zwischen zwei dicht beieinanderliegenden großen Kratern. Die Kraterschächte kreuzten sich nicht, und es war möglich, sich schnell durch die flache, gut erforschte Ebene zu bewegen. Geradeaus befand sich ein junger Krater. Sein Rand ragte scharf in den Himmel. Bradley bog links ab und umging den Krater, wobei er versuchte, nicht zu nahe an den Fuß der Böschung zu kommen, um die Drähte nicht im Staub untergehen zu lassen. Als sie den Wall umrundeten, wuchs vor ihnen ein weiterer großer, hoher Krater in den Himmel. Bradley führte die Mondmobile nun in einem Rechtsbogen. Das Gelände war nicht mehr so glatt und ging bergauf. Die dünne Staubschicht war kein Problem, und Bradley verlangsamte nur ein wenig und setzte seinen Weg fort. Der Stapler legte Spur für Spur.

Die Kraterschale von Peary war extrem ungleichmäßig von Meteoriten getroffen worden. Während der nördliche Teil flach war, war der Süden von mittelgroßen Kratern mit einem Durchmesser zwischen einem und zehn Kilometern übersät. Hier entstanden die interessantesten Fotos. Das Periskop in den Händen der Fotografen auf der Erde wirbelte herum und schaffte es, sowohl links als auch rechts, sowohl die Gipfel als auch die Ausläufer zu erfassen. Zum ersten Mal befand sich die Kamera inmitten eines Kraterhaufens. Der Mond wurde nicht von oben fotografiert – von einem Satelliten aus, aus der Ferne, wie es die automatischen Stationen oder Astronauten des letzten Jahrhunderts getan hatten. Die Kamera war nun direkt auf die Krater gerichtet, an deren Fuß. Die Landschaft war wirklich himmlisch.

Bradley machte einen Bogen um große Felsen und tiefe, ausgedehnte Mulden. Kleine Krater griff er frontal an und sorgte dafür, dass der Draht nicht im Staub versank.

Manchmal musste das Planierschild eingesetzt werden, um den Weg von tiefem Staub zu befreien; ein paar Mal wurde eine Baggerschaufel verwendet, um große Steine aus dem Weg des Staplers zu entfernen. Eine Kette mittelgroßer Krater zeichnete sich davor ab. Die Geologen, die nun für das Periskop zuständig waren, entdeckten einen großen, einsamen Felsen in der Nähe von zwei Kratern und baten den Leiter des Kontrollraums um die Erlaubnis, zu dem Felsen vorzufahren. Sie erhielten Zustimmung, zumal es dafür fast nicht nötig war, von der Route abzuweichen. Bradley ließ den Stapler auf dem Weg stehen und fuhr zur Klippe hinauf. Paul trat von der Brücke und wurde sofort von den Geologen-Senologen in Empfang genommen, die ihn baten, sich den Felsen genauer anzusehen. Während Paul die Kameras nahe an die Brüche und Abplatzungen heranbrachte, auf den Felsen einschlug, um zu versuchen, ein Stück abzubrechen, und in die Risse hineinschaute, ließ sich Bradley Zeit, um den Felsen zu umrunden, sodass er ihn aus allen Blickwinkeln fotografieren konnte. Dann hielt er das Mondmobil an der besten Stelle zum Fotografieren an und machte sich, befreit von seiner Schicht, ans Kochen. Paul hingegen lief im vollen Tempo um den Felsen herum und folgte den Anweisungen der Geologen. Nur ein direkter Befehl des Leiters des MCC konnte ihn aus seiner selenologischen Faszination befreien.

Während des Mittagessens wurde darüber diskutiert, ob man durch die Kraterkette auf der anderen Seite des Bergrückens gehen und dabei Staub riskieren oder den Kraterrücken umrunden und damit einen Tag verschwenden sollte. Die Nachmittagsruhe wurde durch einen Spaziergang auf einem Mondmobil über den Bergrücken ersetzt. Die Schlucht, ein breites Tal, das von den Ausläufern zweier nahe gelegener

Krater gebildet wird, würde das Gewicht des Mondmobils mit Sicherheit tragen. Die Räder hinterließen eine tiefere Spur als in der Ebene, aber die Ränder der Spur fielen nicht ab. Zurück zum Stapler stellten sie sich an die Spitze des Mondzuges und fuhren nach Süden. Die Verkehrsabteilung und die Programmierer der intelligenten Systeme beobachteten den Einbau mit Argusaugen. Auch Bradley Norton ließ den Monitor nicht aus den Augen. Alles verlief reibungslos. Schließlich passierten sie die Schlucht. Vor ihnen lag eine hügelige Ebene, die sich sanft den Kraterwall hinaufzog. „Widerstand!" Die leise Stimme des Energieingenieurs war in dem lauten Kontrollraum für alle hörbar – zwei Hundertstel eines Prozents. Es ging weiter bergauf.

Jetzt war die Stille im Saal schon bedrückend.

„Das Kraftwerk wurde abgeschaltet. Die Mondmobile sind gestoppt worden", berichtete Paul Duke.

Im Normalbetrieb stieg der ohmsche Widerstand der Übertragungsleitung mit jedem Meter aufgewickeltem Draht. Sein Widerstand sowie alles, was das Kraftwerk und die Hochspannungsleitung betraf, wurde von den Energietechnikern überwacht, die zur diensthabenden Schicht gehörten. Der Bericht des diensthabenden Energietechnikers besagte, dass erstens der Widerstand größer war als berechnet, und zweitens, dass der Widerstand nicht nur zugenommen hatte, sondern weiterwuchs. Dieses Verhalten der Übertragungsleitung deutet eindeutig darauf hin, dass sich der Draht unter einer Regolithschicht befand. Regolith umhüllte den Draht, und die ohmsche Wärme, die beim Stromfluss freigesetzt wird, erwärmte den Leiter, was wiederum den Widerstand erhöhte und erhöhte. Es war diese sehr geringe, aber schleichende Erhöhung des Widerstands, die der Energietechniker entdeckte. Nach dem Abschalten der Stromleitung und der

Unterbrechung der Stromzufuhr war zu erwarten, dass sich der Widerstand zunächst stabilisierte und dann, wenn der Draht abgekühlt war, zu den berechneten Werten zurückkehren würde.

„Der Widerstand hat sich stabilisiert“, berichtete der Energietechniker auch tatsächlich.

Die Mitarbeiter der diensthabenden Schicht sahen sich die Videoaufnahmen von der Verlegung des Kabels an, um zu sehen, ob sie den Moment verpasst hatten, als das Regolith das Kabel bedeckte. Die Programmierer des intelligenten Systems seufzten schwer und gingen zur Kaffeemaschine, um ihre Nerven zu beruhigen. In der Zwischenzeit steuerte Paul das Mondmobil entlang der Stromleitung zurück, während Bradley in seinen Raumanzug kletterte, die Innentür der Luftschleuse verriegelte und, sobald das Mondmobil zum Stillstand kam, die Luftschleuse verließ. Knöcheltief im Staub näherte er sich der Strecke. Alles war in Ordnung: Beide Drähte lagen flach in der Mitte des Weges und reflektierten die sanften Sonnenstrahlen. Plötzlich brach vor Bradleys Augen die senkrechte Wand des Fahrwegs ein und blitzschnell bedeckte Staub den Draht. Bradley ging weiter zwischen den Drähten hindurch. Es war überall dasselbe: hier und da ein mit Staub bedeckter Draht. Es wurde klar, was vor sich ging. Nach dem Passieren des Rades blieb die Staubwand noch eine Weile stehen, ohne die Beobachter zu stören oder das intelligente System in Aufruhr zu versetzen. Erst später, nachdem er aus dem Blickfeld der Kameras verschwunden war, löste sich der Staub und überflutete den Draht. Das, was sie befürchtet hatten, worauf sie aber vorbereitet waren, war tatsächlich eingetreten.

Der Leiter der Leitstelle schaltete das Periskop auf sich selbst um, fuhr es auf maximale Höhe aus und richtete es so weit wie möglich in die Ferne. Tatsächlich: Sobald das Messgerät tiefer als ein bestimmter kritischer Punkt war, begrub ein verräterischer Graben den Draht.

Sie mussten zurückkehren. Man brauchte gar nicht daran zu denken, Staub zu schaufeln oder Steine unter den Draht zu legen. In der Schlucht gab es keinen Platz für den Staub und keine Möglichkeit, Steine zu holen.

Sie gingen zurück zum Stapler und gaben ihm den Rückweg ein. Der staubbedeckte Draht war zwischen den Rollen hindurchgelaufen und begann sich gerade auf der Spule aufzuwickeln, als er sich verklemmte. Der Staub zwischen den Rollen hatte Klumpen gebildet und den Kanal verstopft, in den der Draht glitt.

„Das hätte man sich denken können. Die ganze Zeit über gab es eine Menge Staub“, beschwerte sich Bradley.

Während die ersten Apollo-Astronauten den Mondstaub buchstäblich einatmeten, er knirschte an ihren Zähnen und durchtränkte ihre Kleidung, wurden Paul und Bradley nicht mit dem Staub selbst überschwemmt, sondern mit den Problemen, die er verursachte.

Nach einer kurzen Besprechung übergab Paul die Kontrolle über das Mondmobil an die Erde, zog seinen Raumanzug an, nahm ein paar Taschentücher und Handtücher mit, schnappte sich einen Besen und ging zu seinem Kameraden. Die Drähte wurden abgewischt und gebürstet, wodurch das Aluminium seinen leicht matten Glanz zurückerhielt. Der Stapler fuhr langsam zurück und wickelte den sauberen Draht zurück auf die Spule. Sie weigerten sich strikt, ihre sechsstündige Schicht für ein Abendessen und eine Pause zu unterbrechen, und wanderten bis tief in die Nacht aus der Schlucht direkt zum Felsen der Geologen-Selenologen. Der Energietechniker berichtete, dass der Widerstand des Kabels wieder normal sei. Müde, aber immer noch fröhlich, gingen Bradley und Paul durch die Tür in ihr „Wohnmobil". Ihnen war nicht nach Essen zumute, also tranken sie etwas Buttermilch. Die Kommandanten gaben ihnen die Erlaubnis, zu duschen. Duschen! Wie angenehm! Obwohl das perfekte Staubabsaugsystem verhinderte, dass irgendwelche Partikel in den Wohnraum gelangten, und die Astronauten keinen Schmutz am Körper hatten, war der Staub dennoch im Kopf präsent und der Körper wollte gereinigt werden. Sie duschten. Der Wasserstrahl trug die Staubspuren aus dem Raum und vermittelte ein Gefühl von Sauberkeit und Frische. Sie gingen zu Bett. Noch bevor ihre Köpfe das Kissen berührt hatten, fielen beide in einen tiefen Schlaf. Ein Mitarbeiter der Verkehrsabteilung schloss das Mondmobil mit einem Crossover-Kabel an das Stromnetz des Staplers an und lud die Batterien auf.

Am Morgen beschloss das Kontrollzentrum, die Astronauten nicht zu wecken und sie ausschlafen zu lassen. Sie wurden von selbst wach. Sie machten ihre morgendliche Routine und fuhren Richtung Osten. Zu ihrer Rechten reihen sich sieben Krater entlang des Breitengrades 87 Grad, 48 Minuten Nord auf. Die Krater trennten sich voneinander und bildeten an einigen Stellen Lücken, in die sich Reisende nicht mehr hineintrauten; an anderen Stellen liefen die Krater in unmittelbarer Nähe zusammen und es blieb nur eine schmale Schlucht zwischen ihnen. Manchmal schlossen sich die Krater zusammen oder schoben sich sogar ineinander. Die Karte des Gebiets glich einer von Kugeln durchbohrten Zielscheibe. Der Mond ist ein Ziel für verschiedene Meteoriten. Mondkrater ähneln Kratern vulkanischen Ursprungs auf der Erde, und Forscher halten einige Mondkrater für erloschene Vulkane. Es besteht jedoch kein Zweifel daran, dass die überwiegende Mehrheit der Mondkrater durch einen Meteoriteneinschlag verursacht wird. Der Gebirgskamm, auf dem die Mondmobile entlangfuhren, war nur eine Reihe von Einschlagskratern von ungefähr gleicher Größe.

„Durch wessen Hand sind die Meteoriten in einer solch perfekten Reihe gefallen?“, stellte Paul eine rhetorische Frage ins Nirgendwo.

Der hohe, steile Wall des Peary-Kraters verdeckte die tief stehende Sonne, und die Mondmobile tauchten in die Schatten ein, die sich schnell zur Dunkelheit verdichteten. Es wurde nur von den sonnenbeschienenen Gipfeln der Gebirgskette gestreut, die immer weniger Sonnenstrahlen reflektierten, je weiter die Mondmobile kamen. Die Mondlandschaft war nur noch auf dem Bildschirm des Laserentfernungsmessers zu sehen. Am Ende der Wache hatten sie die geschlossene Kraterlinie durchquert, und schließlich öffnete sich vor den Reisenden das breite Tor zwischen dem siebten und dem achten Krater, der einen guten Kilometer entfernt war. Der Weg nach Süden stand offen. Das Kontrollzentrum erlaubte ihnen, ohne anzuhalten weiterzufahren, sodass sie abwechselnd unterwegs zu Mittag aßen. Links ragte ein Berg aus zwei Kratern auf, dessen zerklüftetes Profil der Entfernungsmesser zeichnete. Der Weg führte bergauf. Oft mussten sie durch die Niederungen fahren, wo sich am Boden viel Staub angesammelt hatte. Auf der Erde erodieren Wind und Regen die oberste Schicht des Planeten, und der dabei entstehende Staub und Sand wird vom Hochland ins Tiefland geweht, wo sich Sedimentgestein bildet. Auf dem Mond gibt es weder Wind noch Regen, aber er ist einem Bombardement von Mikrometeoriten ausgesetzt. Mikrometeoriteneinschläge zerstören Gesteine, stürzen die Regolithschicht an der Oberfläche um, zerkleinern sie und transportieren zusammen mit der Schwerkraft die Staub- und Sandkörner nach unten in Senken am Fuß der Berge. Was für Wind und Wasser ein paar Jahre sind, sind für Mikrometeoriten Millionen von Jahren. Aber der Mond hat Zeit. Viereinhalb Milliarden Jahre lang gibt es ihn schon. Der Einschlag eines großen Meteoriten ist zwar selten, aber die ungeschützte Mondoberfläche wird ständig von kleinsten Staubpartikeln bombardiert, die sich mit kosmischer Geschwindigkeit bewegen.

Die gleiche hügelige Ebene erstreckte sich vor den Reisenden. Die Mondmobil-Transportabteilung suchte mithilfe eines Multiband-Periskops und einer Karte des Gebiets mit einem Laser-Entfernungsmesser nach der besten Route. Die Mondmobil-Transportabteilung lud die angenommene Route in den Computer des Staplers herunter, und der Computer fuhr dann das Mondmobil. Manchmal mussten sie den Stapler anhalten und ein anderes Mondmobil einsetzen, um eine andere, vorteilhafte Route zu finden. Der beste Weg ging um die Staubseen herum, denn es war unklar, ob die Mondmobile ihn überwinden konnten. Schließlich wurde unter Berücksichtigung dieser Gegebenheit der kürzeste Weg gewählt.

Die Mondmobile kletterten den Pass hinauf, um von der Mulde des Peary-Kraters in den Byrd-Krater einzutauchen.

„Nicht bremsen!“, rief Paul, als er sah, wie das rechte Vorderrad des Staplers abzufallen begann.

„Gib Gas!“, rief auch der Bediener des Staplers im Kontrollraum.

Aber nein. Der Stapler bremste auf allen vier Rädern und kam im Einklang mit dem Bordcomputer zum Stillstand.

Ausgebremst! Und warum? Müde von den Abenteuern der vergangenen Nacht sah der MCC-Manager den Leiter der Transportabteilung der Mondmobile an. Er stand da und stieß mit dem Finger auf einen aufgeschlagenen Aktenordner. In den Programmieranweisungen für das Mondmobil wurde eine Seite mit einem rot markierten Satz angezeigt, der das Mondmobil zum Stillstand bringen sollte, wenn die Spur der Räder von der berechneten Bahn abwich.

Die Mondmobile wurden normalerweise von einem Autopiloten, einem speziellen Computer, gesteuert. Alles, was man tun musste, war, eine Route in den Speicher zu laden. Der Computer empfing auch Informationen von den zahlreichen Videokameras, die rund um das Mondmobil angebracht waren, sowie Informationen von Laser- und optischen Entfernungsmessern, Geschwindigkeits- und Beschleunigungssensoren und Rotationssensoren. Jedem Rad wurde vom Computer eine Geschwindigkeit und eine Richtung vorgegeben. Die Mondmobile hatten keine Stoßdämpfer. Die erforderliche vertikale Bewegung jedes Rads wurde ebenfalls vom Computer berechnet, und je nach Gelände und Fahrstrecke hob oder senkte der Antrieb das Rad. Der Autopilot kann eine sich ändernde Situation viel schneller analysieren als ein Mensch, vergleicht die aktuelle Position des Fahrzeugs mit dem, was in einem Augenblick passieren wird, fast augenblicklich, und erzeugt Steuerbefehle für jedes Rad, jeden Mechanismus, um das Rad zu drehen oder vertikal zu bewegen. Tests der Mondmobile auf der Erde hatten gezeigt, dass sie sich in unbekanntem Terrain sicher bewegen konnten. Bei einem unüberwindbaren Hindernis blieb das Mondmobil einfach stehen und übergab die Kontrolle an den Operator. Wenn das Mondmobil plötzlich ins Schleudern geriet, einen Abhang hinunterrutschte oder plötzlich in ein Loch fiel, der tatsächliche Kurs also von dem berechneten abwich, wurde er angewiesen, anzuhalten. Die Experten schlugen vor, Programme zu entwickeln, die beispielsweise die Räder im

Bruchteil einer Sekunde auf die Seite des Schleuderns drehen und das Fahrzeug durch eine leichte Erhöhung der Geschwindigkeit stabilisieren konnten. Wenn man einen steilen Abhang hinunterrutscht, sollte man sein natürliches, intuitives Verlangen, so schnell wie möglich nach oben zu kommen, außer Acht lassen und so vorgehen, wie es erfahrene Autofahrer tun: die Räder in Richtung der Rutsche drehen und erst, wenn die Rutsche zum Stillstand gekommen ist, das Auto sanft anhalten. In einem Loch stecken zu bleiben, ist nicht schlimm. Wenn das Auto schnell genug ist und man ein bisschen Gas gibt, fährt es einfach wieder heraus. Fachleute, meist junge Menschen, hatten solche Programme entwickelt. Tests auf der Erde hatten gezeigt, dass die Mondmobile das Schlingern souverän parierten, an steilen Hängen anhielten und aus den Gruben wieder herausfuhren. Die Übervorsichtigkeit überwog jedoch. Daher stammte auch die Formulierung im Handbuch, dass man bis zum Stillstand bremsen soll.

Bradley fuhr an das stecken gebliebene Rad heran und leuchtete mit seinen Scheinwerfern. Das Rad klemmte fast bis zur Nabe in einer Felsspalte. Der Spalt musste von einem dünnen, flachen Felsen bedeckt gewesen sein, der unter dem Gewicht des Rades zerbröckelt war, und Fragmente des Felsens lagen auf dem Grund des Spalts. Er versuchte, den Stapler ein wenig zurückzusetzen. Die drei losen Räder klammerten sich an den Boden und zogen an dem festsitzenden Rad. Nichts zu machen. Sie versuchten, das Fahrzeug vorwärtszubewegen. Die Wirkung war dieselbe. Schlimmer noch, das Rad sackte noch tiefer, bis unter die Nabe.

Paul hatte sich inzwischen umgesehen und begann, das Rad und den Spalt zu untersuchen. Das Rad schlug in eine schmale Spalte im Felsen ein. Es war eingeklemmt, die scharfen Kanten des Spalts krallten sich wie eine Klemmfalle in den Rand. Die Kraft der Elektromotoren reichte nicht aus, um das Rad herauszuziehen oder es zu drehen.

Houston organisierte umgehend eine Brainstorming-Sitzung. Die Transportabteilung des Mondmobils schlug vor, die Drahtspulen und das Umspannwerk an den Rand der Plattform zu verlegen, weg vom Notrad. Ein Rad abschrauben, auf drei Rädern weiterfahren: Der Autopilot hatte ein Programm im Speicher, das einen dreirädrigen Mondrover steuern konnte. Die Mechaniker schlugen vor, zu versuchen, das festsitzende Rad mit einem Kran herauszuziehen, indem sie das Mondmobil an der Kante der Plattform festhielten. Es wurde auch vorgeschlagen, dass ein Bagger um eine Seite des Felsens herumgraben sollte, in der Hoffnung, dass sich der Felsen lösen und das Rad loslassen würde.

Bradley und Paul schalteten das Kraftwerk ab und schoben die Drahtspulen und die Trafostation an den Rand der Plattform, um das festsitzende Rad zu entlasten, dann legten sie eine Schlinge unter das Rad und zogen es mit einem Kran heraus. Aber der Felsen wollte das Rad nicht loslassen.

„Es besteht immer die Möglichkeit, das Rad abzuschrauben und einfach dort zu lassen“, beschloss das Quorum und schickte die Astronauten ins Bett, um am nächsten Morgen mit dem Ausgraben des Felsens zu beginnen.

Bradley wachte auf und blieb liegen. Draußen vor dem Fenster war es stockdunkel. Er schaute auf die Uhr. Es war längst an der Zeit, aufzustehen. Normalerweise weckt Houston die Astronauten über die Freisprechanlage, aber heute war es irgendwie verdächtig still. Er setzte den Kopfhörer auf und drückte auf die Sendertangente. Keine Antwort – Stille. Ein Testprogramm für Repeater-Satelliten wurde gestartet. Die

Letzteren antworteten weder über digitale Kanäle noch über den Kommunikationskanal. Das wurde jetzt ein wenig beunruhigend. Sie befanden sich immer noch in der Mulde des Kraters Peary. Totale Dunkelheit – die Sonnenstrahlen drangen hier nicht ein. Man konnte die Erde nicht sehen. Alleine, ohne Verbindung, mit einem gestrandeten Mondmobil!

„Nein, das stimmt nicht!“, verjagte Bradley die Angst. Sein bester Freund Paul Duke war bei ihm! Das Polarkraftwerk war in Betrieb und lieferte Energie. Die Unterbrechung der Kommunikation mit der Erde war nicht gravierend, zumal sie sie oben im Kraterschacht sehen und direkten Kontakt herstellen konnten. Mondmobil? Und hier kam das Mondmobil ins Spiel. Paul stand auf, sie frühstückten zusammen, zogen ihre Raumanzüge an und starteten den Hydraulikbagger mit der Fernsteuerung.

Der Boden gab leicht nach. Felsbrocken flogen den Hang hinunter und legten immer mehr von dem rauen Gestein frei. So verging der ganze Tag. Der Felsen verbreiterte sich nach unten, und es musste ein Graben entlang des Fußes der Steilwand ausgehoben werden. Schließlich verlor der Felsen seinen Halt. Aber anstatt herunterzufallen und das Rad freizugeben, rollte er herum, zog das Mondmobil mit sich und verdrehte und verstümmelte das Rad. Jetzt konnte nur noch der von der Verkehrsabteilung des Mondmobils vorgeschlagene Plan umgesetzt und das verbogene Rad abgeschraubt werden.

Den nächsten Tag verbrachten sie damit, unzählige Schrauben zu lösen. Zuerst wurde die Nabenkappe entfernt, dann die Druckscheibe, dann, wie eine Zwiebel, Schicht für Schicht alles andere. Die Konstrukteure mussten dünne, leichte Bauteile herstellen und sie mit vielen winzigen

Schrauben zusammenfügen, um eine hohe mechanische Festigkeit bei geringem Gewicht zu gewährleisten. Das war der Preis, den die Konstrukteure von Raumfahrzeugen für jedes eingesparte Gramm Gewicht zahlen mussten. Die Arbeit in einem Raumanzug ist hart. Durch den Druck im Inneren und das Vakuum außen werden die elastischen Teile des Raumanzugs zu einem sogenannten Aerobal. Es ist besonders schwierig, die Finger zu bewegen. Der dicke Handschuh selbst macht es schwierig, sich zu bewegen, außerdem muss man den Widerstand des Überdrucks an den Gelenken überwinden. Ihre Arme und vor allem die Finger wurden schnell müde und sie mussten sich oft ausruhen. Das ist der Preis, den man zahlt, wenn man in einem tiefen Vakuum arbeitet.

Das dreirädrige Mondmobil sah lächerlich aus. Sie wollten am liebsten einfach nur das Ersatzrad nehmen und anschrauben. Paul blickte in den Himmel, wo ein Raumtransporter in der polaren Umlaufbahn kreiste, beladen mit allen möglichen Dingen. Das Frachtraumschiff erinnerte ihn an ein Gespräch, das er mit seiner ältesten Tochter kurz vor seiner Abreise geführt hatte.

„Papa, was ist, wenn dir etwas zustößt?“, hatte Olivia plötzlich gefragt.

„Was kann uns schon passieren, wenn wir mit so bewährter und vielfach getesteter Technik fliegen?“

„Du hast selbst gesagt, dass jede noch so perfekte Technologie versagen kann“, argumentierte Olivia besorgt. „Oder ein Meteorit könnte deine Kabine treffen, oder sie könnte an einem Hang umkippen, oder, oder ...“

„Töchterchen, wenn so etwas passiert, landen wir einen Raumtransporter mit allem, was wir brauchen, einschließlich eines speziellen Notfallcontainers. Wir bringen das in Ordnung, wir reparieren alles und dann melden wir uns wieder bei euch. Du wirst doch auf uns warten, nicht wahr?“ Paul umarmte seine jüngste Tochter. Sie saß auf seinem Schoß und malte eine Rakete, in der ein kleiner Mann aus dem Bullauge schaute.

„Papa! Warum sagst du das! Woher soll das Frachtgefährt denn kommen?“ Die Älteste nahm ihm das übel.

„Ahhhh ...“, der Mann streckte sich, „in der Tat, ich habe euch noch nicht von ihm erzählt. Das Frachtraumschiff wurde bereits zum Kosmodrom Baikonur in Kasachstan transportiert. Dort wird sie auf die russische Energia-Rakete montiert und einige Tage vor unserem Flug in die Mondumlaufbahn gebracht. Wir müssen nur die Antennen des Antriebsradios aufstellen, und die automatische Berechnung der Flugbahn und der Landung wird die Aufgabe übernehmen.“

„Also zu jeder Zeit?“ Olivia zögerte.

„Es kann sein, dass wir ein paar Stunden warten müssen, wenn sich der Frachtraumer an einem ungünstigen Punkt seiner Umlaufbahn befindet und um den Mond herumfliegen muss. Aber diese zwei Stunden werden wir schon schaffen!“, antwortete Paul zuversichtlich.

„Papa“, sagte die Tochter, „was ist, wenn das Frachtraumschiff nicht das geladen hat, was ihr braucht?“

„In einem Frachtraumer kann man eine Menge unterbringen! Jedes beliebige Ersatzteil, auf jeden Fall auch das richtige, nur für alle Fälle. Die Spezialisten der NASA haben die unwahrscheinlichsten und schwierigsten Situationen vorausgesehen und für jede Eventualität das richtige Mittel bereitgestellt.“

Die Jüngere malte einen Fleck auf die Rakete und sagte, indem sie auf den Mann im Bullauge zeigte: „Mein Papa fliegt zum Mond.“

Olivia blieb nachdenklich. Es war klar, dass ihr, obwohl die Worte ihres Vaters vieles erklärten, ein vages Unbehagen blieb. Da sie nicht wusste, wie sie nach der Sicherheit fragen sollte, fragte sie nach dem Frachtraumer: „Und wenn alles glattgeht, wird der Frachtraumer dann für immer in der Umlaufbahn bleiben?“

„Wir werden ihn landen, sobald wir den Standort der Mondstation erreicht haben. Wir werden Wasser und Sauerstoff auf die Station transferieren ...“

„Ich verstehe!“, rief Olivia aus. „Der Lastraumer wird benötigt, um alles, was man braucht, zur Mondstation zu bringen, so wie der russische *Progress* Lebensmittel und Sauerstoff zur ISS bringt. Und nur wenn es nötig ist, kann er auch euer Lebensretter werden!“

„Ja. Nur dass das Wort Retter nicht zu einem Frachtraumschiff passt. Wir werden im Bedarfsfall vom Raumschiff Apollo 19 gerettet werden.“

Jetzt verstand Olivia den raffinierten Plan der Organisatoren der Mondexpedition. Die Apollo 19 sollte die nächste Schicht zum Mond bringen und auf dem Rückflug ihren Vater und Bradley Norton zur Erde mitnehmen. Aber wenn sie vorher in echte Schwierigkeiten gerieten und nicht einmal ein Lastwagen helfen konnte, würde Apollo 19 ihnen auch ohne Besatzung zu Hilfe eilen.

Der Lastraumer flog um den Mond herum. Aber ein Ersatzrad hatte er nicht dabei. Der Autopilot-Speicher des Mondmobils wurde mit einem Drei-Rad-Lenkungsprogramm geladen und setzte die Fahrt am Morgen fort.

Das Mondmobil glitt über die Hügel, als wäre nichts geschehen, und raste durch die Niederungen. Die Drähte flossen und lagen auf Felsvorsprüngen. Bradley und Paul mussten sowohl ihre eigenen Aufgaben als auch die der nächsten

Dienstschicht erledigen. Sie berechneten die Route, kontrollierten die Batterien, überwachten das Kraftwerk und die Stromleitungen. Sie kamen der Passhöhe immer näher. Als der Hang steiler wurde, schlugen die Sensoren Alarm und warnten, dass die Mondmobile umkippen könnten.

Um steile Berge zu erklimmen, kamen die Konstrukteure der Mondmobile auf die Idee, sie aneinanderzukoppeln. Das Heck des ersten Mobils und der Bug des zweiten Mobils wurden durch mechanische Griffe verbunden, wodurch die beiden zu einem einzigen erweiterten Mondmobil wurden. Auch die Kontrollsysteme wurden zusammengelegt.

Die Freunde dockten die Mondmobile aneinander. Alle verfügbaren Räder drehten sich, drehten sich, stießen an und tauchten in Löcher, jedes nach seinem eigenen vorgegebenen Gesetz, aber alle zusammen drehten sich und trieben den gepaarten Mondrover auf den kompliziertesten Bahnen an. Er hatte nun in Längsrichtung an Stabilität gewonnen. Die Manövrierfähigkeit hatte jedoch gelitten, was aber nicht mehr ins Gewicht fiel. Jetzt war es nur wichtig, den steilen Aufstieg zum Pass frontal in Angriff zu nehmen. Die Kommunikation mit der Erde war immer noch nicht hergestellt, die Besatzung war seit drei Tagen auf sich allein gestellt, aber sie arbeitete ohne Unterlass, sie hielt sich an ihre Routine, sie lebte nach der Uhr von Houston. Auch jetzt wären sie am liebsten zum Pass durchgefahren, aber sie blieben noch eine Nacht. Sie aßen zu Abend, duschten sich und ab in die Koje.

Am Morgen standen sie früher auf als sonst. Sie überprüften die Batterien, inspizierten die beiden Mondmobile und die Spulen der Stromleitungen. Das Kontrollsystem des Polarkraftwerks reagierte nicht auf die Befehle. Es befand sich immer noch im maximalen Generierungsmodus, wie schon vor drei Tagen.

Sie machten sich auf den Weg zum Pass, tauchten aus der Dunkelheit auf und sahen sofort und gleichzeitig die Erde. Und sie hörten die Erde. Die Sonne warf einen hellen Lichtstrahl, und das Cockpit wurde durch das Trillern des Strahlungssensors erfasst. Einige Augenblicke lang starrten Bradley und Paul wie benommen vor sich hin, ohne zu wissen, wohin sie schauen oder worauf sie hören sollten. Houstons Stimme drang durch. Der diensthabende Kontrollraumwächter sendete wiederholt denselben Satz: Apollo 18, melde dich, Apollo 18, melde dich ...

„Die Apollo 18 ist auf Sendung“, antwortete Bradley.

Wieder gab es Lärm, aber diesmal freudigen. Die Emotionen überwältigten die Besatzung und das Team auf der Erde.

„Erzählt mal“, sagte der MCC-Chef knapp, um der Besatzung Gelegenheit zum Reden zu geben.

Bradley gab einen kurzen Bericht über das Abenteuer und meldete eine etwas erhöhte Strahlung. Die Strahlung lag zwar innerhalb sicherer Grenzen, aber über den normalen Werten.

„Ihr hattet Glück.“ Der Flugleiter antwortete. „Vor drei Tagen, nachdem das Mondmobil in einer Gletscherspalte stecken geblieben war und ihr euch schlafen gelegt hattet, gab es eine heftige Sonneneruption. Die Solarobservatorien haben einen Anstieg der Gammastrahlung festgestellt. Der Ausbruch war so stark, dass er den Transpondersatelliten sofort außer Gefecht setzte, sodass wir euch nicht vor dem Ausbruch warnen konnten. Einen Tag später traf ein Protonen-Elektronen-Plasma auf die Erdumlaufbahn. Die Strahlung war so stark, dass sie die Steuereinheit des Polarkraftwerks ausschaltete. Etwa einen Tag lang bedeckte ein Strom hochenergetischer geladener Teilchen die Erde und den Mond, dann begann er sich abzuschwächen. Die Strömung ist jetzt schwach und wird sich voraussichtlich in einigen Stunden wieder normalisieren."

„Die Hand Gottes", sagte Bradley unerwartet.

„Welche Hand Gottes?" Paul verstand nicht.

„Du hast gefragt, wessen Hand die Meteoriten mit einem Lineal angelegt hat. Die Hand Gottes hat es so gewollt. Sie hat uns vierundzwanzig Stunden lang aufgehalten und dann in einen Spalt hineingezogen, um uns zwei weitere Tage im Schatten zu halten, damit wir nicht von der Sonne angestrahlt werden."

Bradley und Paul lächelten. Eine Sonneneruption ist ein zu erwartendes Ereignis, auch wenn es schwer vorherzusagen ist. Um der ionisierenden Strahlung zu entkommen, muss man sich in den Schatten des erstbesten Berges oder der ersten Grube begeben, auf die man trifft, oder sich zumindest hinter die Spulen des Mondmobils stellen. In den Polarregionen des Mondes ist es viel einfacher, sich vor der tief stehenden Sonne zu verstecken als in den Äquatorialregionen. Aber sie hatten ruhig das Schlimmste des Ausbruchs auf dem Grund eines tiefen Kraters abgewartet.

Die filigrane Manövrierfähigkeit der Mondmobile war erneut gefragt, um den Hang des Byrd-Kraters hinabzusteigen, das Super-Mondmobil teilte sich wieder in zwei autonome Einheiten auf und die Kolonne bewegte sich fröhlich, anders kann man es nicht nennen, ihrem Ziel entgegen. Die Mondmobile passierten einen flachen, sanften Pass, ließen einen ziemlich großen, perfekt runden Krater links liegen und stiegen zum Boden des Byrd-Kraters hinab. Mit etwas mehr Geschick und Glück konnte die Reise ohne weitere Abenteuer abgeschlossen werden. Einhundertsiebzig Kilometer Draht lagen auf dem Regolith. Zweihundertfünfzig Kilometer zeigte der Kilometerzähler des ersten Mondmobils an.

Der Tag endete mit einem Gala-Dinner. Bradley Norton und Paul Duke nahmen die Glückwünsche entgegen. Die Erdbewohner hatten triumphiert. Die amerikanische Nation hatte die Fahne der Weltraum-Eroberer noch höher gehängt. Inmitten der Feierlichkeiten kam auch noch die Nachricht, dass es den Ingenieuren der Europäischen Weltraumorganisation gelungen war, den Repeater-Satelliten wiederzubeleben. Sein nun überflüssiger Kommunikationskanal funktionierte wieder. Nur die Breitband-Datenverbindung fiel aus – die empfindliche und komplexe Elektronik hatte dem Plasmaangriff der Sonne nicht standgehalten.

## Hier wird eine Stadt entstehen

Eine bewohnbare Mondlandefähre, die auf einer Landeplattform saß, war zum Nordpol des Mondes geflogen. Sie war genauso, wie die Science-Fiction-Autoren des letzten Jahrhunderts sie gesehen und die Künstler dieses Jahrhunderts sie gemalt hatten. Die Kugel mit einem Durchmesser von sieben Metern war vollgepackt mit allem, was drei Menschen zum Leben und Arbeiten auf dem Mond brauchten. Das Modul war mit einem Lebenserhaltungs- und Kommunikationssystem ausgestattet. Es gab reichlich Wasser und Lebensmittel. In die Kugel waren ein Kabinenfenster, eine Luftschleuse und ein Periskop eingebaut. Es war mit einem kompakten Fitnessraum, einer Küche und einer Dusche ausgestattet. Es wurde in Russland entwickelt und hergestellt. In ihm steckte ein halbes Jahrhundert Erfahrung im Bau und Betrieb von Raumstationen in der Umlaufbahn. Die zuverlässige, benutzerfreundliche und durchdachte Planetenstation sollte ein Außenposten für die Erforschung des Mondes sein. Die Kugel sollte durch Ausheben einer kleinen Grube halb vergraben werden. Die gesamte obere Hemisphäre, mit Ausnahme des Fensters und der Tür der Luftschleuse, war mit Regolith gerfüllt, um den Lebensraum vor Mikrometeoriten und Strahlung zu schützen. Das Periskop und die Funkantennen sollten oberhalb der schützenden Regolithschicht angebracht werden.

Bradley und Paul standen morgens früher auf als sonst. Sie frühstückten schnell und fuhren dann zur Baustelle. Sie übergaben die Kontrolle über das Mondmobil an die Erde und erklommen den Hügel. Von hier aus konnte man die gesamte Nordseite der Byrd-Senke und das Gelände der künftigen Siedlung gut sehen, und dahinter, so weit das Auge reichte, die Spuren der Mondmobile, die den Hang hinaufgingen. Das Aluminium einer Hochspannungsleitung funkelt hin und wieder aus ihnen heraus. Das Hochhaus dominiert das umliegende Gelände, und Houston gab den Befehl, ein Vermessungszeichen darauf zu errichten. Der geodätische oder, genauer gesagt, der Selen-Marker war dasselbe Funksignal, mit dem der Bau des Polarkraftwerks begann.

Bradley richtete die Videokamera auf Paul. Er lehnte sich an den Bolzen der Funkstation und zitierte die berühmten Worte aus dem „Bronzenen Reiter“: „Hier wird die Stadt liegen“, verstreute dann den Regolith mit der Spitze der Nadel, steckte die Nadel so tief wie möglich in den Boden, sodass nur noch die Antenne herausschaute, und bedeckte das Loch mit Steinen. So begannen große Bauprojekte mit dem ersten Pflock, und mit einem einfachen Funksignal begann der Bau der ersten Mondsiedlung.

Die Vermessungsingenieure des MCC koppelten das Mondmobil an das Funksignal und begannen eine topografische Vermessung. In der Zwischenzeit hatten Bradley und Paul einen Landeplatz für den Raumtransporter gesichert. Sie luden das Funkgerät auf einen Handkarren und machten sich staubaufwirbelnd auf den Weg zur Baustelle. Die Antennen des Radios wurden routinemäßig ausgefahren und der Strom eingeschaltet. Die Ballistiker übernahmen. Der Frachtraumer umkreiste den Mond auf einer zirkularen polaren Umlaufbahn und machte alle drei Stunden eine Umdrehung. Er flog gerade über die Köpfe der Astronauten hinweg. Die Ballistik programmierte den Computer der Landeplattform für den Abstieg aus der Umlaufbahn. In genau eineinhalb Stunden würde das Raumschiff beim Überfliegen der unsichtbaren Seite des Mondes das Triebwerk vorwärtsdrehen, es für einige Dutzend Sekunden einschalten und dann in eine Sinkflugbahn eintreten. In weiteren anderthalb Stunden würde sie auf der bevorzugten Landefläche der Astronauten landen.

Während der Moonwalk unter der Aufsicht des Verkehrsleiters kartografiert wurde und der Raumfrachter ein letztes Mal den Mond umkreiste, waren Bradley und Paul mit der aufregendsten und interessantesten Sache beschäftigt, die sie je gemacht hatten. Sie bewunderten die Erde. Der schöne Planet schwebte tief über dem Horizont. Sie war in ihr viertes Quartal eingetreten:

Eine von der Sonne beleuchtete Sichel bedeckte einen dunklen, schwarzen Globus, auf dem die Megalopole mit goldenen Lichtern leuchteten.

Die Ballistik erklärte eine halbstündige Bereitschaft. Bradley und Paul gingen zurück zum Seleniumpunkt. Die Kontrolle über das Mondmobil wurde den Kameraleuten vom

Kontrollzentrum übertragen. Fotografen und Videofilmer begannen, das Mondmobil von Ort zu Ort zu fahren, wobei sie das Periskop zunächst auf den Horizont richteten, von dem sie das Frachtraumschiff erwarteten, und dann auf die Landestelle. Nicht gegen die Sonne und die Erde im Bild und nicht zu weit weg, aber auch nicht zu nah. Etwa zehn Minuten vor der Landung beruhigten sie sich wieder. Das Mondmobil erstarrte. Der lupenartige Kopf des Periskops starrte in den Horizont.

Pünktlich zum Start erschien in der Mitte des Bildes der Raumtransporter. Dann setzte sich der Kopf des Periskops in Bewegung. Die Periskoplinsen hielten das Raumschiff in der Mitte des Bildes und begleiteten es bis zur Landung. Sie bildeten einen Halbkreis und starrten gebannt auf den Landeplatz, wo das Fracht-Raumfahrzeug zu einem unbeweglichen Monument geworden war. Die prächtige Landung wurde ebenso prächtig festgehalten. Das Bildmaterial von der Landung des Lastwagens füllte die Titelseiten der Zeitungen, führende Fernsehsender strahlten das Video aus.

Unmittelbar nach der Landung holte das Mondmobil die Astronauten von der Seleniumstation ab und fuhr in die Nähe des Landeplatzes. Die mechanischen Greifer hingen fest an dem schweren Raumfahrzeug. Dieses Manöver war erforderlich, um die Kabine von der Rückseite des Mondmobils auf die Mondoberfläche zu verlagern und Platz für die Beladung der Solarkraftwerkspaneele zu schaffen. Das Gewicht der Kabine lag zwar in der Reichweite des Krans (schließlich wiegt alles auf dem Mond sechsmal weniger als auf der Erde), aber auch das Mondmobil, das als Trägerplattform für den Kran diente, war sechsmal leichter. Durch die Kopplung mit der Landeplattform des Raumtransporters wurde das Gewicht des Stützpads erhöht und vor allem seine Stabilität durch die weit auseinanderliegenden Beine der Landeplattform deutlich verbessert. Mit geübten Bewegungen wurde das Cockpit über das Mondmobil gehoben, auf dem Boden abgesetzt und das Cockpit-Steuerungssystem vom Transportmodus in den Planetenstationsmodus umgeschaltet.

Dann war es Zeit für das Mittagessen. Während Bradley Norton und Paul Duke ein Rinderkotelett und einen Gemüseeintopf genossen, inspizierte der Kontrollraumoperator den kleinen Krater für die Installation des Unterkunftsmoduls. Der war gestern gesichtet worden. Der Krater hatte die perfekte Größe für eine sieben Meter große Modulkugel, nur der Boden musste noch vertieft werden. Der MCC-Fahrer fuhr über den Kraterschacht und versuchte, die Oberfläche mit einem Baggerlöffel auszugraben. Regolith, ein Gemisch aus unterschiedlich großen Gesteinsbrocken, ließ sich leicht abbauen. Die Ausgrabung, oder besser gesagt die Regolithisierung (oh, diese außerirdische Terminologie), sollte über Nacht in Houston stattfinden, während das Solarkraftwerk dringend in Betrieb genommen werden musste. Die Sonne beleuchtete nur den Westflügel des Polarkraftwerks schräg, und die Stromerzeugung nahm mit jedem Tag ab, an dem die Sonne verschwand. Es gab kaum genug Energie für das erste Mondmobil, der Stapelrover bewegte sich nicht und verbrauchte keine Energie, und die Kabine versorgte sich mit ihren eigenen Solarzellen.

Vermessungsingenieure und Energieplaner hatten einen Standort für die Installation des Hauptkraftwerks ausgewählt. Die Astronauten luden die Solarpaneele und den Kraftwerksrahmen vom Raumtransporter auf den Mondrover, brachten ihn zur Baustelle und führten die Installation mit bekannten Techniken durch. Die Arbeiten schritten voran. Sie kamen schnell voran, aber erst um Mitternacht war die erste Einheit des Bahnhofs fertig. Der Mondrover brachte die Männer zur Kabine, kehrte dann zum Kraftwerk zurück und lud seine Batterie per Kabel auf.

*Hier wird eine Stadt gegründet*

Bradley und Paul hatten den Zwölf-Stunden-Tag bereits um vierundzwanzig Stunden überschritten. Die Ärzte überwachten aufmerksam ihr Wohlergehen. Es gab jedoch keinen Grund zur Sorge. Der junge, unverwüstliche Körper verkraftete die Überlastung fröhlich. Die Expedition stand kurz vor dem Abschluss, und der Wunsch, zur Erde zurückzukehren, um die Verwandten zu sehen, löste einen Energieschub aus.

Dann übermannte der Schlaf die Besatzung von Apollo 18. Der MCC dagegen war in dieser Zeit sehr aktiv. Nachdem er gewartet hatte, bis die Batterie des ersten Mondrovers vollständig aufgeladen war, wies der Operator der

Transportabteilung diesen an, eine Grube für das Unterkunftsmodul auszuheben.

Am Morgen war die Grube fertig. Glatt, rund, als hätte jemand einen Ball hineingedrückt, der Boden der Schale, halb umrahmt von einer Berme aus Kraterregolith und abgetragenem Fels, bereit, das Wohnmodul aufzunehmen. Seine Ankunft wurde in vierundzwanzig Stunden erwartet.

Am Morgen weckte Houston die Besatzung von Apollo 18 nicht. Sie wachten von allein auf, frühstückten ausgiebig und beeilten sich, das Kraftwerk fertigzustellen, aber Houston erklärte mit der Stimme eines Arztes, dass sie einen Tag frei hätten. Sie konnten sich ausruhen, rasieren und baden. Aber arbeiten, bauen oder sogar forschen – Fehlanzeige. Der einzige Programmpunkt des heutigen Tages – die Verlegung des Antriebsradios zur Aufnahme des Unterkunftsmoduls – war abgeschlossen, und nun stand ihnen ein langer Tag und ein ebenso langer Abend des Nichtstuns bevor. Sie liefen zum Kraftwerk, um die Grube herum und zum Raumfrachter. Sie erklommen die topografischen Höhen. Sonne, Erde, Mond, Sterne. Was für eine Schönheit! Später würden sie sich oft an diesen freien Tag auf dem Mond erinnern. Und was machen unausgelastete Männer, wenn keine Frauen da sind? Genau! Sie bauen einen Schneemann, oder besser gesagt, einen Regolith-Schneemann. Sie verteilten sich in der Ebene auf der Suche nach Felsbrocken von geeigneter Form und Größe. Sie fanden drei runde Steine: den größeren am Sockel, den mittleren als Torso und den kleinen als Kopf. Der Mondmann stand am Eingang der Unterkunft, um die Männer zu begrüßen. Die Steine wurden von Hand zum zukünftigen Haus gerollt und einer auf den anderen gesetzt. Der Leiter der Transportabteilung wollte einen Mondrover zur Hilfe schicken, aber die Psychologen lehnten ab: Sollen die Männer sich doch austoben. Der Steinkopf hatte bereits einen breit lächelnden Mund. Die Nase und die Ohren waren aus Steinen geformt, die in Löcher eingesetzt wurden, die in den Kopfstein gebohrt werden mussten, und die Augen waren aus zusätzlichen schwarzen Steinen gefertigt. Der Besen wurde auseinandergezogen, die Zweige mit den Händen in die Ritzen des mittleren Steins gesteckt, der den Torso darstellte. Ein Rock! Das war kein Schneemann, sondern eine wunderschöne Monddame.

Paul sah sich die Kreatur lange Zeit an und sagte schließlich: „Samantha!"

Bradley setzte ein Lächeln auf, nickte zustimmend, versuchte, mit einer dicken Fingerspitze seinen Zeigefinger zu heben, und sagte: „So soll sie heißen!"

„Die Lieblingspuppe meiner jüngsten Tochter", fügte Paul hinzu.

„Ganz genau!" legitimierte der Einsatzleiter der Apollo 18 die Namensgebung.

Am Abend gingen sie früh ins Bett. Aber wenn man früh ins Bett geht, bedeutet das nicht, dass man auch früh schläft. Sie legten sich hin und besprachen ihren ungewöhnlichen Auftrag.

Das Schiff mit dem Wohnmodul näherte sich dem Mond, seine Ankunft wurde für den Morgen erwartet. Das MCC beschloss, das Modul ohne die Astronauten zu landen. Sie wurden angewiesen, bis zum Morgen zu schlafen, um Kräfte zu sammeln. Sie schliefen ein, doch mitten in der Nacht wachten sie beide durch das leise Surren der Periskopmotoren auf. Die MCC-Operatoren bereiteten sich darauf vor, die Landung des Schiffes zu filmen, und richteten die Periskoplinsen auf den Punkt, an dem das Schiff auftauchen sollte. Die

Objektive blickten nicht auf den Horizont, wie es bisher der Fall war, wenn die Schiffe die Mondumlaufbahn verließen, sondern auf den Himmel, auf die Flugbahn des direkten Fluges Erde-Mond. Die leistungsstarken Optiken des Periskops hatten das Schiff bereits gesehen – ein kleiner Punkt auf dem Bildschirm.

„Guten Morgen, ihr Schlafwandler", begrüßte der diensthabende Arzt die Besatzung von Apollo 18 mit leiser Stimme. Der Elektrokardiograf auf der Station des medizinischen MCC-Teams zeigte, dass Bradley und Paul wach waren.

„Guten Morgen."

„Sehen wir uns die Landung an, jetzt wo wir sowieso wach sind", antwortete Bradley.

Der Fleck des Schiffes blieb lange Zeit ein Punkt, dann begann er schnell zu wachsen, er füllte den ganzen Bildschirm aus, und kaum hatte die Linsenmechanik die Brennweite verändert, um ein scharfes Bild zu liefern, erschien den Beobachtern auf dem Landeplatz ein weiteres stationäres Monument einer leuchtenden Kugel auf dem Steg. Ein gedämpfter Beifall und ein leises „Hurra" ertönten im Kontrollraum, und eine Minute später markierte eine neue Welle von Applaus mit einem bereits lauten „Hurra" den Start der Apollo 19 von Cape Canaveral mit ihrer gesamten Besatzung.

„Auf die Besiedlung des Mondes!" Die Astronauten stießen auf mit Joghurt gefüllte Plastikbecher an und schliefen wieder ein.

Die Tragfähigkeit und die Reichweite des Teleskopauslegers waren für den Transport eines schweren Moduls ausgelegt. Um die Stützen so weit wie möglich auseinanderzuhalten, sahen die Konstrukteure eine starre Kopplung der Mondrover untereinander und mit den Landestationen vor, was die Stabilität des Mondrovers bei hoher Reichweite stark einschränkte. Die Kopplung zwischen Mondrover und Landeplattform reichte völlig aus, um die relativ leichte und kompakte Kabine zu bewegen. Um das Modul zu bewegen, mussten jedoch zwei Mondrover gleichzeitig an der Landeplattform verankert werden. Der Steg und die beiden Mondmobile bildeten eine Kurve mit einer Vertiefung in der Mitte. Das NASA-Management plante, ermutigt durch den Erfolg der Präzisionslandungen mit Funkgeräten, die Landung des bewohnbaren Moduls in der Nähe der Grube. Das Modul konnte nicht mit dem zweiten Rover transportiert werden, da es noch die Hochspannungsdrahtspulen aus dem unkontrollierten Polarkraftwerk trug.

Gut, dass die Konstrukteure eine Treppe am oberen Ende des Wohnmoduls vorgesehen haben, dachte Paul, als er die steilen Stufen hinaufstieg. Der Kranhaken schwang knapp über der Ringschraube, die den Gipfel krönte. Paul, der die Leiter mit der linken Hand hielt, ergriff den Haken mit der rechten Hand und befahl: „Maina."

Bradley blickte auf den Bildschirm, auf dem die an Pauls Helm montierten Videokameras übertragen wurden, senkte langsam den Haken und stoppte die Bewegung, als Paul ihn in den Ring des Augenbolzens einhakte. Paul fing den Haken ab und befahl: „Vira."

Bradley holte die Leine heraus, das Seil straffte sich, der Haken hielt den Ring sicher fest. Paul bedankte sich im Geiste noch einmal bei den Konstrukteuren, stieg die Treppe hinunter und trat zur Seite. Bradley löste die mechanischen Griffe, mit denen die Kugel an der Plattform des Landungsstegs befestigt war, hob sie an und trug sie in die Grube. Die Kugel des Wohnmoduls hing leicht wackelnd am Kabel, und Paul drehte ihn so, dass das einzige Fenster direkt auf die Erde blickte.

„Maina.“

Die Kugel berührte mit ihrer gesamten Unterseite den Boden, das Schwanken hörte auf und das Kabel sackte ab. Paul kletterte wieder auf die Leiter und löste den Haken.

Es war vollbracht. Nun muss nur noch die obere Hälfte der Kugel mit Regolith gefüllt werden. Dies würde von einem Mondrover unter der Kontrolle des Operators der Transportabteilung erledigt. Die Astronauten hingegen eilten in den Raum. Sie öffneten die Eingangstür, traten hinein ... Was für eine Weite! Beide lehnten sich gegen das Fenster. Die Erde! Sie sahen sich um. Ein bequemes Sofa, eine große Küche und ein Tisch mit Stühlen, die am Boden neben dem Fenster festgeschraubt waren. Die Betten waren unsichtbar – zusammen mit den Bildschirmen waren sie in die Wände eingelassen, um den Raum nicht zu überfrachten. Badezimmer, Dusche.

Sie schalteten den Strom ein und überprüften systematisch und Schritt für Schritt die lebensnotwendigen Systeme. Sie zogen die Antennen aus. Die spitze Antenne für die Kommunikation mit der Erde öffnete ihren Schirm und zielte auf Houston. Dann erfolgte eine Funkverbindung mit dem diensthabenden Operator: Alle Systeme und Ausrüstungen des Wohnmoduls waren in gutem Zustand und bereit, die Schichtbesatzung von Apollo-19 aufzunehmen.

Obwohl das Wohnmodul geräumig und viel komfortabler war, zogen sie nicht ein. Sie waren hier nur zu Gast. Ihr Zuhause war die Kabine, in der sie arbeitsreiche Tage und Nächte verbracht hatten. Mit Bedauern und ein wenig Neid auf die zukünftigen Bewohner dieser gemütlichen Unterkunft, hinaus in die heiße Polarsonne. – Die Spannung im Polarkraftwerk war gleich null. – Die Stimme des diensthabenden Energietechnikers drang durch das Helmtelefon. Dies bedeutete, dass es Mitternacht auf der unsichtbaren

Seite des Mondes war und die Sonnenstrahlen nicht auf die Photovoltaikmodule fielen – weder auf den Ost- noch auf den Westflügel und schon gar nicht auf die Hauptsüdseite. Das war ein guter Zeitpunkt, um alle notwendigen Stromanschlüsse herzustellen.

Der Mondmobil-Stapler stand in der Nähe des Wohnmoduls, in dem Bereich, in dem das Umspannwerk installiert werden sollte. Das Umspannwerk wurde mit einem Kran auf eine ebene, harte Fläche gebracht. Sie schnitten die Drähte von den Spulen ab und schlossen sie an die Unterspannungsstation an. Eine Hochspannungsleitung vom Hauptkraftwerk wurde bis dorthin verlängert und das Wohnmodul wurde an die Niederspannungsseite angeschlossen. Das Umspannwerk würde nun rund um die Uhr Strom liefern, den es aus Wechselstrom- und Hauptkraftwerken bezog. Der dreirädrige Mondrover wurde von seinen Spulen befreit und eine Kabine auf ihm montiert. Er wurde diagonal über die beiden Räder gelegt, mit einem Versatz zum dritten „gesunden“ Rad. Die Transportabteilung des Mondmobils programmierte das Steuerungssystem um, und der „Bus“ (so nannten sie den Mondrover mit Kabine) nahm seine Passagiere auf. Der Verlust des vierten Rades wirkte sich nur auf die Ladekapazität und die Manövrierfähigkeit des Mondmobils aus, ansonsten erwies sich der dreirädrige Bus als schnelles und recht wendiges Fahrzeug.

Das MCC bat darum, dass Wasser, Lebensmittel und medizinische Hilfsgüter vom Lastwagen in das Wohnmodul gebracht werden. Während des Raumfluges rotierte das Raumschiff und setzte die eine und die andere Seite den Sonnenstrahlen aus, wodurch die Außenfläche gleichmäßig erwärmt wurde. Unter diesen Bedingungen war die Raumschiffsautomatik in der Lage, eine konstante Temperatur im Laderaum aufrechtzuerhalten. Die Oberfläche des Mondes erwärmte sich tagsüber auf über hundert Grad Celsius, nachts sank die Temperatur auf unter hundertfünfzig Grad. Der Frachtcontainer erwärmte sich und kühlte ebenso stark ab. Alles, was überhitzt oder gefroren werden konnte, musste also in das Unterkunftsmodul gebracht werden, wo die Temperatur konstant gehalten wurde.

Damit waren sie einen ganzen Arbeitstag beschäftigt. Die beiden Mondrover standen an der Unterstation, um die Batterien aufzuladen, während die Astronauten sich zur Ruhe begaben, um am nächsten Morgen mit der Installation des Hauptkraftwerks fortfahren zu können.

Drei Tage lang montierten Bradley und Paul die Paneele des Hauptkraftwerks. Sie wurde hinter der Siedlung am Fuß der Berme des Byrd-Kraters installiert. Wie das Polarkraftwerk hatte auch das Hauptkraftwerk Paneele, die nach Osten und Westen ausgerichtet waren, um in den Morgen- und Abendstunden des Mondes Strom zu erzeugen.

## Kapitel 2. Die Apollo 19

### Die Apollo 19

Die Apollo 19 landete unter der Steuerung eines Flugcomputers, aber im Gegensatz zu unbemannten Raumfahrzeugen konnte die Besatzung jederzeit die Kontrolle übernehmen. Damit war eine sichere Landung auch im Falle einer elektronischen Störung gewährleistet. Die erhöhte Zuverlässigkeit hatte jedoch auch eine Kehrseite. Die Bremsen mussten viel früher aktiviert werden, die Geschwindigkeiten und Beschleunigungen in der Nähe der Mondoberfläche mussten deutlich reduziert werden und die Anforderungen an die Genauigkeit der Manöver mussten verringert werden. Außerdem umrundete die Apollo 19 den Mond zweimal, um ein genaues Ziel zu erhalten. All dies führte zu einem erhöhten Treibstoffverbrauch, ermöglichte aber bei Bedarf eine Landung im manuellen Modus.

Die Apollo 19 tauchte hinter dem Horizont auf. Langsam, mit der Gelassenheit eines Ozeandampfers, überquerte sie den Byrd-Krater und begann, sich auf hoher Flugbahn zu nähern. Eine ganze Sekunde lang schwebte sie ein Dutzend Meter über der Oberfläche, dann drosselte sie den Triebwerksschub, ließ sich senkrecht fallen und setzte schließlich mit ihren vier Füßen auf dem Mondstaub auf.

Das gesamte Personal der Mondbasis und die beiden Mondrover stellten sich auf, um die Fremden zu begrüßen. Samantha verfolgte die Zeremonie aus der Ferne. Die Erde konnte das Geschehen über das Cockpit und die Periskope des Wohnmoduls verfolgen. Der erste Schritt auf dem Mond gehört traditionell dem Kommandanten. Nun erwarten die Menschen auf der Erde und auf dem Mond den

Kommandanten von Apollo 19. Die Luke öffnete sich, aber es erschien ... ein Rad von einem Mondrover. Das Rad sauste nach unten, stieß vom Steg ab, rollte durch den Mondstaub, schlingerte und blieb vor Pauls Füßen liegen.

Dem Rad folgte die internationale Besatzung von Apollo 19. Ihre Zusammensetzung: Georgij Vichrew, ein fünfundsechzigjähriger Geologe, Marcel Trial, ein sechzigjähriger Metallurge, und William Wilson, ein fünfundfünfzigjähriger Astronaut und Arzt.

Der NASA war es gelungen, Menschen mit einer einzigartigen Kombination von beruflichen Qualitäten auszuwählen.

William Wilson wurde als Erwachsener mit einem Diplom als Pilot in der US-Navy ausgezeichnet. Er diente, flog und die Auszeichnungssterne flogen auf seine Schulter. Die Karriere eines Kampfpiloten ist jedoch kurz. Im Alter von fünfunddreißig Jahren, wenn die Reaktionen nicht mehr dieselben sind, wechseln die Kampfpiloten entweder in die höheren Ränge, um die Piloten von Passagier- oder Transportflugzeug zu instruieren, oder in andere Leitungspositionen. Aber der etablierte, erfolgreiche Mann wollte nicht von der Spitze seines Berufsstandes abweichen. Er beschloss: Wenn das Alter ein Hindernis für meinen Beruf darstellt, dann werde ich es ändern. Er trat in die Fußstapfen seines Vaters und absolvierte ein Medizinstudium. Der pensionierte Pilot und Medizinstudent studierte Anatomie, sezierte und schnitt Mäuse auf und verbrachte den Tag und die Nacht im Krankenhaus. Der 40-jährige Absolvent des Medizinstudiums spezialisierte sich im Rahmen eines Praktikums und tauchte in das grenzenlose Meer des menschlichen Körpers und der Seele ein. Der 40-jährige Absolvent des Medizinstudiums spezialisierte sich im Rahmen eines Praktikums und tauchte in das grenzenlose Meer des menschlichen Körpers und der

Seele ein. Sein Vater, der sich darüber freute, dass sein Sohn endlich etwas Ernsthaftes tat, half ihm in vielerlei Hinsicht, lehrte ihn und teilte seine Erfahrungen. So wurde William ein Arzt.

Und genau in dieser Kombination konnte die NASA ihn gebrauchen.

Bei der Planung der Apollo-18-Expedition wurden verschiedene Notfallsituationen geübt. Eines der schwerwiegendsten Szenarien war, dass die Besatzung von Apollo 18 in Not geriet, schwer verletzt wurde und nicht in der Lage war, sich selbst zu behandeln, geschweige denn, die Apollo 19 unbemannt zu empfangen, an Bord zu nehmen und zur Erde zurückzubringen. William Wilson wurde zum Piloten ausgebildet und war das einzige Besatzungsmitglied der Apollo 19, das alle Phasen des Fluges mitmachte. Start, Flug zum Mond, Landung im manuellen Modus. Seine nächste Aufgabe: sich auf die Oberfläche des Mondes begeben, die Menschen medizinisch versorgen und sie in das Startmodul bringen. Gleichzeitig diente er als Kommandant und leitender medizinischer Offizier eines Evakuierungskrankenhauses im Weltraum, um zur Erde zurückzukehren. Das war also der Leiter der zweiten Mondwache.

Die Position des Kommandanten hatte Ingenieur Marcel Trial inne. Marcel hatte nie daran gedacht, ins All zu fliegen. Alles deutete darauf hin, dass er Chefkoch in einem Restaurant werden würde. Er liebte das Kochen, verstand dieses Handwerk, es war seine Leidenschaft. Aber es ergab sich, dass er zusammen mit einigen Freunden das Nationale Technische Institut besuchte, das zur Universität in seiner Heimatstadt Toulouse gehört, um Metallurgie zu studieren. Die Metallurgie und die Kochkunst sind sich ähnlich: Beide haben das Feuer, das die Rohstoffe umwandelt und eine andere

Qualität schafft; beide kombinieren verschiedene Dinge, um das Neue, Ungewöhnliche zu schaffen. Die unendliche Vielfalt der Legierungen und die Vielfalt ihrer Eigenschaften beflügelten die Fantasie des jungen Marcel. Besonders faszinierend war, dass er mit seinen eigenen Händen neue Stoffe mit besonderen Eigenschaften für Maschinen und Chirurgie, für Präzisionsinstrumente und Raketenmotoren, für Brücken, Schiffe und Elektronik schaffen konnte.

Er wollte Koch werden und wurde es indirekt: Die Metallurgie wurde zu seinem Beruf. Trial begann seine Laufbahn in der Stahlerzeugung, gefolgt von einem Labor für Nichteisenlegierungen, dann von Verbundwerkstoffen, Intermetallik und Halbleitern. Er beendete seine Laufbahn an seiner Universität, nur jetzt am Hochschulinstitut für Luft- und Raumfahrt, als Wissenschaftler und Dozent.

Das dritte Besatzungsmitglied, der Geologe Georgij Wichrew, war Absolvent des Uraler Bergbauinstituts. Er wusste alles, was man über die Struktur der Erdkruste wissen muss. Er kannte die komplizierte Wissenschaft der Geomorphologie – die Wissenschaft der Landformen und der Suche nach Mineralvorkommen. Er studierte gründlich die Geophysik, die Wissenschaft von den physikalischen Eigenschaften der Erde. Er studierte geophysikalische Techniken: seismische Vermessung, magnetische und elektrische Vermessung, Radiometrie. Und auch Geodäsie, Geobotanik, Geomechanik, Hydrogeologie ... Man kann den Eindruck gewinnen, dass die Hälfte der Wissenschaften mit der Vorsilbe Geo beginnen: Geochemie, Geodynamik, Geochronologie. Nach seinem Abschluss reiste er durch die gesamte Sowjetunion, erkundete Asien und die Antarktis.

Die feierliche Minute des Treffens verwandelte sich bald in eine geschäftliche Besichtigung der Mondbasis. Bradley und

Paul hatten etwas vorzuweisen. Auf der offenen Plattform des Mondmobils besichtigten sie die Umgebung, das Kraftwerk, liefen an der Hochspannungsleitung entlang und sahen das Umspannwerk. Sie kehrten zur 19 zurück, luden die persönlichen Gegenstände, Instrumente und Ausrüstungsgegenstände der Besatzung auf den Mondrover und begaben sich zum Unterkunftsmodul, wo sie von einer steinernen Samantha mit einem Lächeln begrüßt wurden. Die fünf Männer und ein Berg von Ausrüstung mussten dreimal geschleust werden, um aus dem tiefen Vakuum des Weltraums in die warme Erdatmosphäre der ersten Mondstation in der Geschichte der Menschheit zu gelangen.

So wie Bradley und Paul es einige Tage zuvor getan hatten, eilten die Neuankömmlinge beim ersten Betreten des Wohnmoduls sofort zum Fenster. Sie schauten auf die Erde und konnten sich nicht sattsehen. Sie beobachteten den Planeten, obwohl sie ihn doch gerade noch durch den Helm eines Raumanzugs gesehen hatten und zuvor drei Tage lang durch das Bullauge von Apollo 19 bewundern konnten. Die polare Mittagssonne schien durch das Fenster, und darunter war die Erde zu sehen – ein dünner blauer Atmosphärenstreifen um die schwarze Scheibe.

Während sich die zweite Wache mit ihrer neuen Unterkunft vertraut machte und die Sachen in Schränke und Regale einräumte, begannen Bradley Norton und Paul Duke als Gastgeber, den Tisch zu decken. Die Köche auf der Erde taten ihr Bestes, um die Mitarbeiter der Raumfähre zufriedenzustellen. Mit Apollo 19 übergaben sie usbekischen Pilaw und Tomaten für Shakarap, einen Salat, der zum Pilaw gereicht wird.

William Wilson unterbrach die freudige Aufregung für einen Moment. Er hielt Hausschuhe in den Händen – gewöhnliche Hausschuhe.

William überreichte jedem von ihnen ein Paar wunderschöne Hausschuhe mit dicken Filzsohlen und sagte: „Die Großmutter von Paul Duke lässt euch grüßen."

„Sehr gut! Dankeschön!" Die Mondbewohner zogen ihre Pantoffeln an und winkten der Erde dankbar zu.

Eine fröhliche Gruppe von Menschen saß um den Tisch am Fenster und hielt keinen Moment lang den Mund. Dieses Treffen hatte etwas Besonderes an sich. Kein Mensch auf der Welt hatte jemals einen Tisch am Fenster mit Blick auf die Erde besetzt.

Am Nachmittag forderte ein ungeduldiger Georgij Wichrew den Bau-Mondrover. Zusammen mit Paul Duke sattelten sie auf und begaben sich auf eine selenologische Expedition. Beide blickten auf die vorbeiziehenden Steine, Krater und Vertiefungen und untersuchten sie. Was für Paul wie eine Spritztour aussah, war für Georgij eine lang erwartete, interessante Reise. Er hielt das Mondmobil an einem großen Felsen an und schlug mit dem Baggerlöffel darauf ein. Er sammelte die kleinen abgebrochenen Stücke in einem Beutel aus dünner Alufolie, der speziell für das Sammeln von Proben entwickelt worden war. Auf jedem Beutel war eine eindeutige Nummer eingestanzt. Diese Nummer wurde einer Videokamera an seinem Helm gezeigt, damit ein Kollege, ein Geologe, der im MCC arbeitet, genau aufzeichnen konnte, wo diese Probe entnommen worden war. Sie fuhren weiter und blieben dann stehen. Unter einer Staubschicht entdeckten der Erdgeologe und Wichrew einen Riss und beschlossen, dass ein Stück Gestein daraus für die selenologische Wissenschaft nützlich sein würde. Dann begannen sie, einen Graben auszuheben, so tief, wie es der Bagger zuließ, mit leichtem Gefälle. Hier sammelte Wichrew drei Dutzend Proben aus verschiedenen Tiefen und verpackte sie. Der unermüdliche Geologe Vichrew und der Entdecker Paul Duke drangen tief in den Byrd-Krater ein. Sie wären auch noch zum gegenüberliegenden Hang gefahren, wenn ihnen nicht die Alutüten zum Sammeln der Proben ausgegangen wären und die Kameraden nicht zum Abendessen gerufen hätten.

In der Zwischenzeit reparierten Bradley und Wilson den Transport-Mondrover, während Trial einen kleinen Fusionsofen an ein Abwärtsschaltwerk anschloss und die weltweit erste Vakuumfusion im Weltraum unter Schwerkraft durchführte.

Sie begaben sich in ihre Wohnungen für die Nacht: zwei in die Kabine, drei in den Wohnbereich.

In den folgenden zwei Tagen brachten die Mondmobile die Landestationen, die Spulen und den Raumtransporter zu einem Depot, einem Platz, den der Geologe aus selenologischer Sicht als uninteressant bezeichnete. Der Metallurge verhüttete und schmolz die Gesteinsproben, die ihm der Geologe in Hülle und Fülle brachte. Der Arzt William Wilson beobachtete, das war seine Aufgabe, menschliche Organismen unter fremden Bedingungen. Er hatte auch die gesamte Technologie unter Kontrolle, von den Mondmobilen bis zu einem gewöhnlichen Schalter. Als Kommandant von Apollo 19 war er für deren gesamte Monderkundung verantwortlich.

Es stellte sich heraus, dass die zahlreichen Arbeiten auf der Mondstation nichts mit dem Fliegen zu tun hatten, also mit der Art von Arbeiten, die das MCC durchführte. Um Forschung und Arbeit zu koordinieren, gründete Houston eine entsprechende Abteilung, Metropolia, nach dem Motto: Wenn es eine Kolonie auf dem Mond gab, musste es auch eine Metropole auf der Erde geben.

Metropolia war, genau wie der MCC, rund um die Uhr im Einsatz. Hier wurden Telemetriedaten von den Mondrovern, dem Unterkunftsmodul, den Kraftwerken und den Herzsensoren am Körper der Forscher eingespeist. Metropolia stand in direkter Verbindung mit den Konstrukteuren der Ausrüstung der Mondstation, und ihre Vertreter waren Teil der Dienstschicht. Hersteller und Konstrukteure hatten das Recht, sich direkt an Metropolia zu wenden, um die Leistung ihrer Geräte zu analysieren, mit ihnen zu experimentieren und das Produkt zu verbessern.

Die erste Aufgabe der neu gegründeten Metropolis bestand darin, die Rückkehr der Besatzung der Apollo 18 zu organisieren. Der Beginn der Startstufe war für morgen geplant, während am Abend eine Erde-Mond-Pressekonferenz und ein Gala-Dinner stattfinden sollten. Der Abend rückte näher, aber nicht nur die Pressekonferenz, auch das Abendessen stand infrage. Die Geologen und Metallurgen von Metropolia waren sehr daran interessiert, dass an verschiedenen Stellen des Byrd-Kraters Bodenproben genommen wurden. Der Wunsch nach Schmelzproben für Röntgen- und chemische Analysen war noch größer. Dies erfordert die Erfassung genauer geologischer Daten aus einem großen Gebiet und großer Tiefe. Marcel und Georgij wussten genau, was zu tun war und wie es zu tun war; die Apollo-Besatzungen waren bestrebt, so viele geologische Proben und charakteristische Schmelzen wie möglich zur Erde zurückzuschicken.

Der Geologe Wichrew fuhr mit dem Bus herum und suchte nach geologisch interessanten Gesteinen und Verwerfungen. Unter seiner Anleitung grub Paul mit einem Bagger Erde aus und entnahm Proben für das Schmelzen. Der Metallurge Trial zauberte am Ofen Barren. Kommandant William Wilson führte mit einem Spektroanalysator eine erste chemische Analyse durch und wählte die Proben für den Transport aus, während Bradley Norton sie verpackte und in das Cockpit der Startstufe lud. Es gab kein gemeinsames Abendessen, jeder aß, wie er gerade Lust hatte. Es war schon spät am Abend, als Wilson Bradley und Paul ins Bett schickte. Sie selbst bereiteten noch bis zum Morgen Proben vor.

„Wir werden schlafen, wenn die anderen weg sind“, erklärte Wilson Metropolia seine Entscheidung.

Der Vormittag verlief ganz normal. Persönliche Gegenstände wurden in das Cockpit der Startrampe gebracht und Gesteinsproben wurden verladen. Die Besatzungen tauschten Abschiedsgrüße aus. Die „Achtzehner“ kletterten die Leiter hinauf in das Cockpit der Startstufe, schlossen die Ausstiegsluke und bereiteten sich auf den Abflug vor.

„Das Raumschiff vom Mond zur Erde ist bereit zum Start“, sagte der Sprecher in der Live-Fernsehübertragung des Starts. Die Kamera zeigte die Startphase vor dem Hintergrund einer dunklen Erde. Dann tauchte ein Bild vor der Kamera auf: drei Männer in Raumanzügen und zwei Mondmobile, vor der Startrampe aufgestellt. Der Moderator drehte die Kamera zu Samantha – sie lächelte wie immer.

Der Countdown vor dem Start: ...Zwei, eins, null.

Im Dezember 1972 filmte eine an einem Mondmobil montierte Videokamera den Beginn der Apollo-17-Startstufe. Die Startstufe von Apollo 19 verließ nun den Mond unter dem wachsamen Blick des Wohnmoduls und der Cockpit-Periskope. Der Start, die Mondumlaufbahn und das Andocken an das Kommandomodul verliefen nach einem Muster, das sich seit einem halben Jahrhundert bewährt hatte. Ein

Beschleunigungsimpuls führte dazu, dass das Raumschiff die Umlaufbahn des Mondes verließ. Drei Tage lang fiel Apollo 19 sozusagen auf die Erde. Das Abstiegsraumschiff durchbrach die Atmosphäre und prallte in den luftleeren Raum zurück. Aber die Geschwindigkeit ging verloren und das Fahrzeug stürzte zurück in die Atmosphäre. Das Gefährt drang immer tiefer und tiefer in die dichten Luftschichten ein. Es sah aus, als würde es von Flammen verschlungen und wurde immer langsamer. Schließlich öffneten sich die Fallschirme und die Astronauten landeten im Pazifischen Ozean, wo sie von Rettungskräften abgeholt wurden.

## Die Baustellen-Station

Nach der Abreise der Kameraden wurde es zunächst ein wenig traurig. Langsam verteilten sich die drei auf die neue Siedlung. Das Wohnmodul, das Kraftwerk, das Umspannwerk, die Mondmobile hatten neue Wirte gefunden.

Georgij Wichrew untersuchte in aller Ruhe den Regolith und die Gesteinsbrocken, die das Unterkunftsmodul festgesetzt hatten. Er nahm Gestein auf: Plagioklase und Pyroxene. Die gleichen gesteinsbildenden Mineralien, die überall zu finden sind. Durch ein kleines Vergrößerungsglas sah er einen Fleck mit einem hellgelben Mineral. Er schaute durch das Vergrößerungsglas, das auf das Klarglas des Helms geklebt war, direkt an der Seite und darunter. – Sieht aus wie Olivin. Ach! „Ich wünschte, ich hätte einen geologischen Hammer hier!“, beschwerte sich Wichrew.

Sein Kollege bei Metropolia saß an seinem Schreibtisch vor einem Bildschirm, auf den in Echtzeit übertragen wurde, was die am Helm des Geologen montierten Videokameras aufzeichneten. Auch die anderen Mondbewohner hatten jeweils an ganzes Team von Spezialisten auf der Erde, mit denen sie in Kontakt standen. Und wenn sie in den Raumanzügen unterwegs waren oder mit den Mondrovern fuhren, wurden die Bilder der an den Helmen montierten Kameras und des Periskops in einem kontinuierlichen Strom über einen Breitbandkanal zur Erde übertragen.

Der geologische Hammer wurde mit dem nächsten Flug zum Mond geschickt. Seitdem hatte Georgij ständig einen geologischen Hammer, eine Lupe, einen kleinen Magneten und einen Satz Mineralien unterschiedlicher Härte zur Hand – die unverzichtbaren Attribute irdischer Geologen.

Unmittelbar nach der Landung der Besatzung der Apollo 18 auf der Erde wurde damit begonnen, die Module der Station im Eiltempo wieder für den Transport zum Mond vorzubereiten.

Ein zentrales Luftschleusenmodul war das erste, das in Baikonur eintraf. Das südkoreanische Institut für Luft- und Raumfahrtentwicklung und das nordkoreanische Komitee für Luft- und Raumfahrttechnologie hatten gemeinsam an der Entwicklung des Moduls gearbeitet, das in der Mitte der fünfblättrigen „Blume“ installiert werden sollte. Die vier „Blütenblätter“ – das Unterkunftsmodul, das Gewächshaus, der Schlafsaal und die Produktionsmodule – waren über Luftschleusen mit dem „Stempel“ – dem zentralen Teil – verbunden. Ein fünfter Blütenstrahl kam aus dem Stempel. Das war eine doppelte Luftschleuse, um die Oberfläche des Mondes zu erreichen. Das zentrale Modul diente nicht nur dazu, von einem Bereich zum anderen zu gelangen. Es integrierte auch das Energiesystem der Anlage, die Kontrollsysteme und die Zirkulation von Luft, Wasser und Abwasser.

Das zentrale Modul war ein Wunderwerk der Technik. Der unendlich zuverlässige dreistufige „Stempel“ hatte parallele, unabhängige Durchgänge von einem Modul zum nächsten. Die oberste Ebene befand sich oberhalb der Oberfläche. Der Ausgang war so konzipiert, dass eine auf dem Mondrover montierte mobile Kabine daran angedockt werden konnte. Auf diese Weise konnten sich die Menschen ohne Raumanzüge und ohne Schleusenverfahren frei zwischen der Station und der mobilen Kabine bewegen.

Die mittlere Ebene, halb verschüttet, hatte auch eine Luftschleuse, um die Oberfläche zu erreichen, sie war nur eine Stufe über der Mondoberfläche. Draußen, vor der Eingangstür, befand sich eine elektrostatische Absauganlage. Die Luftschleuse, die viel geräumiger war als in der mobilen Kabine oder dem Wohnmodul, verfügte über ein verbessertes Staubabsaugsystem. Hier wurden auch die Raumanzüge aufbewahrt.

Die mittlere Ebene bot Zugang zum Gewächshaus und zum Produktionsmodul. Man ging davon aus, dass das Gewächshaus stechende, unangenehme Gerüche und eine sehr feuchte, kohlendioxidreiche Atmosphäre sowie eine Gewächshaustemperatur von dreißig Grad erzeugen könnte. Was für Pflanzen gut ist, ist für Menschen nicht immer angenehm. Deshalb wurde eine Doppeltür zwischen dem Gewächshaus und dem Zentralmodul eingebaut. Der Eingang zur Produktionseinheit musste dagegen mit einer vollwertigen Schleuse ausgestattet werden. Darin wurde der Druck bei Bedarf bis auf null entlastet. In der Produktionszelle konnte eine Inertgas- oder Vakuumatmosphäre aufrechterhalten werden. Das Produktionsmodul verfügte über ein großes versiegeltes Tor, das sich nach außen öffnete. Dieses große Tor öffnete sich weit genug, um alle möglichen Geräte zu Reparatur- und Wartungszwecken in das Modul zu bringen.

Das unterste Untergeschoss ging tief unter die Oberfläche. Daran wurde ein Schlafmodul angedockt, das ebenfalls tief im Boden vergraben war.

Die Mondbewohner brauchten zwei Wochen, um die Baugrube für die Zentral- und Schlafmodule auszuheben. Die Kippbrücke war in diesem Fall eine große Hilfe.

Natürlich wären ein leistungsstarker Bagger, ein paar geräumige Lastwagen und eine Planierraupe für den Bau nützlich gewesen. Die Technik in Originalgröße musste jedoch von vornherein aufgegeben werden. Und das lag nicht nur an der Komplexität der Entwicklung und des Baus außerirdischer Baumaschinen. Und nicht einmal an den Kosten für den Transport der Ausrüstung zum Mond.

Die Erdbewohner hatten einfach nicht genug Trägerraketen, um die gesamte Flotte von Baufahrzeugen zum Mond zu bringen. Die schweren Trägerraketen Saturn 5 wurden für den Transport von Besatzungen gebaut, was höchste Anforderungen an die Zuverlässigkeit stellte. Es musste immer mindestens ein Transportunternehmen in Bereitschaft sein, wie man im Zeitalter der Dampflokomotiven und Dampfeisenbahnen zu sagen pflegte, das jederzeit einsatzbereit ist. Auch bei der schweren Trägerrakete Energia war die Lage sehr angespannt. Zwei oder sogar drei Starts pro Monat, sogar von zwei Startrampen, erforderten den höchsten Einsatz der Mitarbeiter in der Trägerraketenfabrik, in der Montage- und Testanlage und auf der Startrampe.

Unternehmen und Länder, die in der Raumfahrt nicht führend sind, aber bereit waren, sich aktiv an der Erforschung des Mondes zu beteiligen, hatten sich der Sache angenommen.

Der schwedische Konzern Volvo hatte eine selbsttragende Karosserie entwickelt und hergestellt, die auf der Plattform des Mondrovers angebracht werden konnte. Der Korpus konnte sowohl von der Fernsteuerung als auch vom Boden aus gesteuert werden.

Der relativ leichte Körper wurde von der neuseeländischen Elektron-Trägerrakete in eine niedrige Erdumlaufbahn gebracht.

Um den Körper von der Erdumlaufbahn zum Mond zu bringen, war eine Endstufe erforderlich. Diese wurde von indischen Ingenieuren entwickelt und mit ihrer Trägerrakete in die Umlaufbahn gebracht.

Um schließlich sanft auf dem Mond zu landen, konstruierte Israel eine leichte Landeplattform und brachte sie mit seiner Shavit-Trägerrakete in die Erdumlaufbahn.

Der Rumpf selbst, die Oberstufe und die Landestufe drehten sich nun in der erdnahen Umlaufbahn. Sie waren angedockt. Die Spezialisten aus den Kontrollzentren in Korolew bei Moskau und Houston, Texas, leisteten unschätzbare Hilfe beim Andocken.

Das internationale Pufferstück „Körper – Boostereinheit – Landestufe“ legte die Strecke von eineinhalb Lichtsekunden sicher zurück und landete erfolgreich auf den Signalen des Antriebsradios.

Der Korpus war auf einem Mondrover neben dem Bagger montiert. Der von Metropolia geführte Mondrover lud Erde in sich auf, trug sie an die Oberfläche und lud sie in der Nähe ab. Der Rand neben dem Wohnmodul wurde dann mit diesem Boden verfüllt. So grub sich der Bau-Mondrover immer tiefer ein und bereitete den Raum für den unterirdischen Teil des Stempels und das Schlafmodul vor.

Die internationale Zusammenarbeit hatte sich sowohl in organisatorischer als auch in technischer Hinsicht als sehr effektiv erwiesen. Unternehmen und Länder schlossen sich zusammen und schickten mit ihrer Flotte von leichten Sauerstoff-Kerosin-Trägern Pakete mit einem Gewicht von bis zu vierhundert Kilogramm zum Mond.

Das zentrale Modul wurde rechtzeitig zum Abschluss der Ausgrabungsarbeiten in Baikonur verschifft. Es wurde etwas abseits der Baustelle gelandet, um nicht versehentlich das Wohnmodul zu beschädigen.

Ein Kran entfernte die Kabine des Mondrovers und ersetzte sie durch ein hohes Zentralmodul mit maximaler Auslegerreichweite. Sie machten sich los und fuhren langsam, ohne Erschütterungen und vor allem ohne zu wackeln, auf die Grube zu.

Mit der Erfahrung von Bradley Norton und Paul Duke sperrten die Bau-Mondrover die Grube mit Landestufen ab. Sie koppelten einen Mondrover mit einem Stößel und einen mit einem Kran. Diese stabile, aufgeweitete Stütze ermöglichte es, das zentrale Modul bei maximaler Ausladung in die Baugrube abzusenken. Durch Manipulation des Kranarms wurde die Luftschleuse des Zentralmoduls an die Luftschleuse des Unterkunftsmoduls herangeführt. Die Verbindung wurde entstaubt und festgeschraubt. Sie überprüften die Dichtigkeit der Übergänge und drückten, nachdem sie sich vergewissert hatten, dass alles richtig gemacht worden war, den Stempel mithilfe spezieller Teleskopstangen in den Boden der Baugrube und fixierten das zentrale Modul in seiner vorgesehenen Position. Nun war es möglich, sich von der Hilfe des Krans zu befreien, was auch geschah.

William Wilson und Georgij Wichrew begaben sich zur mobilen Kabine und betraten diese wieder auf der

Mondrover-Plattform; Marcel Trial betrat die Station durch die Luftschleuse des Zentralmoduls, befreite sich von seinem Raumanzug und stieg zur oberen Luftschleuse auf. Durch das runde Fenster in der Außentür beobachtete er, wie sich ihm eine mobile Kabine näherte, mit dem Heck voran, im Automatikmodus, auf einem Mondmobil fahrend. Der Mondrover hob sich leicht an und verlängerte das Radgestell. Die Außentüren der oberen Luftschleuse des Zentralmoduls und des Cockpits berührten sich. Die mechanischen Griffe rasteten ein, zogen das Cockpit an seinen Platz und verriegelten es fest. Marcel schaute auf das Display und beobachtete, wie die Automatisierung die Dichtigkeit der Verbindung überprüfte, die Staubabsaugung funktionierte und sich der Raum zwischen den Außentüren mit Luft füllte. Beide Türen wurden geöffnet. Marcel überquerte die hohe Doppelschwelle, ging, ohne zu zögern, zum Pilotensessel hinüber und setzte sich dort hin. Seine Hände griffen nach dem Kaktus.

Ein Kaktus! Der einzige Vertreter der Pflanzenwelt auf dem Mond. Ein Besatzungsmitglied von Apollo 18 und Apollo 19! Der Rekordhalter für den längsten Aufenthalt auf dem Mond!

Marcel befreite den Kaktus vorsichtig aus dem Netz, nahm ihn aus dem Gefäß, stand auf und trug ihn vorsichtig in das Wohnmodul. Als er die Pflanze auf die Fensterbank stellte, sagte er: „Du wirst jetzt hier leben. Du wirst die Erde bewundern und Samantha anschauen. Wir werden dich jeden Morgen gießen. Jeden Mondmorgen. Das heißt, einmal im Monat, wie von den Agrarwissenschaftlern vorgeschrieben."

Für den Rest des Tages beobachteten William und George von außen und Marcel von innen das Verhalten des Pakets aus zwei Modulen: keine Bodenbewegung, kein Versatz, keine Undichtigkeit. Auch das Zentralmodul selbst musste nach der Weltraumreise inspiziert werden. Am späten Nachmittag war die Inspektion beendet und William Wilson, der zweite Kommandant der Mondwache, meldete der Erde, dass alles in Ordnung sei.

In Wilsons Bericht wurde gleichzeitig der Start eines weiteren Energia-Trägers mit Sauerstoff und Wasserstoff mit einem Schlafmodul als Fracht von der zweiten Startrampe in Baikonur angeordnet.

Die drei Tage bis zur Ankunft des Moduls vergingen wie im Flug: Der Landungssteg wurde vom Landeplatz in ein Freilager gebracht und der Metallurge setzte seine Experimente zum Schmelzen von Gestein fort. Der Geologe grub wie ein Maulwurf mit einem Bagger in der Umgebung. Am Fuße des Byrd-Kraterwalls, gleich außerhalb der Station, fand er Aufschlüsse von eisenhaltigen Mineralien. Je tiefer der Baggerlöffel eintauchte, desto reicher wurde das Gestein. Georgij Wichrew nutzte seine Erfahrung, eine Grube mit einem Stößel zu graben, um so tief wie möglich in den Mond einzudringen. Zu diesem Zweck würde ein Bau-Mondrover Erde ausgraben, sie in seinen Körper laden und auf einer selbst angelegten Straße an die Oberfläche bringen. Die gleiche Technologie wurde von Erdbauern verwendet, um tiefe Gruben auszuheben.

William Wilson wurde gebeten, sich mit Meteoriten zu befassen. Deutschlands ältestes Optik- und Mechatronikunternehmen, Carl Zeiss Jena, hatte ein Stereoteleskop zum Aufspüren von Meteoriten entwickelt. Es ist bekannt, dass die Polarregionen des Mondes zu jeder Tages- und Jahreszeit von den seitlichen Strahlen der Sonne erreicht werden, sodass jedes Objekt über den Polarregionen immer von einer Seite durch die Sonne beleuchtet wird. Nun ja, natürlich nicht immer. Wenn die Erde zwischen dem Mond und der Sonne steht, wird der Raum um den Mond und der Mond selbst in den Schatten der Erde getaucht. Während dieser Zeit beobachten die Mondbewohner eine Sonnenfinsternis, während die Erdbewohner eine Mondfinsternis bewundern. Auf dem Mond treten Sonnenfinsternisse zweimal oder sogar viermal im Jahr auf. Die maximale Dauer einer Sonnenfinsternis auf dem Mond beträgt nicht mehr als zwei Stunden, und natürlich wäre ein Meteor-Teleskop zu dieser Zeit nutzlos. Zu anderen Zeiten hingegen scannten zwei identische Teleskope mit großem Sichtfeld im Abstand von hundert Metern die Himmelshalbkugel über dem Nordpol des Mondes. Sobald das eine Teleskop ein sich bewegendes Objekt entdeckte, drehte sich das andere Teleskop sofort um, richtete sein Auge auf das gleiche Objekt und der Computer berechnete mithilfe des stereoskopischen Effekts die Entfernung. Der Computer berechnete auch die Geschwindigkeit, die Bewegungsrichtung, die Größe und die Position des Objekts. Handelte es sich bei dem Objekt um einen Meteoriten, löste das Gerät einen Alarm aus: Ein Meteoriteneinschlag! Alarm! In wenigen Minuten würde ein großer Felsbrocken die Station treffen und sie vollständig zerstören! Es war dringend erforderlich, an Bord des Mondrovers zu gehen und sich in sicherer Entfernung von der Station zu entfernen.

Das Teleskop war in der Lage, einen apfelgroßen Meteoriten aus mehreren Dutzend Kilometern Entfernung zu sehen. Je größer der Meteorit war, desto größer war natürlich die Gefahr, die von ihm ausging, aber desto früher könnte er aber auch entdeckt werden. Kleinere Meteoriten, die die mehrere Meter dicke Bodenschicht nicht durchdringen konnten, wurden im Schlafmodus aufgefangen.

Das stereoskopische Teleskop war schon lange versandfertig und wartete auf seine Auslieferung. Um keine Zeit zu verlieren, beschlossen die Programmierer, das Periskop des Wohnmoduls zu benutzen, um die Software des Anti-Meteoriten-Teleskops zu testen. Obwohl die Auflösung des Periskops deutlich geringer war als die von Teleskopen, konnte das Periskop dennoch größere Meteoriten erkennen. Nach dem Herunterladen der Software wurde das Periskop des Unterkunftsmoduls auf Wache geschaltet.

William Wilson beobachtete den Himmel. Meteoriten kommen nicht häufig vor. Drei Tage lang mussten sie den Himmel absuchen, und nur einmal kam ein Felsbrocken in Sicht, der auf den Pascal-Krater zusteuerte. Der Computer berechnete sofort die Flugbahn des Wanderers und das Periskop folgte ihm, bis er hinter dem Horizont verschwand. Das Ganze dauerte etwa drei Sekunden. Treffer! Das Softwarepaket erhielt Bestnoten und konnte nun in den Computer des Anti-Meteor-Teleskops geladen werden.

* *

Das Schlafmodul kam pünktlich an. Er wurde ebenso wie der Stampfer auf das Mondmobil geladen und zur Grube gebracht. Aus der Startstufe um die Grube herum wurde eine Plattform für einen Kran errichtet, und die Aluminiumkugel des Wohnmoduls wurde aus großer Höhe in die Grube hinabgelassen. Die Türen der Luftschleusen wurden ausgerichtet. Horizontal. Schrauben und Muttern. Versiegeln. Die Schaufel des Baggers wurde vorsichtig auf den Mondrover geschoben, und nun kippte er kleine Portionen Erde in die Baugrube und schüttete sie neben das Modul. Schließlich kam das Schlafmodul auf den Boden zu stehen. Es wurde vom Kran abgehängt und beide Mondmobile machten sich sofort an die Arbeit. Die Planierraupe stützte das Erdreich weiter ab, während der Bau-Mondrover die Stufen, die nun beim Aufschütten im Weg waren, hochhob und begann, das zuvor ausgehobene Erdreich hinten auf den Lastrover zu laden.

Wie schon fünf Tage zuvor tauchte Marcel Trial als Erster in die Station ein, befreite sich aus seinem Raumanzug und kletterte die Treppe hinunter bis zum Boden des Stößels. Er ging den horizontalen Korridor entlang und drückte einen Knopf. Die Doppeltüren öffneten sich und er betrat das Schlafmodul.

Gemütliches Mobiliar, bequeme Sessel, ein Schreibtisch und natürlich ein Küchentisch. Er schaute in die Kajüte. Ein Bett, ein Kleiderschrank, ein nicht allzu großer Tisch und ein Stuhl. Gute Qualität, geschmackvoll. Aus Holz gefertigt. Es war alles da, um gut zu schlafen, und er wollte nicht einmal darüber nachdenken, wie lange man im Falle einer Katastrophe, bei der man auf Hilfe von der Erde warten muss, hierbleiben könnte. Sogar für Kleinigkeiten wie Friseur- und Maniküresets war gesorgt.

Großartig! Aber … langweilig.

Ich möchte nicht hier drin eingemauert enden und auf Hilfe warten, dachte Marcel und begann, das Modul zu inspizieren.

Das Schlafabteil war eine Kugel mit einem Durchmesser von sieben Metern und einer robusten Aluminiumhülle. Es bot bequem Platz für drei Personen, die jeweils eine eigene Kabine hatten. Bei Bedarf konnte das Modul bis zu sechs, bei Bedarf bis zu neun Personen beherbergen. Es gab ein Badezimmer, eine kleine Küche und einen Fitnessraum. Die vielen Meter Boden über der Kugel dienten als zuverlässiger

Schutz vor hochenergetischen Teilchen aus dem Weltraum und den heftigen Ausbrüchen der Sonne. Der Hauptzweck des Moduls bestand darin, den Menschen ein separates Quartier zur Verfügung zu stellen und sie während des Schlafs zu fast 100 Prozent vor kosmischer Strahlung zu schützen. Darüber hinaus wurde die Besatzung angewiesen, während der Sonneneruptionen im Schlafmodul zu bleiben. Es gab einen Notvorrat an Lebensmitteln, Wasser und chemischen Kohlendioxid-Absorbern für den Fall eines Meteoritenangriffs, sollte der oberirdische Teil der Station zerstört werden. Die Batterien speicherten eine beträchtliche Menge an Strom. Ein direkter Einschlag eines Meteoriten auf der Station war jedoch unwahrscheinlich.

Der Stößel und das Schwellenmodul wurden mit Erde bedeckt. In der Nähe wurden die Aussparungen für die Aufnahme des Gewächshauses und des Produktionsmoduls vorbereitet.

Das war bereits in Baikonur angekommen. Seine Lieferung wurde in einem Monat erwartet. Dies war die Zeit, die für die Vorbereitung des Starts der beiden Energia-Trägerraketen benötigt wurde.

Wilson und Marcel hatten damit begonnen, die interne Kommunikation zwischen den Modulen der Zentrale, der Wohnanlage und der Schlafsäle zu installieren. Georgij hatte Selenium-Erkundungsreisen mit dem Bus unternommen. Nur mit einem geologischen Hammer, einer Lupe und einem Magneten konnte er am Boden der Mulde des Byrd-Kraters eine Menge finden. Der Krater hatte keine zentrale Spitze, was wahrscheinlich darauf hindeutete, dass die Lava frei aus der Tiefe geströmt war und beim Erstarren einen ebenen, flachen Boden gebildet hatte. Die Oberflächenuntersuchung ergab das Vorhandensein von Basalten, die in ihrer

Zusammensetzung den Basalten auf der Erde ähnelten. In den Gesteinstrümmern wurde kalzium- und aluminiumhaltiges Anorthit gefunden. Ebenso wurden Ilmenit, reich an Eisen und Titan, natriumhaltiges Pyroxen und Olivin, ein Gestein, das aus Eisen- und Magnesiumsulfaten besteht, entdeckt. All dies war jedoch schon seit den Tagen der Apollo und der sowjetischen autonomen Stationen bekannt. Georgij hingegen wollte mehr wissen: präziser und tiefer. Aber es gab keine Bohranlage und der Bagger war beschäftigt, er würde in nächster Zeit nicht verfügbar sein.

Einmal unternahm Wichrew eine Expedition in den Südwesten. Der Kraterschacht war an dieser Stelle eingestürzt und öffnete einen breiten Durchgang zu einer relativ flachen, weitläufigen Ebene, die von größeren Meteoriten unberührt geblieben war. Im Norden wurde die Ebene von den Kratern Hermite und Sylvester begrenzt. Weiter im Westen lagen die Krater Poncelet und Pascal und im Süden der Krater Mouchez.

Bei mondheller Mittagszeit und frühmorgendlicher Houston-Zeit fuhr er zur südwestlichen Durchfahrt hinaus. Er fand nichts Interessantes und fuhr weiter. Die flache Oberfläche, die mit einer Staubschicht von der üblichen Dicke des Mondes bedeckt war, konnte vom Mondrover problemlos durchquert werden. Er entfernte sich immer weiter. Er passierte den Durchgang, wandte sich nach Süden und fuhr weiter, wobei er den äußeren Rand des Kraters Gioja umfuhr.

Der junge, ruhige Krater war nach dem italienischen Seefahrer Flavio Gioia benannt, der als Erfinder des modernen Kompasses gilt.

Der Gioja-Krater befand sich südlich des Byrd-Kraters und ihre Wälle überschnitten sich. Der Krater hatte einen Durchmesser von vierzig Kilometern und eine Tiefe von drei

Kilometern und war von einer hohen, sehr steilen Berme umgeben.

Der tiefe zirkumpolare Krater war für Geologen schon vor der Apollo 19-Mission von Interesse gewesen.

In der Mitte der Mulde erhob sich eine Bergkette. Es handelte sich nicht um einen Gipfel, wie es bei Mond- und Merkur-Einschlagskratern üblich ist, sondern um eine rätselhafte Bergkette. Er wollte den Ursprung des Bergrückens verstehen, tiefer graben und Bodenproben nehmen. Geologen und die Verkehrsabteilung des Mond-Rovers hatten Fotos des Kraterschachts sorgfältig untersucht, aber es konnte kein Durchgang vom Byrd-Krater nach Gioja gefunden werden. Der Krater schien für den Mondrover unzugänglich zu sein, selbst wenn man ihn umging. Weder von Osten, Süden noch von Westen aus zeigten die Bilder einen Durchgang oder einen sanften Abhang, auf keiner der beiden Seiten. Mit Bedauern mussten die Planer für die zweite Mondexpedition die Durchdringung von Gioja ausschließen.

Georgij bewegte sich nun dicht am Fuß des Walls und blickte auf den steilen, pechschwarzen Gipfel des begehrten Kraters hinauf und versuchte, von unten einen Weg in den Schacht zu finden. Aber es gab keinen Pass, keine Senke oder auch nur eine leichte Steigung. In der Tat eine uneinnehmbare Festung.

Fasziniert von der Selenografie und der Reise selbst, verpasste Georgij, wie ein kleiner Junge, den Zeitpunkt der Rückkehr, der von der Batterieladung bestimmt wurde. Jack Simpson, ein junges Mitglied der Mondmobil-Transportabteilung, verpasste ebenfalls den Moment der Rückkehr. Er drehte leidenschaftlich am Periskop der mobilen Kabine und machte Fotos von der Bergkette, die sich unterhalb des Kraterwalls abzeichnete.

William Wilson, der seit Langem keine Berichte mehr von seinem Kameraden gehört hatte, war besorgt. Er gab den Befehl, umzudrehen und den kürzesten Weg zu nehmen, um ohne anzuhalten nach Hause zu fahren. Georgij Wichrews Forschungstätigkeit wurde jetzt durch die Betrachtung der Mondlandschaft ersetzt. Das war aber nicht weniger interessant, als mit einem Spaten im Regolith zu stochern und mit einem geologischen Hammer Felsen zu zerschlagen. Der Computer zeigte an, dass die Batterieleistung gerade noch für die Rückfahrt zum südwestlichen Eingangstor ausreichte. Dann war es an der Zeit, an der von den Solarzellen der mobilen Kabine erzeugten Elektrizität zu verweilen. Und so geschah es. Während der ganzen Nacht in Houston trieb die Automatik den Mondrover nach Hause, und Wichrew verschwendete keine Zeit. Er aß zu Abend, schloss die Bullaugen und ließ sich im unteren Geschoss nieder.

Zwei Tage später, an einem frühen Morgen in Houston, dockte der Mondrover am Stößel an und Wichrew sah sich den strengen Blicken seiner Vorgesetzten ausgesetzt. Wilson ließ die Situation jedoch nicht eskalieren. Er sagte: „Du schuldest mir eine Flasche Bier.“

Damit war der Vorfall beendet. Aber der Mondrover wurde Georgij weggenommen. Den bekam Marcel Trial. Das Fahrerhaus wurde entfernt und die Karosserie an seine Stelle gesetzt. Marcel schickte einen Bagger zu einer, wenn auch kleinen, Aluminiumlagerstätte, die fast reines Anorthit enthielt. Der von der Erde gesteuerte Bagger schaufelte die Grube aus, und sobald das Erz zu fließen begann, wurde es zu den Öfen transportiert. Der Lastwagen fuhr vom Steinbruch zur Siedlung, lud das Gestein ab und kehrte zur Mine zurück, um eine weitere Ladung Erz zu holen.

Der Geologe langweilte sich. Doch dann kam ihm ein interessanter Gedanke. Ein völlig verrückter Gedanke. Da es keinen Überlandweg nach Gioja gab, mussten sie ein Planetenfluggerät benutzen. Die hochbeinige, wuchtige Landeplattform von Apollo 18 blieb am Fuß des Whipple-Kraters liegen. Auch die mobile Kabine verschwand nicht. Sie war noch zu sehen – vom Fenster des Wohnmoduls aus. Wenn man dorthin zurückging, wo die Astronauten Bradley und Paul gelandet waren, und das Cockpit auf den Steg stellte ... erhielt man die Apollo 18. Allerdings war nur noch wenig Treibstoff im Reservetank, und die Stromquellen waren durch die Kälte ausgefallen. Aber es gab Treibstoff in den Landestationen, mit denen die Mondbewohner angekommen waren. Der Strom wurde von der Kabine geliefert, da deren Batterien über eine ausreichende Kapazität verfügten. Die Hauptsache war, dass die Landeplattform während ihres Aufenthalts auf dem Mond nicht von einem Meteoriten beschädigt würde.

Wichrew erzählte seinen Kameraden von seiner Idee. Wilson und Trial unterstützten diese mit Nachdruck. Deshalb waren sie hierhergekommen: um so viel wie möglich zu recherchieren und die interessantesten Orte ausfindig zu machen. Verständlich, dass auch die Selenologen-Geologen die Expedition nach Gioja begrüßten. Die Leitung in Metropolia nahm diese Idee jedoch nur sehr zurückhaltend auf. Der Flug nach Gioja war ein Wagnis, wenn auch, wie man so schön sagt, ein Wagnis von der gleichen Größenordnung wie die Expedition zum Mond selbst. Darüber hinaus würde die Vorbereitung und der Flug nach Gioja das genehmigte Programm für die Monderkundung verschieben. Nach vielen Diskussionen und Beratungen innerhalb der

Weltraumbehörde wurde die Entscheidung schließlich dem Leiter der zweiten Mondexpedition, William Wilson, übertragen.

Für die Apollo-Konstrukteure kam die Idee, die „Achtzehnte“ wiederzubeleben, unerwartet. Sie berechneten schnell den verbleibenden Treibstoff. In den Tanks der ersten drei Landestufen war noch genügend Treibstoff vorhanden, um Apollo 18 vom Landeplatz zur Siedlung zu bringen. Damals wurde der Kraftstoff mit einer großen Reserve gebraucht. Für den Flug von und nach Giojaa musste aus allen Landungsbrücken Treibstoff abgelassen werden, wovon sich eine große Menge im Freiluftlager hinter der Station befand. Obwohl die Treibstoffreserve unter Ausnutzung der Vorteile des Antriebsfunks immer weiter reduziert wurde, war in den Haupt- und Reservetanks noch genügend Treibstoff für die Expedition vorhanden. Georgij Wichrew war in die Vorbereitungen für die bevorstehende Operation vertieft.

* *

Das Gewächshaus traf ein. Lang ersehnt.

Wie viel Aufmerksamkeit wurde dem Weltraumgewächshaus von Konstantin Eduardowitsch Ziolkowski gewidmet! Nur ein Gewächshaus ist in der Lage, einen langfristigen, mehrjährigen Aufenthalt für Menschen außerhalb der Erde zu ermöglichen. Ein Gewächshaus wird es dem Menschen ermöglichen, auf dem Mond zu wohnen und nicht nur Gast zu sein. Es war ein neuer Meilenstein in der Erforschung des Weltraums.

Es wurde vorsichtig in das vorbereitete „Bett“ gelegt und mit dem zentralen Modul verbunden. Sobald die Dichtigkeitsprüfung abgeschlossen sein würde, würde Energia mit dem Produktionsmodul von Baikonur aus starten. Seine Ankunft wurde für den vierten Tag erwartet, aber in der Zwischenzeit wurden das Gewächshaus und die Kommunikationseinrichtungen abgeschaltet.

Strukturell war das Gewächshaus ein Ballon, der durch innere Trennwände in drei Stockwerke unterteilt war. Das oberste Stockwerk war ganz den Pflanzen gewidmet. Die Erdbotaniker hatten Erde aufgeladen und Stauden gepflanzt. Frühere Erfahrungen mit der Landwirtschaft auf Raumstationen in der Umlaufbahn hatten gezeigt, dass die Pflanzen in der Schwerelosigkeit zu wachsen begannen, aber bald abstarben. Die Pflanzen überlebten die dreitägige Schwerelosigkeit, passten sich der Schwerkraft des Mondes an und begannen, ihre grünen Blätter zu zeigen. In der Ferne war eine leuchtend orange-grüne, verschnörkelte Plastikbox zu sehen, die nichts anderes als eine Kompostgrube war, in der Laub, dünne Äste und organische Abfälle zu einem feinen Dünger verrotteten.

Erdbiologen hatten den Boden, seine Mikroflora und die Zusammensetzung der Pflanzen ausgewählt. Wie aber eine Gemeinschaft von Lebewesen tatsächlich leben würde und wie sich das Gewächshaus unter realistischen Bedingungen auf einer Mondstation verhalten würde, blieb unklar. Es war wichtig, das herauszufinden und dafür zu sorgen, dass die Menschen auf dem Mondboden in der geringen Schwerkraft saubere Luft und frisches Grün genießen konnten.

Wir wissen genug über den Mond, um dort zu landen und ihn zu erforschen, aber wir wissen zu wenig über den Mond, um langfristige Pläne zu seiner weiteren Erkundung zu machen. Metallurgische Ausrüstungen und ihre Anwendungen, Baumaschinen und Aushubarbeiten, Arbeits- und Ruhezeiten, Meteoriten- und Strahlenschutzsysteme waren bisher experimenteller Natur gewesen. Die Entwürfe und Technologien wurden auf der Grundlage der Erfahrungen bei der Arbeit direkt auf dem Mond verfeinert. Das Gewächshaus war keine Ausnahme. In der Tat wurde es zunächst zu einer Art Biozönose-Labor. Das Gewächshaus war mit künstlicher Beleuchtung ausgestattet.

Die Aluminiumkugel war zu zwei Dritteln eingegraben, wobei das obere Drittel von Erde bedeckt war. In den Polarregionen stand die Sonne tief über dem Horizont und beleuchtete die Pflanzen nur an den nach Süden ausgerichteten Rändern und nur an Mondtagen. Es machte keinen Sinn, das Gewächshaus durchsichtig zu machen; im Gegenteil, es war besser, es zum Schutz vor Meteoriten zu vergraben. Die Aluminiumkugel hatte jedoch ein breites Fenster, das dem Unterkunftsmodul zugewandt war. Diese konstruktive Entscheidung wurde auf Anraten von Psychologen getroffen. Die Menschen auf dem Mond waren von einer leblosen Wüste, einem schwarzen Himmel und Metallstationen umgeben. Wie gerne würden sie eine Ecke des Waldes sehen, die grünen Blätter ...!

Der untere Gewächshausraum beherbergte einen Aerotank mit Sedimentationstank und eine Vakuum-Entsalzungsanlage zur Erzeugung von sauberem Trinkwasser. Hier gab auch einen Holzofen. In der Nähe befand sich ein Brennholzbehälter: Hier sollten gehackte und getrocknete holzige Äste von Sträuchern und dichten Pflanzenstämmen gelagert werden. Das Brennholz sollte verbrannt werden, wenn das Kohlendioxid zur Intensivierung des Pflanzenwachstums benötigt wurde und das vom Menschen ausgeatmete und vom Belüftungsbecken abgegebene Kohlendioxid nicht ausreichte. Der gleiche Ofen wurde auch für die Verbrennung von Einweggeschirr, Servietten und Altpapier verwendet. Sie häuften keinen Müll an – warum sollte man ihn lagern –, sondern verbrannten ihn sofort. Der Schornstein mündete in das Gewächshaus.

Im untersten Stockwerk befanden sich die Tanks für technisches Wasser und Bewässerungswasser sowie die Abwassertanks.

Die Verrohrung zwischen dem Unterkunftsmodul und dem Gewächshaus war endlich fertig. Marcel schaltete die Pumpen ein. Die Flüssigkeit aus den Fäkalientanks floss in das Belüftungsbecken. Die Luft strömte aus den Düsen über den gesamten Boden des Belüftungsbeckens. Aerobe Mikroben gewannen die Oberhand. Sie ernährten sich von den kleinsten Partikeln organischer Materie. Genau wie Tiere oxidierten diese kleinen Lebewesen ihre Nahrung mit Sauerstoff und gewannen so Energie für sich selbst. Und genau wie Hunde, Ratten oder Wale atmeten sie Kohlendioxid aus. Das Kohlendioxid wurde in die Gewächshausatmosphäre freigesetzt und von den Pflanzen assimiliert, während die Mikroben selbst wuchsen, sich teilten, wieder zunahmen und sich erneut teilten. Sie teilten und vermehrten sich und bildeten mit ihren Körperchen Schlamm – ein ausgezeichneter Dünger.

Der Aerotank hatte begonnen, Wasser von technischer Qualität zu liefern. Es wurde in die Entsalzungsanlage geleitet. Und dann floss Wasser aus der Entsalzungsanlage, destilliertes Wasser, geschmacks- und geruchsneutral. Endlich war die Beschränkung des Wasserverbrauchs aufgehoben! Sie konnten so viel baden, wie sie wollten. Sie wuschen ihre Wäsche.

Die Tanks der mobilen Kabine wurden mit sauberem Wasser gefüllt. Die Fäkalientanks wurden in das Belüftungsbecken entleert. Es mussten nur noch die Anschlüsse des

Reinwasserkreislaufs und die Anschlüsse des Kabinen- und Stationsabwassernetzes verbunden werden.

Am vierten Tag traf das Produktionsmodul ein. Es wurde angenommen und zwischen dem Gewächshaus und dem Wohnheimmodul installiert. Der Stempel erhielt seine fünf Blütenblätter zurück. Die Ernte konnte genossen werden. Da stand die erste bemannte Mondstation!

## Genauso, wie auf der Erde
## Dispensation

Nachdem der Bau der Mondstation abgeschlossen war, kündigte der Arzt eine Gesundheitsuntersuchung für alle Mondbewohner an. Zusammen mit dem medizinischen Team von Metropolia untersuchte William Wilson sich und seine Begleiter: die üblichen medizinischen Tests, EKG und Ultraschall. Er untersuchte den Zustand des Knochen- und Muskelgewebes. Trotz ihres fortgeschrittenen Alters, ihrer hohen Arbeitsbelastung und ihres häufigen Schlafmangels beklagte sich keiner der drei über seinen Gesundheitszustand. Nur bei einem der Untersuchten wurde eine Anhäufung von Müdigkeit festgestellt. Auch Wilson selbst, der Arzt und der jüngste der Schicht, hatte das Bedürfnis, das Tempo zu drosseln.

Das medizinische Team sollte Empfehlungen für den Tagesablauf, die körperliche Betätigung und die Ernährung der Menschen auf dem Mond ausarbeiten. Die Weltraummediziner kannten das Verhalten des menschlichen Körpers in völliger Schwerelosigkeit genau und waren in der Lage, unschädliche Lebensbedingungen zu schaffen. Der Mond hingegen ist ein Planet, und das Leben auf der Oberfläche eines Planeten unterscheidet sich von der Orbital- oder Raumfahrt.

Hier sind die irdischen Normen nicht hilfreich.

Die geringe Schwerkraft erzwingt einen „Mond-Gang“. Im Inneren der Station kann ein Mann ohne Raumanzug mit einem einzigen Sprung zwei bis drei Meter zurücklegen. Indem er sich stark lehnt, als ob er sich der Bewegung entgegenstürzt, und sich beispielsweise mit dem linken Fuß abstößt, fliegt er in einer sanften Parabel bis zu drei Meter weit und landet auf seinem rechten Fuß. Im Moment des Stoßes wird der Körper mit dem rechten Fuß in die entgegengesetzte Richtung gedreht, sodass die Berührung in einer Rückwärtsbeuge erfolgt. Nach Reduzierung der Fallgeschwindigkeit und der Rotation steht die Person in der gewünschten Position aufrecht. Eine Strecke von mehr als zwei oder drei Metern wird mit wenigen Schritten und Sprüngen zurückgelegt. In einem Raumanzug ist es bequemer, mit zwei Füßen gleichzeitig zu springen, wie die ersten Astronauten Neil Armstrong und Edwin Aldrin zu ihrer Zeit sagten.

Die niedrige Schwerkraft verringert die Muskelbelastung und führt zum Abbau von Muskelmasse. Um die Bewohner des Monds in guter körperlicher Verfassung zu halten, war das Wohnmodul mit einem Fahrradtrainer und dem Trainingskomplex von Dr. Bubnowskij ausgestattet. Die Kinesiotherapie nach Bubnowski war für gesunde Menschen, ältere Menschen und Kranke geeignet. Die richtige, auf den Einzelnen zugeschnittene Bewegungsroutine kann viele Krankheiten heilen und älteren Menschen einen gesunden Lebensabend ermöglichen. Das Bubnowskij-Zentrum in Moskau hatte eine Reihe von Übungen für Gelenke, Muskeln und Bänder entwickelt. Tägliche einstündige Trainingseinheiten sollten die Muskelkraft und die Knochenstärke erhalten, während Kraftdehnungen die Elastizität der Bänder und die Beweglichkeit der Gelenke bewahrten. Natürlich nahm der

Mond seine eigenen Anpassungen vor. Alle drei waren aktiv an der Anpassung der Bubnowskij-Methode an die geringe Schwerkraft des Mondes beteiligt.

Der Mondstaub drang kaum in das Innere der Station ein. Dennoch wurden Spuren davon auf dem Boden und auf der Kleidung gefunden. Und während die ersten Astronauten den Staub nur wenige Tage lang einatmeten, würde er die Besatzungsmitglieder noch Monate oder sogar Jahre lang verfolgen.

Ein weiteres Problem war die Verwendung von Regolith als Boden für das Gewächshaus. Experimente mit Regolith als Teil des Substrats hatten auf der Erde positive Ergebnisse, aber die massenhafte Nutzung für den Pflanzenanbau hatte gerade erst begonnen. Die Mediziner sollten herausfinden, wie sich Pflanzen, die auf dem Mondboden wuchsen, auf den menschlichen Körper auswirken würden. Die Auswirkungen des Mondregoliths auf die menschliche Lunge und den menschlichen Körper auf lange Sicht waren noch unklar.

Die Mondbewohner hatten nicht die Möglichkeit, jederzeit zur Erde zurückzukehren, wie es die Besatzungen der Internationalen Raumstation oder die Apollo-Besatzungen des letzten Jahrhunderts konnten. Natürlich befand sich irgendwo da draußen in weiter Ferne die Saturn-5-Rakete mit dem Apollo-20-Raumschiff. Im Notfall konnte sie innerhalb einer Woche eintreffen. Unsere Freunde waren ganz sicher nicht ängstlich, aber man musste davon ausgehen, dass der Gedanke, keine Möglichkeit zur Flucht zu haben, auch in ihren Köpfen vorhanden war.

Die Trennung von der Erde, von den Menschen und die ungewöhnlichen, unkonventionellen Lebensbedingungen belasteten die Psyche zusätzlich.

„Der Mond ist nicht die Erde“ – ein einfacher, aber nicht trivialer Gedanke, den Paul Duke am Ende des Mondepos gegenüber Reportern äußerte.

Wie man die Gesundheit erhält, wie man Kraft und Energie für die Aufgabe spart, wie man schließlich eine gute, sachliche Stimmung schafft – das beschäftigte Wilson und die Ärzte auf der Erde. Die Mondmedizin steckte noch in den Kinderschuhen.

## Gasproduktion

Während die medizinischen Untersuchungen im Gange waren, bauten die Mondrover weiter an einem Schutzwall. Der Bau-Mondrover lud das Regolith auf und fuhr es zur Station. Ein mit einem Bulldozer-Schild ausgerüstetes Fahrzeug schüttete Erde auf. Die gesamte Station sollte mit einer dicken Schicht Regolith bedeckt werden. Lediglich die Fenster des Wohnmoduls und des Gewächshauses, die beiden Schleusen und die Tore des Produktionsmoduls waren nach außen hin sichtbar.

Georgy Wichrew und Marcel Trial hatten alle Tests bestanden und eilten in die Produktionseinheit. Zwei Anlagen zur Verdampfung von Gasen aus dem Regolith, ein Hochtemperatur-Pyrolyseofen zur Gewinnung von Metallen durch Sublimation und anschließende thermische Zersetzung von Mondgestein, ein Extruder – eine Maschine zur Herstellung verschiedener Profile aus Aluminiumschmelze – sowie Hochdruckflaschen zur Speicherung von Sauerstoff und Inertgasen wurden mit dem Produktionsmodul geliefert. Der Hebewagen war speziell für den losen Untergrund auf dem Mond konstruiert und hatte große, breite Räder, auf denen auch die ersten Mondmobile gefahren waren. An den Wänden standen eine CNC-gesteuerte Bohrmaschine, eine Drehbank und eine Fräsmaschine. Auf dem Tisch des Schlossers waren ein Schraubstock und eine Schleifmaschine befestigt.

In den Schränken befand sich ein Werkzeugsatz: ein Bolzenschneider, ein Schweißgerät, eine Plasmaschneidmaschine. Die Fächer waren mit allerlei Kleinigkeiten gefüllt: Schrauben und Muttern, Lötzinn, Flussmittel, Bohrer, Gewindebohrer und Einsätze, Elektroden ...

Die gesamte Luft, die die Kugel von der Erde mitgebracht hatte, wurde vorsichtig abgepumpt und die beiden Verdampfereinheiten wurden mithilfe einer Kurbel in das weit geöffnete Tor gerollt. An der Außenseite des Produktionsgebäudes, neben dem Tor, befanden sich Steckdosen. Georgij Wichrew schloss die Anlage an das Stromnetz an. Marcel Trial bat den Operator der Bewegungsabteilung, eine dünne Schicht Regolith aus dem Schacht eines kleinen Kraters zu schaufeln, und zwar auf der der Sonne zugewandten Seite, wo die größte Menge an adsorbierten Gasmolekülen erwartet wurde. Als das Fahrzeug mit einem Eimer voll Regolith ankam, öffnete Marcel Trial den Deckel des Trichters und schüttete den Inhalt des Eimers mit präzisen, genauen Bewegungen in den Trichter. Dann verschlossen sie den Deckel fest.

Sie überprüften alles noch einmal. Das Metropolia-Team verfolgte die Aktionen der Besatzung ständig, sowohl über die Telemetrie als auch über die am Helm montierten Videokameras.

„Schalten Sie die Kameras ein!“, befahl der Leiter der technischen Abteilung von Metropolia.

Der Metallurge drückte den Knopf. Die Heizelemente waren eingeschaltet. Die Temperatur des Regoliths stieg langsam an. Schließlich zeigte das Manometer einen sehr geringen Gasdruck im Inneren des Trichters an. Marcel Trial fügte den Strom hinzu und brachte ihn auf ein Maximum. Die Temperatur erreichte siebenhundert Grad. Der Pfeil auf dem Manometer zeigte einen leichten Druckanstieg und blieb stehen. Sie warteten etwa zehn Minuten, aber der Druck stieg nicht.

„Es sieht so aus, als ob das ganze Gas verdampft ist“, war die Stimme des Technikchefs im Helm zu hören.

„Einschalten der Pumpe.“ Der Operator der Erde drückte einen Knopf auf dem Bedienfeld. Eine Vakuumpumpe saugte die Gase aus dem Trichter ab und presste sie in einen Hochdruckzylinder. Ein spektroskopischer Gasanalysator war ebenfalls in der Hochdruckleitung installiert, um die chemische Zusammensetzung der Gase zu bestimmen.

„N-n-ja ...“, dehnte der Fahrer, während er Benzin aus dem Trichter pumpte. Das Ergebnis des Gasanalysators wurde auf dem Bildschirm angezeigt. – Aus einer ganzen Schöpfkelle Regolith war weniger als ein Milligramm Gas gesammelt worden. Hauptsächlich Helium-4 und Wasserstoff. Dann kamen nach und nach Helium-3, Neon, Argon dazu. Es gab Spuren von Kohlendioxid und Wasser.

Wenn der Gasanalysator Spuren anzeigte, bedeutete dies, dass es sich um knapp eine Million Moleküle handelte. „Das ist gar nichts“, hörte man eine enttäuschte Stimme.

Eine zweite Anlage zur Herstellung von Gasen, die vom Mondregolithen adsorbiert werden, wurde vom russischen Institut für Geochemie und analytische Chemie entwickelt. Das Gerät verwendete eine ausgeklügelte Methode zur Entgasung des Regoliths. Die Oberfläche des Mondes wurde mit einem Laser bestrahlt. Die Frequenz der Laseremission war an die Frequenz der thermischen Schwingungen von z.B.

Heliumatomen, die an Staubpartikeln haften, angepasst. Nach dem Energiestoß schwang das Atom so stark umher, dass es an einem Staubkorn abprallte und unter die Glocke der Vakuumpumpe fiel, die den bestrahlten Bereich abdeckte. Die Anlage wurde eingeschaltet. Der Laserstrahl drang mehrere Meter tief in den Boden ein, und im Strahlengang wurde Wasserstoff freigesetzt. Die Wasserstoffmoleküle stiegen nach oben in die Glocke, wurden dann vom Laufrad der Vakuumpumpe aufgefangen, zum Einlass des Kompressors geleitet und in den Zylinder gepumpt. Bei der Resonanzfrequenz von Wasserstoff tastete der Strahl den gesamten Raum unter der Glocke ab. Dann stimmten die Steuerkreise den Laser auf die Resonanzfrequenz von Helium-3, dann Helium-4 und so weiter ab, bis hin zu den schweren Kohlendioxidmolekülen. Die Installation funktionierte, und sie funktionierte gut. Aber wie wenig Gas wurde produziert: Innerhalb von ein paar Stunden Arbeit nur ein paar Milligramm!

In der Produktionseinheit wurden Inertgase dringend benötigt. Das Medium, das nur aus Inertgasen ohne Sauerstoff bestand, war für das Schneiden und Schweißen von Metallen geeignet. Es war bequem und einfach, Metall zu schmelzen, es zu formen und Profile auf den Extruder zu bringen. In einer Schutzgas- oder Vakuumatmosphäre wurde die Schmelze nicht von einer Oxidschicht bedeckt, das Metall oxidierte nicht und die Schweißnähte waren von guter Qualität. Allerdings war das Vakuum für die Menschen unangenehm. Sie mussten in Raumanzügen arbeiten, die zu eng waren, um sich zu bewegen. Der Luftdruck im Inneren des Raumanzugs und das Vakuum außerhalb machten die Gelenke steif. Es war schwierig, die Ellbogen, Knie und vor allem die Finger zu beugen. Selbst leichte Arbeiten erforderten eine enorme körperliche Anstrengung. Es gab überhaupt keine Präzision in den Bewegungen. Das Produktionsmodul sollte mit Helium, Neon oder Argon bei normalem Atmosphärendruck gefüllt werden. Um in einer Inertgasumgebung zu arbeiten, erhielt eine Person Luft durch ein Atemgerät. Der Körper, die Augen und die Ohren blieben frei. Es war besonders wichtig, dass die Ohren offenbleiben. Das Gehör war sehr wichtig. Das Quietschen eines Bohrers warnte vor Überlastung, das Quietschen zeigte an, dass sich Teile berührten, und erfahrene Schweißer schauten nicht nur auf das Bad aus geschmolzenem Metall, sondern lauschten auch auf den Lichtbogen. Sein Klang verriet ihnen, ob die Schweißnaht richtig liegt.

Abends beim Essen gab der Arzt die Ergebnisse der Untersuchung bekannt: Alle waren gesund und munter. Die körperliche Verfassung entsprach dem Alter.

„Danke, Doktor. Ohne deine Untersuchung hätten wir nicht gewusst, dass wir noch am Leben sind“, zwinkerte Marcel Georgij zu. Er zog die Augenbrauen hoch. „Wir führen einen gesunden Lebensstil und sparen an Aseptika und Desinfektionsmitteln. Und der Körper verlangt trotzdem mehr ...“

„Aber für Desinfektion ist gesorgt“, sagte William fröhlich, nahm ein Fläschchen heraus und schüttete den Inhalt in Teetassen.

„Das ist so!“, sagte Georgij zufrieden und schnupperte an dem Inhalt.

## Aluminium

An einem Mondnachmittag begannen sie mit der Erprobung eines Pyrolyseofens, einer Anlage zur Gewinnung von Metallen aus ihren Oxiden im lunaren Vakuum.

Auf der Erde ist der Hauptrohstoff für Aluminium Bauxit, aber auf dem Mond gibt es kein Bauxit. Es gibt aber auch Anorthit, das aus Silizium-, Kalzium- und Aluminiumoxiden besteht. Im Pyrolyseofen verdampft das Anorthit bei hohen Temperaturen und es zerfällt in einfache Stoffe. Die Metalldämpfe steigen nach oben, oxidieren wieder und sinken auf den Boden. Aber nicht der gesamte Sauerstoff hatte Zeit, mit den Metallen zu reagieren. Ein Teil des Sauerstoffs stieg nach oben und verflüchtigte sich im kosmischen Vakuum. Auf diese Weise wurde das Erz zunächst mit dem am wenigsten aktiven Silizium angereichert. Die Siliziumschmelze wurde durch ein Auslassfenster entnommen, woraufhin der Ofeninhalt mit Aluminium angereichert und das aktivere Kalzium oxidiert wurde. Der Ofen lief, der Sauerstoff entwich, und am Boden des Ofens sammelte sich immer mehr Aluminium an. Als schließlich das gesamte Aluminium von den Oxiden in die Schmelze übergegangen war, wurde es in die Formen geleitet. Die entstandenen Blöcke wurden für die weitere Verarbeitung im Extruder gelagert, während der Pyrolyseofen vom Schlamm befreit und eine neue Charge Erz geladen wurde.

Einmal setzte Marcel Trial den Pyrolyseprozess nach dem Abrichten und Entfernen des Aluminiums fort. Da nun der Sauerstoff entwich, sammelte sich metallisches Kalzium am Boden des Ofens an. Die Kalziumschmelze wurde ebenfalls in die Form gegossen. Der Barren würde später zur chemischen und strukturellen Analyse auf die Erde zurückgeschickt werden.

Es wurde eine wasserfreie, nicht wässrige Chemie und Metallurgie entwickelt.

Der Aluminiumgehalt von Anorthit war gering und betrug nur neunzehn Prozent. Die Gewinnung des Metalls war äußerst schwierig. Während selbst auf der Erde Anlagen zur Gewinnung von Aluminium aus Bauxit viel Strom verbrauchten, war der Aufwand zur Gewinnung von Aluminium aus Anorthit, insbesondere auf dem Mond, wesentlich höher.

Aluminium konnte nur bei Vollmond verhüttet werden, wenn das Hauptkraftwerk maximale Energie produzierte. Und dieses Maximum wurde von dem Pyrolyseofen aufgefangen. Das Unterkunftsmodul und das Gewächshaus begnügten sich mit Krümeln und selbst an die Beladung der Mondrover bei laufendem Pyrolyse-Ofen war nicht zu denken.

Mit Eisen waren die Dinge einfacher. Natives Eisen in Form von kleinen Partikeln war im Mondregolith zu finden. Als Georgij Wichrew einmal mit einem Mondmobil unterwegs war, band er seinen Magneten an einem langen Seil daran fest. Der Magnet, der hinter dem Mondmobil hergezogen wurde, badete im Staub und nahm Partikel aus magnetischem Material auf. Das reine Eisen betrug etwa fünfzig Gramm. So schaffte er es, spielerisch mit dem Magneten ein paar Kilo Eisensplitt aufzusammeln. Dann ging es zum üblichen Induktionsschmelzofen. Marcel Trial schüttete die Masse einfach in den Schmelztiegel. Unter Tiefvakuumbedingungen schmolz das Eisen, ohne eine Oxidkappe zu bilden. Die Schmelze wurde in die Form gegossen. Das Ergebnis war ein schöner, homogener Barren.

Jetzt war der Extruder an der Reihe. Sie beschlossen, innerhalb des Produktionsmoduls zu arbeiten. Sie brachten Barren aus Aluminium. Das Tor war hermetisch verschlossen, und der Raum war mit Kohlendioxid gefüllt, dem einzigen inaktiven Gas, das in ausreichender Menge vorhanden war.

Sie betraten das Produktionsmodul von innen, von der Stößelseite aus. Sie zogen sich Schürzen und Arbeitsschuhe aus Leder an, setzten sich eine isolierende Atemschutzmaske auf und zogen Handschuhe an. Sie gingen durch die Schleuse.

Ohne die Raumanzüge ging das schnell und heiter. Das Aluminium wurde in den Trichter eingefüllt und die Ofenanlage wurde eingeschaltet. Schon bald schmolz das Aluminium und der Kolben begann, die Schmelze durch die runde Stahlmatrize zu pressen. Das Ergebnis war ein glatter, glänzender Aluminiumdraht.

Die Matrize wurde ersetzt. Der Extruder produzierte nun ein breites, millimeterdickes Band. Durch die Änderung der Matrizen erhielten sie jetzt Rohre, Winkel und Kanäle.

Nachdem das gesamte Aluminium aufgebraucht war, kehrte Georgij Wichrew zur Mineralienexploration zurück. Er musste dringend eine Lagerstätte finden, die reich an Anorthit war. Er fuhr mit dem „Bus“ um den Byrd-Krater herum, schwang einen geologischen Hammer und sammelte Gesteinsproben. Am Fuße des Walls fand er in einigen Klüften Anorthit, der an einigen Stellen an die Oberfläche trat. Um festzustellen, wie mächtig die Lagerstätte war und ob es sich überhaupt um eine Lagerstätte handelte, waren jedoch Bohrungen oder Abtragungen erforderlich. Wieder einmal fuhr der unermüdliche Wichrew mit dem Mondmobil und der Baggerschaufel im Schlepptau zu den interessantesten Stellen und brachte von jeder potenziellen Lagerstätte eine Ladung Erz zurück.

Da sich Aluminium leicht extrudieren ließ, konnte es für die Herstellung einer Vielzahl von Profilen verwendet werden. Der Extruder selbst war eine kleine Maschine, hundert oder gar tausend Mal kleiner und leichter als ein Walzwerk für Titan oder Stahl.

Aluminium! Trotz des extrem hohen Strombedarfs war die Aluminiumproduktion die erste industrielle Tätigkeit auf dem Mond.

Aluminium brauchte es viel. Zunächst mussten 170 Kilometer Kabel hergestellt und eine dritte Leitung zum Polarkraftwerk verlegt werden, um die Zuverlässigkeit der Stromversorgung zu verbessern. Falls ein verirrter Meteorit eines der Kabel traf, boten die beiden anderen trotzdem eine Möglichkeit zu übernachten oder sogar zu überwintern. Für die Zukunft war geplant, zusätzliche Paneele im Polarkraftwerk zu installieren, die Kapazität zu erhöhen und ein viertes Kabel darunter zu verlegen.

Es wurde ein Depot gefunden. Nicht so reich und nicht so groß, wie sie gehofft hatten, aber in der Nähe. Die Erschließung des Steinbruchs wurde von Metropolia übernommen. Der Bau-Mondrover lud Erz in sich hinein, fuhr es zum Ofen und entfernte die Schlacke.

Neben dem Schmieden von Metallen versuchte Marcel Trial, Steingüsse herzustellen. Gussstücke, Fliesen und Barren gelangen recht gut.

## Die Infrastruktur

Ein mit Kerosin betriebener Kleintransporter traf ein. Ein großes Dankeschön an die kooperierenden Länder, die die Station mit Hilfsgütern versorgt hatten!

Der Kleintransporter lieferte einen Elektrohammer und zwei Repeater, die von der Erde aus bedient wurden. Der Elektrohammer war wie sein erdgesteuertes Gegenstück, der Hydraulikhammer, dafür ausgelegt, Gestein zu brechen und harten Boden aufzubrechen. Er wurde anstelle der Schaufel am Baggerarm montiert und zerkleinerte mit einer speziellen, sehr starken Spitze Steine, Beton und lockerte den Boden auf.

Der erdgesteuerte Repeater war eine Struktur, die eine herkömmliche Mobilfunk-Basisstation, eine Richtfunkstation und eine Tag- und Nachtstromversorgungseinheit in einem einzigen Gehäuse vereinte. Die Basisstation war mit einer Rundum-Richtantenne ausgestattet, die die Telefonkommunikation und den mobilen Datenaustausch für alle Teilnehmer in Sichtweite ermöglichte. So wurde zum Beispiel der erste Repeater auf dem Pass zwischen den Kratern Peary und Byrd installiert. Die Basisstation des ersten Repeaters würde die Kommunikation zwischen den Mondrovern, den Fußgängern und zukünftigen Fixpunkten am Boden und an den inneren Hängen dieser Krater sicherstellen. Die Stationen des zellularen Netzes waren über Richtfunkstationen miteinander verbunden. Die Richtfunkstation verfügte über zwei Schmalband-Parabolantennen, die auf benachbarte Repeater ausgerichtet waren, die sich in Sichtweite befanden. Durch die Installation einer Richtfunkstation nach der anderen konnte der gesamte Mond mit einer Kommunikationslinie abgedeckt werden, und durch seitliche Abzweigungen konnte ein Richtfunknetz geschaffen werden.

An einem Mondtag wurden die Stationen über ein Solarpanel mit Strom versorgt. Und die Tafel drehte sich langsam, der Sonne folgend. Nachts erhielt die Station ihre Energie von einem Laser, der beispielsweise in einer Trafostation installiert war. Natürlich mussten sich der Repeater und der Nachtleistungslaser in Sichtweite befinden. Der erste Repeater würde sich in Sichtweite der Mondsiedlung befinden, wo der Regler der Basisstation installiert war und von wo aus er nachts mit einem Laserstrahl beleuchtet werden würde. Die zweite Basisstation würde auf der Berme des Peary-Kraters in der Nähe des Nordpols installiert werden. Die zweite Basisstation musste erstens den ersten Repeater „sehen“, und zweitens musste er sich in Sichtweite der Polarkraftstation befinden, in der der Nachtleistungslaser installiert werden sollte. Auf diese Weise wurde der zweite Repeater über die Richtfunkstation des ersten Repeaters mit der Siedlung verbunden. Für die Zukunft, wenn sich Menschen auf die unsichtbare Seite des Mondes begeben wollten, war ein dritter Repeater in Sichtlinie mit dem zweiten geplant, dann ein vierter, ein fünfter ...

Als es in Houston noch früher Morgen war, mitten an einem mondbeschienenen Tag, luden William Wilson und Georgij Wichrew den Repeater in den Bus und fuhren mit vollen Batterien zum Peary-Byrd-Pass.

Mehrere Kilometer lang bewegten sie sich auf dem flachen Boden des Byrd mit der Geschwindigkeit eines schnellen Wanderers und verlangsamten nur, um kleinen Kratern auszuweichen oder sie zu umfahren. Wichrew fuhr den Mondrover und wählte ein flaches Gebiet, wobei er darauf achtete, sich nicht zu weit von den Stromleitungen zu entfernen. Ihre Drähte schimmerten in der Sonne und blieben die ganze Zeit rechts vom Mondmobil. Dann führte der Weg einen Wall hoch. Der Staub hatte sich deutlich verringert, stattdessen kamen Felsen zum Vorschein. Der Mondrover rutschte an den steilen Abschnitten ab, sodass es notwendig war, zu wenden und umzukehren. Die Fahrt verlangsamte sich. Nach einigen

Kilometern auf dem felsigen Untergrund hatten die Wanderer eine gute Vorstellung davon, welche Steigungen der Rover bewältigen konnte und wann ein Umweg nötig war. Gelegentlich gab es Ritzen, die mit Staub gefüllt waren. Bradley und Paul, die die Stromleitungen verlegt hatten, hatten gar nicht erst versucht, in den tiefen Staub zu gelangen. Sie hatten sie gemieden. Nun war es an der Zeit, die Staubseen auf ihre Befahrbarkeit zu untersuchen. Sie tasteten sich heran. Georgij Wichrew fuhr vorsichtig mit einem Rad in das kleine Staubbad und versuchte, die Teleskop-Fahrwerksstrebe auszufahren, um den Boden zu durchstoßen. Wenn das Rad nicht versagt, würde das zweite Rad nachrücken. Und das andere Ufer war nur einen Katzensprung entfernt. Sie hatten keine Angst, stecken zu bleiben – sie wussten, dass auf den ersten Anruf sofort Marcel mit einem zweiten Mondrover mit einem Kran kommen und sie herausziehen würde.

Nach ein paar Stunden hatten sie den Pass erklommen.

Währenddessen schalteten Bradley und Paul das Periskop des mobilen Cockpits um. Sie überwanden den Bergrücken, der von den Wänden der beiden Krater gebildet wurde, und wurden von dem einen Gefühl getrieben, ihre Aufgabe zu erfüllen. Sie konnten weder den Peary-Krater noch den Byrd-Krater richtig bewundern. Nostalgisch betrachteten sie die Spuren der Mondrover und die Stromleitungen, die sie verlegt hatten, als wäre es erst kurze Zeit her. Das Periskop wurde ausgefahren. Im Süden breitete sich Byrd aus. Auf der gegenüberliegenden Seite, direkt über den Kraterzähnen, befanden sich die Sonne und der blaue Rand der Atmosphäre um die Nachtseite der Erde. Genauso hatten die Erde und die Sonne sie vor einigen Monaten kennengelernt, als sie in einem gekoppelten Mondrover mit einem Rad weniger und ohne Funkverbindung aus der Dunkelheit von Peary auftauchten. Erde und Sonne! Erst wenn man die kalte Düsternis des Polkraters verließ, wurde einem bewusst, was die Sonne und die Erde für den Menschen, für alles Leben, bedeuteten!

Paul drehte das Periskop nach Norden. Der Krater Peary! Fast der gesamte Boden lag im Dunkeln, nur der äußerste Rand in der Nähe des Pols wurde von den horizontalen Sonnenstrahlen beleuchtet. Sie hoben das Periskop höher an, um die maximale Vergrößerung zu erreichen. Die Landerampen der Frachtraumer erschienen auf dem Bildschirm. Die Sonne spiegelte sich auf der glatten, glänzenden Seite einer der Treppenstufen. Die Konturen der Treibstofftanks, des Fahrwerks und der Rampen, die die Mondrover auf die Mondoberfläche brachten, waren in ihrer klaren Linienführung beeindruckend. Trotz der Entfernung von über achtzig Kilometern schwankte das Bild nicht und verschwamm auch nicht, wie es auf der Erde der Fall war, vor allem bei heißem Wetter, wenn die Luftströme die Strahlen chaotisch und ununterbrochen ablenkten.

Wilson und Wichrew ließen das Periskop ganz im Zugriff von Metropolia, schalteten die topografische Vermessung ein und bewegten sich langsam entlang des Bergrückens nach Westen. Sie mussten einen Standort für den ersten Repeater auswählen. Sie liefen fünf Kilometer, bergauf und bergab. Schließlich ordneten die Topografen der Erde einen Stopp an. Es würde ein bis zwei Stunden dauern, bis sie die topografischen Daten verarbeitet und einen Repeater-Standort ausgewählt hatten. Die Reisenden begannen ihr Mittagessen. Die frisch gekochten Lammrippchen, mit Gemüse überbacken, begleitet von einem Glas Rotwein, waren der Gipfel der Kochkunst. Marcel war derjenige, der sich die

Mühe gemacht hatte: Er war früh aufgestanden und hatte seine Kameraden für die Reise vorbereitet.

Der Mondrover stand Peary gegenüber. Durch die Schwärze war ein steiler Abstieg zu erkennen. Nach Angaben von Norton und Duke waren die Hänge des jüngeren Peary deutlich steiler als die von Byrd. Bei dem zarten Fleisch des Lamms entspann sich ein Gespräch über die weitere Entwicklung der zirkumpolaren Region.

„Fast fünfzig Prozent der Energie haben wir für den Aufstieg zum Pass und entlang des Grats aufgewendet", sagte William und blickte auf seine Instrumente.

„Das werden wir berücksichtigen, wenn wir unsere Reise zum Polarkraftwerk planen", antwortete Georgij.

Metropolia plante, im Zentrum von Peary eine Abstiegsstation zu errichten, um die Mondmobile aufzuladen. Ein Kleinlastwagen konnte sie im Handumdrehen liefern.

„Wir müssen ihn an die Stromleitung anschließen." William nahm genüsslich einen Schluck Wein: „Das Programm zur Erforschung des zirkumpolaren Mondes wächst von Tag zu Tag!"

„Das ist eine gute Idee, eine großartige Idee." Georgij zeigt eine Karte der nördlichen Regionen des Mondes: „Dies ist der Weg von unserem jetzigen Standort zum Zentrum des Kraters, wo die Aufladestation installiert werden soll."

Natürlich würden die Mondrover geradeaus gehen, durch denselben Spalt, durch den Norton und Duke erfolglos abgerutscht waren. Im weiteren Verlauf verlief der Weg parallel zur Stromleitung, was der kürzeste Weg war. Von der Siedlung aus gab es keine Möglichkeit, zur Aufladestation zu gelangen. Der Aufstieg über den Byrd-Hang nahm fast die Hälfte der Ladung in Anspruch, dann ging es den Innenhang des Peary hinunter, und dann gab es eine Lücke zu überwinden. Nein! Die Batterien würden nicht einmal bis zur Klippenwand der Geologen reichen. Und doch mussten sie die Peary-Erkundung durchführen.

Wilson hörte Wichrew mit Interesse zu. Eine Batterieladung für einen Mondrover ist das Gleiche wie Paraffin in den Tanks eines Flugzeugs. Kampfpiloten haben die Treibstoffreserven in ihren Tanks fest im Griff und wissen, wie schnell sie verbraucht werden. Der Pilot steuert die Geschwindigkeit, die Höhe und das Rollen, während er in Kurven, Schleifen und Loopings durch die Lüfte navigiert. Noch mehr Aufmerksamkeit widmete er jedoch der Kraftstoffbilanz. Auch im Kampf, egal wie hart es für seine Kameraden ist, wenn einem der Treibstoff ausgeht, verlässt man das Schlachtfeld und geht zurück zum Flugzeugträger, oder, wer gelandet ist, zum Flugplatz.

Batterieladung ... geologische Untersuchung ... Was hat die Straße damit zu tun?, fragte sich Wilson.

Es war klar, dass es notwendig war, zum Polarkraftwerk zu gelangen. Sie musste repariert werden. Die Verlegung einer dritten und vierten Leitung und die Erhöhung der Kapazität des Polarkraftwerks waren bereits unumgänglich geworden. Die Pyrolyse- und Schmelzöfen verbrauchten zu viel Energie ... Aber eine Straße bauen?!

Das Thema Straßenbau auf dem Mond hatte schon vor dem Start von Apollo 18 für viele Diskussionen gesorgt. Die Idee, eine bewohnte Siedlung auf dem Mond zu errichten, wurde nicht mehr infrage gestellt. Es wurde vereinbart, dass die Energie von einem Solarkraftwerk geliefert würde, das über die sichtbare und unsichtbare Seite des Mondes verteilt war. Ein nuklearer Antrieb im Weltraum war nicht möglich: In den achtzig Jahren des Atomzeitalters wurde kein einziges zuverlässiges kompaktes, nicht atmosphärisches

Kernkraftwerk gebaut. Die Ambitionen der Weltraummächte wichen einer internationalen Zusammenarbeit.

Selbst Skeptiker waren sich einig, dass eine umfassende geologische Erkundung des Mondes notwendig sei. Dass es notwendig war, seine Oberfläche im Detail zu untersuchen. Dass es notwendig war, die Gewinnung und Verarbeitung von Mineralien zu organisieren. Sie kamen überein, an abgelegenen Orten, wo die Sonne nicht hinschaute, optische Teleskope, Röntgenteleskope und andere Arten von Teleskopen aufzustellen, die die Astronomen benötigten. Es wurde vereinbart, sich über die gesamte Oberfläche der seismischen Station zu verteilen. Sie genehmigten sogar Wetterstationen, da sie erkannten, dass es auf dem Mond zwar kein Wetter im irdischen Sinne gibt, aber dennoch ein eigenes, mondähnliches Wetter.

Aber eine Straße! Eine Straße war ein zu alltägliches und banales Konzept. Aber es gab ja auch eine hohe Frequenz an Mondmobilen!

Die Skeptiker hatten eine Straße abgelehnt. Bradley Norton und Paul Duke wussten sehr genau, worum es bei den Straßen auf dem Mond ging; es überraschte sie nicht, dass die Straße vom Lager zum Polarkraftwerk zu den Plänen von Metropolia gehörte. Natürlich keine Autobahn. Der Weg wurde teilweise geebnet und begradigt, sodass zwei Tage zur Verfügung standen, um das Polarkraftwerk zu erreichen, mit einem Zwischenstopp zum Aufladen der Batterien im Zentrum des Kraters Peary. Aus wissenschaftlicher und praktischer Sicht sind die Pole des Mondes am interessantesten. Die Siedlung hingegen sollte in direkter Sichtlinie zur Erde liegen, etwas weiter vom Pol entfernt, wo eine zweiwöchige Stromerzeugung garantiert ist. Was bereits getan wurde. Eine Straße, eine Stromleitung und ein zuverlässiger

Breitband-Funk sollten die Infrastruktur bilden, die es ermöglichte, die Pläne zur Erforschung des Mondes zu verwirklichen. Die Erforschung des Mondes bedeutete, dass Bohrgeräte zur Erkundung des Untergrunds aufgestellt und bewegt werden mussten. Wenn in Zukunft eine Anreicherungsanlage, eine metallurgische Anlage oder eine Lagerstätte erkundet würde, konnte es sehr gut sein, dass all dies über ein riesiges Gebiet verstreut war. Sie würden durch ein Verkehrsnetz verbunden sein. Der Mondrover war mobil oder mit Aluminiumrädern ausgestattet. Die Anhänger hatten eine geringe Geländetauglichkeit, waren aber schnell und in der Lage, Erze, Gussteile, Bohrgeräte und Prozessausrüstung auf der Straße zu transportieren. Die Straße würde es den Menschen ermöglichen, bequem in der gleichen Siedlung zu leben und innerhalb eines Tages und mit einer Batterieladung zum Steinbruch, zu den Bohrtürmen, Teleskopen und anderen Geräten zu gelangen.

Mit einer Akkuladung! Auf einer guten, ebenen Straße konnten sie mit einer Batterieladung lange Strecken zurücklegen. Darum ging es Georgij Wichrew!

Das Mittagessen war vorbei. Zu diesem Zeitpunkt hatten sich die Vermesser bereits für einen Repeater-Standort entschieden. Von einem der sanften Hügel des Bergrückens aus waren sowohl die Peary- als auch die Byrd-Mulden gut zu sehen. Der Nordpol, der Südhang des Whipple-Kraters, der westliche Außenhang des Gioja-Kraters, die westlichen und östlichen Hügel – sie alle würden ebenfalls von der Mobilfunkabdeckung erfasst.

Sie zogen ihre Raumanzüge an und traten auf den felsigen, fast staubfreien Boden hinaus. Ein leichtes Zwei-Meter-Stativ diente als Halterung für eine Kiste mit Ausrüstung. Oben befand sich eine rotierende photoelektrische Wandlertafel, unten schwebten zwei parabolische Verstärkerplatten. Sobald der Repeater eingeschaltet wurde, drehte sich das Solarpanel zur Sonne und begann, Strom zu erzeugen. Eine der Parabolplatten der Richtfunkstation war auf die Siedlung gerichtet, wo die gleiche Platte von Trial geschwenkt wurde. Sie drehten die Platten so, dass sie sich gegenüberstanden. Die Kontrollprogramme zeigten, dass eine zuverlässige Zwei-Wege-Funkverbindung hergestellt worden war. Die zweite Schüssel wurde nach Norden ausgerichtet, wo später ein zweiter Repeater installiert werden sollte.

Nachdem die Funkverbindung hergestellt war, ging Marcel Trial zum Umspannwerk weiter. Er montierte einen Laser darauf und richtete den Strahl auf den Repeaterkörper, genau in den Laserempfänger. Die Kontrolllampe leuchtete auf. Dies bedeutete, dass die Energie des Laserstrahls in genügend elektrischen Strom umgewandelt wurde, um die Basisstation zu betreiben. Sie schalteten den Laser aus. Der versorgte die Basisstation nur in den Zeiten mit Strom, in denen das Solarpanel im Schatten lag.

Das war‘s! Es war Zeit für die Rückfahrt.

Sie wendeten sich dem Geländeplan zu und begannen, in weiten Bögen abzusteigen, um so viel Strecke wie möglich zurückzulegen.

## Sinaida

Sie bewegten sich schweigend, jeder in seinen eigenen Gedanken. Georgij dachte an seine Frau. Er hatte erst spät geheiratet, als er schon sesshaft geworden war. Sinaida, so der Name seiner Frau, war viel jünger als ihr Mann. Sina. Ein schöner, aber irgendwie untergehender weiblicher Name.

Die Ehe erwies sich als ungewöhnlich dynamisch. Und genau darin lag die Stärke des Bündnisses. Sinaida schloss ihr Studium am Sibirischen Automobil- und Straßeninstitut mit der Spezialisierung auf Straßen und Brücken ab und begann sofort mit dem Bau von Straßen und Brücken. Sie liebte ihre Arbeit, aber Sinaida liebte ihren Mann noch mehr, sie wollte sich ihm widmen und dafür sogar ihren Job kündigen. Georgij aber widersprach nachdrücklich.

„Eine Frau, genauso wie ein Mann, verkommt ohne Arbeit", sagte er: „Lass mich ruhig einmal ohne deine Leckereien sein, lass mich den Abend ohne dich verbringen, aber lass mich mit jemandem zusammensein, der interessant ist."

Sie verstand das genau. Sie hatte Hausfrauen erlebt, die ihre Männer anflehten, früher von der Arbeit nach Hause zu kommen und mehr Zeit mit ihren Familien zu verbringen, aber in Wirklichkeit redeten sie endlos über ihre belanglosen, oft erfundenen Probleme. Nein. Sinaida wartete auf ihren Mann, aber ohne den Drang, ihn ständig zu lieben. Sie rechnete nicht mit demselben starken Strom von gegenseitigen Gefühlen. Sie wollte „für immer zusammen sein und am selben Tag sterben", wusste aber, dass „immer zusammen" in einer Woche langweilig werden würde.

Georgij erkannte schon bei der ersten Begegnung mit ihr, dass diese Frau für immer zu ihm gehörte. Sinaida wurde zu einer Notwendigkeit, über die er keine Kontrolle hatte. Er hatte seine Beziehung zu ihr nie hinterfragt oder analysiert, er hatte nicht einmal darüber nachgedacht, so wie ein Mann nicht darüber nachdenkt, ob er einen Arm oder eine Leber hat und wie er eine Beziehung zu ihnen aufbauen kann. Sie war da, das war's. Bis zum Tod.

Nun, der Tod lag noch in weiter Ferne, aber die Gesundheit nahm er ernst. Davor waren beide jedoch nicht im Sport, sondern im Sportunterricht tätig. Von Jahr zu Jahr musste er mehr auf seine Ernährung und Bewegung achten und seine Lebenseinstellung ändern. Dafür gab ihnen das Leben ein Gefühl der Jugendlichkeit. Es war ein Jahr vergangen – er reduzierte die Belastung ein wenig, aber dehnte alle Muskeln. Weniger Mehl und Zucker essen? Großartig! Er genoss dafür eine Vielfalt an Gemüse und Fisch. Georgij Wichrew ging auf die Sechzig zu, als ein im Allgemeinen starker, gesunder Mann, physiologische Indikatoren, nein, nicht als ein junger Mann, sondern wie ein gesunder sechzigjähriger Mann sein sollte. Auch Sinaida schaffte es, Zeit zu finden, um ins Fitnessstudio zu gehen. Sie ging schwimmen.

Ein gesunder Körper und ein junger Geist verlangten nach einer Herausforderung. Der Aufruf zur psychophysiologischen Schulung erfolgte in Form einer Ankündigung Roscosmos über die Rekrutierung von Astronauten. Wichrew, der gerade, wie man so schön sagt, „aus heiterem Himmel" in den Ruhestand getreten war, schrieb eine Bewerbung. Auch Sinaida schickte ihr Bewerbungsformular.

Die Ärztekommission nahm seine Bewerbungen entweder aus Mangel an Kandidaten oder „aus Boshaftigkeit" an: Sie sah sich die alten Männer an, untersuchte sie für die Statistik und schickte sie dann unter dem erstbesten Vorwand nach Hause. Sowohl Sinaida als auch Georgij bestanden die medizinische Untersuchung. Es gab nichts zu beanstanden, nicht einmal in aller Form.

„Sie sollen vorerst im Kader bleiben und sehen, wie Sie sich im Training und in der Ausbildung verhalten." Das war die Entscheidung der Chefs.

Die Zeit verging. Beide arbeiteten, verrichteten ihre Aufgaben. Ihre Gesundheit wurde kompetent verwaltet. Die

Motivation und die Psyche von Georgij und Sinaida waren für die Experten klar. Kurzum, sie waren perfekte Kandidaten.

Die Besatzung von Apollo 19 und damit auch die zweite Mondexpedition hatten internationalen Status. Wenn es um die Persönlichkeit ging, erwies sich Georgij Wichrew als geradezu perfekt. Ein Mann mit umfassender Erfahrung in der Praxis und mit einem Hintergrund in der Forschung. Mineralogie, Chemie, Paläontologie – wozu war die Paläontologie auf dem Mond gut? – Er wusste all das genau. Alles, was er tun musste, war, die Selenologie zu beenden. Es ist sicherlich schwierig, mit sechzig Jahren neue Fähigkeiten zu erlernen, aber Vihrev meisterte das Trainingsprogramm für Kosmonauten.

Die Tatsache, dass ein Geologe zum Mond fliegen musste, stand nie infrage. Es war bekannt, wie effektiv der professionelle Geologe Harrison Schmitt bei der Apollo-17-Mission gearbeitet hatte.

Sinaida studierte mit Leidenschaft Astronautin. Sie hatte nicht einmal darüber nachgedacht, ob sie auf den Mond fliegen würde. Die Logik sagt Nein. Was sollte eine Straßenbauerin auf dem Mond? Die Praxis der ersten und zweiten Mondmissionen zeigte jedoch, dass auf dem Mond Straßen benötigt wurden. Es war nicht sicher, dass die Metallvorkommen und die Schmelze am selben Ort liegen würden. Es war eine Tatsache, dass die Solarkraftwerke hundertfünfzig Kilometer voneinander entfernt waren und eine Kommunikation zwischen ihnen erforderlich war. Darüber hinaus war der Bau von Kraftwerken in Ost und West erforderlich. Neue Territorien mussten erkundet werden. Und das bedeutete, dass man Brunnen bohren und Stromleitungen verlegen musste. Und nun? Jedes Mal wieder mussten die

Mondbewohner sich, ebenso wie Bradley Norton und Paul Duke, langsam ihren Weg zwischen den Kratern bahnen, sich im Kreis drehen, um ihren Weg zu finden, und dabei riskieren, mit ihren Rädern in einer Gletscherspalte stecken zu bleiben oder in eine Staubgrube zu fallen. Nein! Sie brauchten Straßen, auf denen die Mondrover fahren konnten. Es war nicht bekannt, ob Brücken benötigt wurden, aber es war klar, dass hohe, steile Kraterwälle durchbrochen werden mussten, um den Weg zu begradigen oder um die Mineralien zu erreichen.

Als Sinaida später gefragt wurde, warum sie an der Apollo-20-Besatzung teilnehmen wollte, antwortete sie scherzhaft, dass es für Frauen zu früh sei, zum Mond zu fliegen: „Plötzlich ist es dort gut und wir sind noch nicht dort."

## Straßenarbeiter

„Hier sind wir", unterbrach die Stimme des Fahrdienstleiters und fügte stolz hinzu: „Wir haben die volle Batteriekapazität, wir tasten die Reserve nicht an!" Es war derselbe Jack Simpson, der den Moment der Rückkehr von Georgij Wichrew von seiner Reise zum Gioja-Krater verpasst hatte. Diesmal behielt Simpson seinen Energieverbrauch genau im Auge.

Die Daten der topografischen Vermessung wurden zur Erde zurückgeschickt. Nun würden die Straßenbauer, darunter auch Sinaida, die Strecke entwerfen. Minimale Kosten, minimales Graben und maximale Geschwindigkeit der Mondmobile.

Ein paar Tage später war das Projekt fertig. Wilson und Wichrew nahmen einen „Bus" und einen Bau-Mondrover, um die Straße zu ebnen. Wilson war für den Bau verantwortlich. Wichrew hingegen sammelte mit Hammer und Magnet Gesteinsproben. Er war ständig damit beschäftigt, einen interessanten Kieselstein vom Boden des Lochs zu holen, das der Bagger gegraben hatte, was die Bauarbeiten erheblich behinderte. Aber noch ärgerlicher war es, als der Elektrohammer ins Spiel kam. Aus irgendeinem Grund wurden immer irgendwelche Steinstücke benötigt, die direkt unter dem Hammer lagen. Aber es waren die Erdgeologen, die sich freuten. Sie rechneten damit, nach anderthalb Kilometern Fahrt eine große Menge an Proben zu erhalten. Wenn auch nicht aus großer Tiefe, so doch kontinuierlich. Auf der Erde kam es immer wieder zu Konflikten zwischen Geologen und Bauarbeitern. Die Bauleute mussten diesen Krater hier auffüllen und den Rand des Felsens da drüben abtragen. Die Geologen mussten den Krater vertiefen und das Gestein aufbrechen. Und das alles nur wegen eines kleinen Mustersteins. Die Konflikte zwischen Geologen und Bauarbeitern mussten von Bradley Norton, dem Leiter von Metropolis, gelöst werden. Der arme Bradley konnte sich bis zum Ende der Bauarbeiten nicht entscheiden, was wichtiger war – die Straße oder das Schürfen. Das Gute daran war, dass Wilson und Wichrew es irgendwie schafften, zugleich eine Straße zu bauen und Schürfungen vorzunehmen.

Dies ging mehrere Tage lang so weiter. Der Bau der Straße wurde nun an den Kraterhang verlegt. Immer häufiger wurde ein elektrischer Hammer eingesetzt. Jeden Morgen raste ein motorisiertes Gespann aus Wilson und Wichrew in beachtlichem Tempo über den fertigen Straßenbelag zur Baustelle. Den ganzen Tag über, solange die Batterien genug Ladung hatten, fuhren sie auf der Straße, und am Abend rollten sie den Hügel hinunter nach Hause.

Marcel Trial verhüttete unterdessen Aluminium und produzierte dabei Magnesium- und Eisenbarren. Die Gewinnung von Gasen aus dem Regolith musste verschoben werden. Ein zu zeitaufwendiger, wenig produktiver Prozess.

Abends baute jeder sein eigenes Beet im Gewächshaus an. In der Nacht luden die Mondrover auf und die Menschen ruhten sich aus.

Im Laufe der Tage führte die Straße immer weiter nach Norden. Es dauerte immer länger, von der Siedlung zur Baustelle und zurückzukommen. Immer mehr Batteriestrom wurde unproduktiv verbraucht, und es blieb immer weniger für den Straßenbau übrig, obwohl das Fahren auf der Straße die Geschwindigkeit der Mondrover deutlich erhöhte und den Stromverbrauch reduzierte. Die Fahrt zum Pass dauerte nun anderthalb Stunden und erforderte dreißig Prozent der Batterieleistung.

Ein Raumfrachter flog ein, um eine Aufladestation für die Mondmobile zu liefern. Diese sollte zunächst auf dem Pass installiert und dann in die Mitte der Peary-Mulde verlegt werden.

Wilson und Wichrew luden eine Aufladestation auf den Moonwalker, nahmen Lebensmittel und Wasser für eine Woche mit und machten sich auf den Weg zum Pass. Es war Mittag auf der sichtbaren Hemisphäre und Mitternacht auf der unsichtbaren Hemisphäre, dem langen Polarkraftwerk, näherte sich Mitternacht. So erzeugte das Kraftwerk nur mit seinem Westflügel Strom. Zwei Mondrover machten sich auf den Weg zum Pass. Der Bergrücken, die Grenze zwischen Tag und Nacht, trennt die sonnenverwöhnte Mulde des Byrd und den Peary-Hang durch Dunkelheit.

Mit einem Kran wurde die Ladestation abtransportiert und auf einer speziell vorbereiteten Plattform zwischen der

Straße und der Stromleitung aufgestellt. Sie legten die Drähte und Werkzeuge bereit und warteten auf das Energieteam. Sobald das gesamte Polarkraftwerk in die Nacht eingetaucht war, verkündete der Energietechniker: „Die Stromleitungen sind stromlos! Anschließen." Die ehemaligen Elektriker William und Georgij, die zum ersten Mal auf dem Mond waren, schlossen die Ladestation im Handumdrehen an die Stromleitung an. Die Stromtechniker von der Erde legten Hochspannung an die Stromleitung auf der Siedlungsseite an, die vom Hauptkraftwerk ausgeht. Die grünen Anzeigen auf dem Bedienfeld der Station leuchteten auf. Die Verkehrsbehörde wies die Mondrover an, sich wieder aufzuladen. Der Bus wendete und fuhr streng rückwärts, bis er sich der Aufladestation näherte. Das Kabel der Halterung wurde herausgezogen und an die Stromversorgung angeschlossen. Als Nächstes war der Bau-Mondrover an der Reihe. Nun, während die Mondrover die beim Aufstieg zum Pass verbrauchte Ladung wieder auffüllten, beschlossen die Reisenden, sich eine Tasse Kaffee zu gönnen.

Nach einer Aufladung und einem Kaffee begannen die Bauarbeiter mit dem Abstieg nach Peary. Hinter dem Bergrücken verschwand zuerst die Siedlung, dann die Erde. Es gab keine direkte Verbindung zur Siedlung oder zur Erde. Doch! Die Transceiver der Mondrover und der mobilen Kabine schalteten auf die Basisstation um. In der Dunkelheit des Polarkraters, von dem aus weder die Erde noch die Sonne zu sehen waren, war eine zuverlässige, stabile Verbindung gewährleistet. Sie stoppten. Eine weitere Straße gab es nicht. Es gab eine Baustelle. Georgij Wichrew zog seinen Raumanzug wieder an und begann mit seinen treuen Begleitern – einem Hammer, einer Lupe und einem Magneten – Proben zu sammeln. William Wilson hingegen setzte das Meißeln von Felsen, das Eingraben von Löchern und das Einebnen von Kratern mithilfe der Transportbehörde mit zwei Mondrovern fort: einem Bulldozer-Fahrzeug und einem Bau-Mondmobil mit einem Elektrohammer.

Der Arbeitstag dauerte fast bis zur Erschöpfung der Batterien. Es wurde viel geschafft. Zufrieden kletterten sie den Pass hinauf und schlossen die Mondrover an die Aufladestation an. Während Wichrew Mineralproben sortierte und sich mit seinen Kollegen im Metropolis stritt, kochte Wilson das Abendessen. Sie beschlossen, früh zu Bett zu gehen, damit sie, sobald die Batterien voll aufgeladen waren, mit dem Bau fortfahren konnten.

Sechs Tage voller Erkundungen und dem Bau eines sehr schwierigen Straßenabschnitts vergingen im Rhythmus von Aufladen und Entladen. Der Plan war, einen Tag später ins Lager zurückzukehren, als plötzlich eine Alarmmeldung von der Erde eintraf. Nicht einmal eine Nachricht, ein Befehl zur sofortigen Rückkehr in die Siedlung.

## Methan

Das Gewächshaus leistete zusammen mit dem Aerotank und der Entsalzungsanlage hervorragende Arbeit bei der Reinigung von Luft und Wasser. Die Abwässer aus den mobilen Kabinen-, Wohn- und Schlafmodulen wurden in das Belüftungsbecken gepumpt und zu Kohlendioxid und Wasser abgebaut. Das Kohlendioxid gelangte in das Gewächshaus, wo das Licht den Pflanzen den Kohlenstoff entzog, und der Sauerstoff gelangte in den bewohnbaren Teil der Mondstation.

Nachdem Wilson und Wichrew abgereist waren, blieb nur noch Trials auf der Station zurück, der die meiste Zeit in einem Raumanzug verbrachte und Metalle schmolz. Er kam nicht dazu, Wäsche zu waschen. Die Papier- und Kunststoffabfälle wurden nicht verbrannt, und es kam vor, dass die Verschiebung des Abwassers in das Belebungsbecken und des Kohlendioxids in die Treibhausatmosphäre unter dem Minimum lag. Die Automatisierung hatte deshalb die Luftzufuhr zum Belüftungsbecken abgeschaltet. Die aeroben Mikroben wurden „traurig", wenn sie keinen Sauerstoff bekamen, und gingen in Anabiose. Stattdessen waren die anaeroben Mikroorganismen zum Leben erwacht. Anstatt organische Stoffe zu harmlosem Kohlendioxid und normalem Wasser zu zersetzen, stießen diese Lebewesen Methan in die Atmosphäre aus. Das vom Belüftungssystem aufgenommene Methan glitt am Treibhausgasanalysator vorbei und gelangte in das Wohnmodul und den Stößel, wodurch Trial eine leichte Vergiftung erlitt.

Marcel Trial beklagte sich über seine schlechte Laune, die er damit begründete, dass er allein war, ohne seine Begleiter. Methan ist geruchlos und farblos, sodass die Anwesenheit von Methan nicht wahrnehmbar ist. Aber sein Körper musste gespürt haben, dass etwas nicht stimmte, und so versuchte Trial, mehr Zeit in seinem Raumanzug zu verbringen, wo das bewährte automatische System die Reinheit der Luft überwachte.

Schließlich gelangte das Methan in das Schlafmodul, wo es vom örtlichen Gasanalysator erfasst wurde und Alarm schlug.

Es war schwer zu sagen, wie viel Methan sich in der Atmosphäre der Station angesammelt hatte, aber man schätzte, dass der Belüftungstank kurz nach der Abreise von Wilson und Vihrev in den anaeroben Modus übergegangen war und sich zu dem Zeitpunkt, als der Alarm ausgelöst wurde, bereits eine große Menge Methan angesammelt hatte. In Verbindung mit Luft bildete das Methan ein explosives Gemisch. Das Öffnen der Anschlüsse, der Aufprall von Stahl auf Stahl oder eine elektrostatische Entladung konnte jeden Moment die Station und alle darin befindlichen Personen in die Luft jagen.

*Ein einsamer Reisender*

Als Bradley Norton den Alarm erhielt, befahl er Trial, sich sofort von der Mondstation zu entfernen und sich den Mondrovern zu nähern. Wilson und Wichrew wurden angewiesen, sofort zurückzukehren und Marcel abzuholen. In Cape Canaveral begannen die Vorbereitungen für einen unbemannten Notstart von Apollo 20 und der Saturn-5-Rakete. Die diensthabende Schicht von Metropolis zählte die verbleibenden Wasser- und Sauerstoffvorräte im Raumanzug des Metallurgen, die Batterien der Mondrover und die Lebensmittel- und Wasservorräte in der mobilen Kabine.

Die Angst spiegelte sich in den Gesichtern der Menschen wider. Die Spitzenpolitiker vieler Länder setzten sich mit dem Chef von Metropolia in Verbindung und boten Hilfe und Unterstützung an. „Vielen Dank! Herzlichen Dank!“ Aber während sich die Mondbewohner aufeinander zubewegen, war es am effektivsten und wichtigsten, einen Aktionsplan zu entwickeln, und dazu brauchte man Informationen.

Es wurden Berichte verschickt.

Trial befand sich seit mehr als sieben Stunden im Raumanzug. Und er hatte intensiv gearbeitet. Die Restnutzungsdauer betrug etwa eineinhalb Stunden, berichteten Experten.

Die mobile Kabine hatte einen Tagesvorrat an Lebensmitteln für zwei Personen. Der Tank war zu mehr als der Hälfte mit Wasser gefüllt und der Fäkalientank zu zwei Dritteln. Der Kohlendioxidabsorber und der Sauerstoffvorrat reichten für zwei Personen für einen Monat.

Berichterstattung durch das Startteam. Saturn-Apollo würden in sieben Tagen startbereit sein. Plus dreieinhalb Tage bis zum Mond. Früher konnten sie unmöglich dort sein.

„Verstanden“, antwortete Bradley Norton. „Mann, was sagst du dazu?“ Die Frage war an Jack Simpson gerichtet.

Die Batterien der mobilen Kabine hatten noch zehn Prozent ihrer Ladung. Weniger als ein halber Tag, und das nur, wenn die Männer sehr sparsam sein würden. Die Mondrover hatten nur genug Energie, um zum Pass zurückzukehren. „Wir planen die Arbeiten immer so, dass die Maschinen möglichst lange arbeiten und wir ohne Rückstände zum Aufladen in den Pass zurückkehren. Wir fassen die Reserve natürlich nicht an. Ich schlage vor, den Bau-Mondrover am Pass aufzuladen und den Bus direkt zu Marcel fahren zu lassen.“

„Wird der Bus zu Marcel fahren können, wenn der Mondrover nur noch über eine Notstromversorgung verfügt?“ Bradley zögerte.

„Ja, das kann er“, antwortete der Operator entschlossen. „Der Bus, der die Byrd-Piste hinunterfährt, wird Energie sparen und sogar seine Batterien stellenweise wieder aufladen. Er wird sicher bei Marcel Trial ankommen, aber beide Batterien werden völlig entladen sein. Der Bus kann dann nirgendwo mehr hinfahren.“

Natürlich beleuchtete die Westsonne die Siedlung immer noch, sodass die Solarzellen der Hütte Strom erzeugten und die Menschen bis zum Morgen durchhalten würden. Zu diesem Zeitpunkt hatte der Bau-Mondrover seine Batterie voll aufgeladen, war zum Bus hinabgestiegen und hatte ihn zum Pass gezogen. Dort gab es viel Strom. Die Mondstation durfte nicht explodieren, da die Explosion sonst das Umspannwerk zerstören und die Stromleitungen stromlos machen würde. Und weiter. Es war notwendig, nur die Receiver auf den Mondrovern und in der mobilen Kabine in Betrieb zu lassen. Sie mussten alle Sender ausschalten, da sie sehr viel Strom verbrauchten.

An seiner selbstbewussten Stimme und seinem geschäftsmäßigen Tonfall konnte man erkennen, dass der „Junge“ innerhalb weniger Wochen gereift und zu einem Profi geworden war. Das Lebenserhaltungssystem der Station war eingeschaltet. „Wir haben die Luftzufuhr zum Belebungsbecken eingeschaltet und die Aktivität der anaeroben Bakterien unterdrückt. Jetzt wird kein Methan mehr produziert.“

Aber in der Atmosphäre der Station gab es viel davon. Es gab keine speziellen Mittel, um die Luft an der Station schnell zu reinigen. Das Methan wurde durch die Standard-Entgasungsanlage entfernt. In drei oder vier Tagen würde die Methankonzentration auf ein sicheres Niveau gesunken sein. „Um die Explosionsgefahr zu verringern, haben wir außerdem den Partialdruck des Kohlendioxids erhöht. Drei oder vier Tage! Es sei denn, es gibt eine Explosion!“

Und wenn die Station in die Luft fliegen würde, müssten die drei Astronauten zehneinhalb Tage lang in einer beengten Kabine auf Hilfe warten, mit einem Tagesvorrat an Lebensmitteln!

Bradley Norton setzte sich mit dem Team in Verbindung und berichtete ihnen über die Situation und den Aktionsplan. Er warnte davor, dass sie Hunger leiden würden, und bat sie, die Sender abzuschalten.

Ein einsamer Reisender in einem Raumanzug entfernte sich von der Siedlung. Ein langer, schier endloser Schatten wanderte zu seiner Rechten, glitt über die kantigen Steine und verschmolz mit den Schatten der Krater. Die Stiefel wirbelten Staub auf, der sich sofort legte. Der Reisende war von einer kontrastreichen, binären Welt umgeben, in der es keine Farben und keinen fließenden Übergang von Licht zu Schatten gab. Scharfe Grenzen trennen Tag und Nacht, Hitze und Kälte, Leben und ... die Autonomie eines Raumanzugs.

* *

Der Mondrover hielt sanft an und die Tür der Luftschleuse öffnete sich, um den Reisenden einzuladen. Marcel Trial war angekommen, der Druck hatte nachgelassen, und jetzt lag er in den Armen seiner Freunde.

„Wenigstens habe ich einen Spaziergang auf dem Mond gemacht, sonst stehe ich Tag und Nacht neben meinem Ofen, und nicht einmal meine Enkelkinder werden eine Geschichte zu erzählen haben. Sie werden fragen: Opa, wie ist der Mond? Und was soll ich dann sagen? Soll ich ihnen von meinem Herd erzählen?“

„Das stimmt“, stimmte Georgij zu und begutachtete den Raumanzug seines Freundes. „Aber es wird nicht mehr lange dauern, bis wir eine Wanderung machen müssen. Alle unsere Raumanzüge haben fast keine Nutzungsdauer mehr.“

„Essen bitte“, lud der Arzt seine Freunde an den Tisch ein, auf dem drei halb volle Gläser mit Wasser standen: „Wir treten jetzt in den Hungerstreik.“

Wasser zum Abendessen und ein kleines Stück Käse zum Frühstück.

Vor dem Schlafengehen machte Wilson autogenes Training. Wenn du hungern musst, dann hungere klug. Als Erstes muss man mit seinem eigenen Körper verhandeln. Man muss ihm laut sagen, dass man fasten wird, und man muss ihm sagen, wie das geschehen wird.

„Sprechen Sie mir nach“, sagte der Arzt zu seinen Begleitern. „Ich muss drei oder zehn Tage ohne Nahrung leben ...“

„Ich muss drei oder zehn Tage ohne Essen auskommen...“, murmelten Marcel und Georgij mit zwei Stimmen.

„Die ganze Zeit über werde ich in einer gemütlichen kleinen Kabine auf dem Mondrover mit meinen Freunden sitzen ...“

„Ich werde die ganze Zeit in einer gemütlichen kleinen Kabine auf dem Mondrover mit meinen Freunden sitzen“, wiederholte das Duo.

„Ich trinke Wasser ... Ich trinke so viel, wie ich will ... Ich werde ein paar leichte Übungen machen, Stretching,

Gymnastik ... Ich werde mir erlauben, viel zu schlafen, aber ich werde nicht wach liegen ... und jetzt ... Georgij Wichrew und Marcel Trials werden die harten Seitenregale im Wagen neben der Toilette nehmen, William Wilson wird den weichen, bequemen Stuhl des Co-Piloten nehmen ...“

Eingelullt von der monotonen Stimme wiederholten Georgij Wichrew und Marcel Trial pflichtbewusst. Erst als ihnen die Bedeutung des letzten Satzes bewusstwurde, wachten sie auf. Doch es war zu spät. Die Zungen hatten den Satz bereits beendet. Dennoch bestand jeder darauf, dem Kommandanten seinen Platz anzubieten.

„Schlaft!“, warf William Wilson kurz ein und klappte, so weit wie möglich, einen tiefen Anti-Rückenlehnen-Stuhl aus. Nach einem harten Arbeitstag und den Unruhen des Abends fielen sie sofort in Schlaf.

Gegen Morgen, nachdem der Bau-Mondrover aufgeladen war, brachte die Transportabteilung sie zum Bus und begann mit dem Andocken.

Ein sanfter Ruck weckte alle auf. William schaltete die Verdunkelung des Panoramafensters aus. Vor ihm war eine Mondlandung zu sehen.

„Die Lok ist bedient worden!“, rief Marcel fröhlich aus. Die Griffe hielten die Mondrover-Plattformen fest zusammen. Die Stromversorgungs- und Steuerungssysteme wurden zusammengelegt. Der Mondzug war gestartet.

„Hup, hup!“ Marcel alberte weiter herum: „Nächste Station ...“

„Die Endstation“, sagte Georgij, um das Thema Eisenbahn zu unterstützen: „Es geht in die Ferien! In die Berge! Wir werden Wasser trinken, Wasser trinken, Wasser trinken.“

In der Tat kam keine Arbeit für sie infrage. Ein hungriger Mensch ist kein Arbeiter. Dein Kopf denkt, aber nicht schnell. Keine Kraft, um einen schweren, steifen Raumanzug anzuziehen und darin herumzulaufen.

Marcel betrachtete die vorbeiziehende Landschaft mit Bewunderung. Zur Straße, die die Kameraden gebaut hatten. Auf den sich abzeichnenden Schacht des Kraters. Vor Georgij und William stand ein vertrautes Bild, das sie schon Dutzende Male gesehen hatten. Doch nun blickten die heiteren Augen der Urlauber auf sie.

Sie kletterten auf den Pass. Die beiden Mondrover brachen auf, um zu arbeiten, die Männer gingen zum Frühstück. Ein Stück Käse und ein Glas Wasser verschlimmerten das Hungergefühl nur noch. Der Arzt führte das autogene Training erneut durch, und der Hunger verschwand, Marcel verspürte sogar einen Energieschub. Den ganzen Tag über machte jeder sein eigenes Ding und trainierte abwechselnd in dem engen Raum zwischen dem Doppelstockbett und der Kabinenseite. Marcel besprach die Qualität des entstehenden Metalls mit seinen Kollegen von der Erde. Georgij setzte sich an den Küchentisch und legte die in der vergangenen Woche gesammelten Gesteinsproben aus. William benutzte einen Laserentfernungsmesser und ein Periskop, um die westliche Bergkette zu vermessen. Die Sonne wanderte entlang der Horizontlinie und lugte mit ihrer Oberkante zwischen den Berggipfeln hervor. Einen Moment, bevor die Sonne hinter dem Berg auftauchte und einen Moment danach, war ein Stück der Sonnenkorona zu sehen. Fotografien der Korona waren für Astronomen von besonderem Wert. In diesen Momenten schaltete William sein Periskop in den Teleskopmodus, übergab die Steuerung an die Wissenschaftler und beobachtete ebenfalls die Korona. Koronale Schleifen und Bögen –

Oberflächenschichten aus dichtem Plasma, die vom stärksten Magnetfeld der Sonne eingefangen werden, Protuberanzen – riesige Materiefontänen, Quellen des starken Sonnenwindes, die als koronale Löcher bezeichnet werden, tauchten für einige Sekunden auf und verschwanden wieder, verdeckt durch direkte Strahlen. Nach einer Weile wurden die gleichen, nun aber leicht veränderten Bögen und Vorsprünge erneut fotografiert.

Zum Mittagessen wurde Wasser gereicht, und am Nachmittag gab es ein Nickerchen. Dann gingen sie wieder ihrer Arbeit nach, unterbrochen vom Sportunterricht.

Am nächsten Tag beschlossen die Freunde, eine kurze Wanderung entlang des Bergrückens zu unternehmen. Sie wollten in Richtung Osten gehen, aber es gab Stromleitungen, die die Straße überquerten. Sie fuhren also auf der gleichen Route nach Westen, die sie bei der Suche nach dem Repeater-Standort genommen hatten. Die Verkehrsabteilung lud eine Route in das Mondmobil, und es fuhr langsam los, kletterte zwischen Felsbrocken hindurch und umging Klippen und Spalten. Marcel saß ganz vorne auf dem Ehrensitz des Kommandanten. Im Scheinwerferlicht konnte er die Reifenspuren erkennen, die er vor einer Woche hinterlassen hatte; rechts und links fielen die Hänge ab, manche sanft, andere so steil, dass sich das Licht in der Tiefe verlor. Sie fuhren um den Repeater herum. Ein starker Laserstrahl wurde aus der Siedlung auf ihn gerichtet. Der Lichtstrahl traf auf das dunkle Quadrat des Laserempfängers und versorgte die elektronischen Schaltkreise mit Wärme und Strom.

Die kurze Reise entlang des Bergrückens hatte Marcel sehr beeindruckt. Sowohl Georgij als auch William hatten ein schlechtes Gewissen, weil sie sich noch nicht die Mühe gemacht hatten, ihren Kameraden auf eine Fahrt um die Krater mitzunehmen, um ihm die Berge zu zeigen ... Sie waren sich einig, dass sie dies auf jeden Fall tun würden. Sie zeigten ihm, wie ein Bau-Mondrover funktioniert, und liefen in Raumanzügen durch interessante Orte.

Es vergingen weitere 24 Stunden. Sie schliefen die ganze Nacht durch, und sie schliefen gut. Das autogene Training war eine große Hilfe. Die körperliche Kraft wurde beibehalten. Sie arbeiteten tagsüber und sprachen mit Fachleuten und ihren Familien. Es wurde viel Zeit für Gymnastik aufgewendet.

Am Ende des dritten Tages gab der Leiter der Lebenserhaltungseinheit der Mondstation bekannt, dass die Methankonzentration auf ein sicheres Niveau gesunken sei. Es dauerte jedoch weitere 24 Stunden, bis der Methangehalt auf die maximal zulässige Konzentration gesunken war und die Menschen in der Atmosphäre der Station sicher waren. Die Mediziner bestanden darauf, den Urlaub um zwei weitere Tage zu verlängern, um die Mondbewohner erst aus dem Hungertief zu holen.

Der Treibhausunfall erforderte neue Ansätze für die Sicherheit des Mondprogramms. Es war unmöglich, sich „alles" vorzustellen und „alles" auf den Mond zu schicken. Die Dinge wurden jetzt anders angepackt. Metropolia richtete auf seinem Gelände ein Lager mit allem ein, was zur Rettung der Mondsiedlung benötigt werden könnte, auch wenn es wahrscheinlich nie genutzt werden würde. Die Produktionsstätten auf dem Mond mussten Teile und Baukomponenten für den Versand bereithalten. Toyota stellte einen weiteren Mondrover her und hatte Ersatzräder, Fahrgestelle, Batterien und Steuergeräte einzeln auf Lager. Roscosmos erhielt ein voll ausgestattetes Reserve-Wohnmodul. Ein Kranarm, ein

Baggerarm, Raumanzüge, Solarzellen ... – alles bereit, um jeden Moment zum Mond zu fliegen.

Zu jedem Zeitpunkt verfügte Metropolia über je eine Saturn-5- und eine Energia-Trägerrakete sowie zusätzlich über eine Reihe leichter Paraffin-Trägerraketen.

Natürlich kostete jeder Start zum Mond eine Menge Geld. Auch Teile, Geräte und Module kosteten viel Geld. Aber es bestand Einigkeit darüber, dass es nach der Besiedlung des Mondes kein Zurück mehr geben würde. So kostspielig die Erschließung des Mondes auch war, der Rückzug würde noch teurer werden.

Eine Woche Ruhe und Fasten hatten viel bewirkt. Ausgeruht und erfrischt kehrten die Schichtarbeiter mit Begeisterung zu ihren unterbrochenen Tätigkeiten zurück.

Diesmal hatten William Wilson und Georgij Wichrew den Bus großzügig mit Lebensmitteln und Wasser ausgestattet. Marcel Trial hatte ihnen sehr geholfen: Er hatte mehr und unterschiedliche Produkte geladen, nicht wie seine Freunde auf ihrer ersten Reise: Bis auf die kleinste Zutat, ohne Kreativität. Er hatte die Gewürze und Kräuter in die Regale gestellt und den Kühlschrank aufgefüllt. „Ihr werdet unter meiner Aufsicht kochen. Ich weiß, wo was liegt und wie gewürzt werden muss – ich sage es euch."

Sie verabschiedeten sich sehr herzlich. Die Tage in der engen Kabine hatten das ohnehin schon freundschaftliche Trio noch näher zusammengeschweißt.

Die Mondrover fuhren einer nach dem anderen an Marcel vorbei nach Norden. Seine einsame Gestalt war noch lange Zeit durch das Periskop zu sehen. Er spürte offenbar, dass er beobachtet wurde, winkte mit der Hand und kehrte zu seinen Öfen zurück. Sie erklommen den Pass und luden ihre Batterien auf. Sie sehnten sich nach einer Herausforderung, aber es wäre töricht gewesen, mit unvollständigen Batterien zu Peary zu gehen. Ein gemütliches zweites Frühstück mit einer Tasse Kaffee, und dann tauchten die Mondrover mit Scheinwerfern in die Dunkelheit des Kraters ein. Die Mondsiedlung verschwand erst aus dem Blickfeld, dann die Erde. Die Transceiver schalteten auf den Repeater um. Auf einer geraden, ebenen Straße passierten sie bald einen steilen Abschnitt und hielten an.

„Unser Rad!“, ertönte die Stimme von Paul Duke. Er richtete das Periskop auf einen Felsen, aus dessen Maul das zerstörte Rad des Mondrovers ragte.

„Jetzt geht's los!“ Georgij Wichrew brachte den elektrischen Hammermeißel in den Spalt unter dem Rand und spaltete den Felsen mit einem einzigen Schlag. Ein Rad, Gesteinsbrocken und Staub spritzten herunter.

„Nimm auf dem Rückweg das Rad mit“, bat Marcel Trial, „vielleicht kannst du es reparieren, es wird ein Ersatzrad da sein.“

„Das werden wir“, lautete die Antwort.

Die Arbeiten schritten voran. Die Straße führte immer weiter nach Norden. Doch die tägliche Fahrt zum und vom Pass nahm immer mehr Zeit in Anspruch. Am vierten Tag kamen sie zu einer Lichtung, wo der tiefe Staub Bradley Norton und Paul Duke vertrieben hatte. Die Spuren der Mondrover waren mit den Fußabdrücken der Raumanzüge vermischt. Die Straße vor ihnen hatte eine relativ flache Steigung. Die glatte, horizontale Oberfläche des Peary-Bodens würde ebenfalls folgen.

Es war an der Zeit, die Mondrover-Ladestation vom Pass an ihren rechtmäßigen Platz im Zentrum von Peary zu verlegen.

Die Spezialisten von „Metropolitan“ berechneten sorgfältig Sekunden, Kilometer und Megajoule und gab grünes Licht für die Verlegung der Aufladestation.

## Der Unfall

Fröhlich kehrten sie in die Siedlung zurück. Gelegentlich hielt die Transportabteilung einen Bau-Mondrover an, um die Fahrbahn zu säubern: Eine Schaufel Erde wurde in ein Loch geworfen oder ein Erdhügel abgemäht. Es war nicht nötig, die Batterien am Pass aufzuladen – es würde reichen, um bis zur Siedlung zu kommen. Auf der Abfahrt in Byrd ließen sich weder Wilson noch Wichrew länger von der Straße ablenken. Sie setzten sich an den Esstisch und sortierten die Erkundungsmaterialien. Der Bus, der sich selbst überlassen war, bewegte sich langsam vor dem Mondrover auf der Baustelle. Die akribischen Mitarbeiter der Verkehrsabteilung, die sich um die Perfektionierung der Strecke bemühten, arbeiteten weiter an den kleinen Mängeln, die ihre ganze Aufmerksamkeit beanspruchten.

Plötzlich fuhr ein Mondrover über eine Oberleitung, wickelte sie um ein Rad und zerriss sie.

Ein Unfall!

Der Drahtbruch ereignete sich in einer tiefmondhellen Nacht, in der die Siedlung nur durch das Polarkraftwerk mit Strom versorgt wurde. Die einzige verbliebene Energiequelle im Wohnmodul waren Batterien und eine chemische Notstromquelle. Die Lage war außerordentlich.

Der Leiter von Metropolia, Bradley Norton, berief dringend eine Sitzung ein. Die Leute außerhalb der Wache versammelten sich in der Haupthalle. Diejenigen, die gerade die

Systeme des Senders überwachten, schalteten sich halbherzig in das Co-Broadcasting ein. Der Verkehrsleiter meldete eine Panne ein Dutzend Kilometer von der Station entfernt. Die Stromversorgung aus dem Polarkraftwerk war unterbrochen worden. Das Hauptkraftwerk würde erst eine Woche später den Betrieb aufnehmen. Die Batterien der Station waren vollständig geladen. Die Batterien der beiden Mondrover waren stark entladen.

Wilson und Georgij zogen eilig ihre Raumanzüge an, sprangen heraus und begannen, die Unfallstelle zu untersuchen.

In der Zwischenzeit schaltete Trial den Elektroofen aus und beeilte sich, ihn vom geschmolzenen Aluminium zu befreien, um keinen „Bock" zu erzeugen, wie Metallurgen Metall nennen, das im Hüttenofen aufgrund einer Unregelmäßigkeit im Prozess erstarrt ist.

Die Funkgeräte der Raumanzüge schalteten auf den Metropolia-Kanal um, sodass die Mondbewohner an der Sitzung teilnehmen konnten.

Sie mussten eine Woche lang durchhalten und warten, bis die Morgensonne den Ostflügel des Hauptkraftwerks beleuchtete. „Die Batterien haben genug Ladung, um das Wohnmodul warm zu halten, aber das Gewächshaus wird einfrieren", dachte der Leiter der Lebenserhaltung laut nach.

„Es wird nicht gefrieren!", rief Marcel aus. „Im Gewächshaus liegt ein Haufen Brennholz. Wir bauen eine Feuerstelle, in der wir alles verbrennen, was brennt: Brennholz, gebrauchte Servietten, Plastikgeschirr, Papier. Schon bald wird der gesamte Sauerstoff in der Treibhausatmosphäre zu Kohlendioxid verbrannt sein", widersprach der Metallurge.

„Wir schließen die chemischen Kohlendioxid-Absorber an."

Die Chemikalienabsorber reichten nur für wenige Betriebsstunden aus und sollten nicht verwendet werden, zumal sie für Notfallsituationen konzipiert waren.

„Ja, tatsächlich. Auch elektrische Kohlendioxid-Absorber werden die Situation nicht retten: Sie verbrauchen zu viel Strom. Wir werden die organischen Stoffe verbrennen", sagte Marcel, „und das Kohlendioxid von Bord leiten. Wir haben genug Sauerstoff. Ich habe alle Flaschen mit Sauerstoff gefüllt, der während der Pilotphase freigesetzt wurde. Alles, was Kohlenstoff enthält, ist natürlich zum Wegwerfen zu schade. Sie wird aber wieder aufgefüllt, wenn Lebensmittel und Einweggeschirr eintreffen. Es muss alles getan werden, damit das Gewächshaus nicht einfriert!" Marcel kämpfte hart für die Pflanzen.

Im Saal herrschte angespannte Stille. Auch wenn keine unmittelbare Gefahr für die Mondbewohner bestand – das Unterkunftsmodul war durchaus in der Lage, Wärme und Strom zu liefern, bis der Mondtag anbrach. Dann würde die Apollo 20 sie abholen. Die Saturn-5-Trägerrakete mit dem Apollo-20-Raumschiff befand sich jetzt in einem Hangar im Kaltstartstatus. Die zweite Mondbeobachtungsmission war jedoch gefährdet, und die Erkundung des Mondes selbst könnte auf unbestimmte Zeit verschoben werden.

Bradley Norton schwieg. Ihm ging durch den Kopf, was man tun könnte, um seine Kameraden zu retten, und natürlich wurde ihm klar, dass es nicht so sehr darum ging, selbst Ideen zu entwickeln, sondern andere dazu zu bringen, ein Brainstorming zu veranstalten und zu überlegen, wer noch an der Lösung beteiligt werden musste.

„Haben Sie die Phase oder die null gebrochen?", wurde die ängstliche Stille von einem Anwesenden unterbrochen.

„Es gibt keine Phase für Gleichstrom.“ Die Stimme des leitenden Energieingenieurs klang ein wenig zu ruhig, sogar gleichgültig. Sein ganzer Blick verriet, dass der Unfall nicht der Rede wert war. Ohne eine Aufforderung abzuwarten, trat er in die Mitte des Saals und sprach: „Es gibt einen Ausweg ... nur nicht ... ohnmächtig werden.“ Er sah sich unter den Anwesenden um und fuhr fort: „Schließen Sie die Drähte der Stromleitung oberhalb der Unterbrechung kurz – dann liegt alles unterhalb der Brücke auf Nullpotenzial. Dann ist es möglich, das Mondrad von der Drahtrolle zu befreien und abzuspleißen. Nach der Reparatur muss nur noch der Stecker entfernt werden, und die Stromversorgung ist wiederhergestellt.“

„Wie bitte?! Sind Sie verrückt?!“, schlug die Alarmstimmung in Empörung um: „Ein Kurzschluss würde das Polarkraftwerk sofort außer Betrieb setzen“, sagten mehrere Stimmen gleichzeitig, „die Aluminiumleitung würde schmelzen. Die Stromleitungen kurzzuschließen, wäre Wahnsinn, das war selbst für einen Laien offensichtlich. Elektriker lernen von klein auf, sich vor Kurzschlüssen zu fürchten. Die Ingenieure entwickeln spezielle Maßnahmen zum Schutz vor versehentlichen Kurzschlüssen. Ein Kurzschluss kann Stromgeneratoren, Umspannwerke und Übertragungsleitungen innerhalb von Sekunden lahmlegen.“

„Ich habe dir gesagt, du sollst nicht ohnmächtig werden“, sagte der leitende Energiebeauftragte, steckte den Speicherstick in den Computer und murmelte: „Ich werde es finden. Wir haben schon lange Schadensberechnungen für Stromleitungen durchgeführt. Bei den Berechnungen wurde davon ausgegangen, dass ein Meteorit in den Draht fallen und ihn auseinanderreißen würde. Obwohl die Wahrscheinlichkeit, dass ein Meteorit den Draht trifft, vernachlässigbar ist, haben wir dennoch Experimente durchgeführt, um die Berechnungen zu ergänzen ... Aha! Hier sind sie, unsere Berechnungen!“ Der leitende Energiebeauftragte zeigte ein Schild auf einem großen Monitor und begann mit seiner Erklärung: „Sie wissen, dass jede Stromquelle einen Innenwiderstand hat. Je kleiner sie ist, desto geringer sind die Verluste innerhalb der Quelle, desto mehr Energie wird an den externen Stromkreis übertragen. Der hohe Innenwiderstand von photoelektrischen Wandlern ist ein großer Nachteil, aber auch der Grund, warum photoelektrische Wandler nicht unter Kurzschlüssen leiden.“

„Der Strom wird trotzdem ansteigen und die Solarzellen überhitzen“, meinte jemand aus dem Publikum. „Die gesamte Energie kommt von der Sonne. Ein Teil der Energie wird in Elektrizität umgewandelt und dem Nutzer zugeführt, während der Rest das Panel aufheizt und die Wärme an die Umgebung abgibt. Ein Kurzschluss führt dazu, dass die gesamte Energie der Sonneneinstrahlung in Form von Wärme an die Paneele abgegeben wird. Wir haben ein Experiment gemacht: Wir haben die Leitungen eines Solarpanels, wie es auf dem Mond installiert ist, kurzgeschlossen. Das Panel stand den ganzen Tag in direktem Sonnenlicht, die Kabel waren kurzgeschlossen, und es ist nichts passiert. Ein Kurzschluss in einem großen Kraftwerk zum Zeitpunkt der maximalen Stromerzeugung beschädigt zwar nicht die Solarmodule selbst, wohl aber die Stromkreise innerhalb des Kraftwerks und der Schaltanlage. Kurz gesagt, alles, was der Plasmaangriff der Sonne nicht zerstören konnte, wurde ausgeschaltet.“

Auch auf diese Erwiderung hatten die Energiearbeiter Antwort: „Ein Kurzschluss ist für Fotovoltaikanlagen ungefährlich, aber in unserem Fall ist er es auch nicht! – Der

Strommanager zeigt ein Diagramm des Kraftwerks und der Stromleitung. – Dreihundertvierzig Kilometer Aluminiumleitung haben einen Widerstand von über einem Kiloohm. Diese, unsere Stromleitung, wird den Strom begrenzen. Von nominal sechs Ampere steigt der Strom auf knapp fünfzehn Ampere. Natürlich führt der erhöhte Strom zu einer zusätzlichen Erwärmung."

Der Bildschirm zeigte eine Berechnung der Wärmebilanz des Drahtes an. Bradley Norton starrte auf den Bildschirm. Die Grafik zeigt einen allmählichen Anstieg der Temperatur im Laufe der Zeit. „Und je höher die Temperatur des Drahtes ist, desto intensiver ist die Wärme, die in den Raum abgestrahlt wird. Wir haben die Berechnungen an den Modellen überprüft. Selbst wenn das Wasser stellenweise in Regolith getaucht ist, haben wir mehr als eine Stunde Zeit, bevor der Draht schmilzt", wies der Energietechniker auf die entsprechende Kurve.

„Eine Stunde ist genug Zeit, um das Kabel zu entwirren und zu verbinden", sagte William Wilson über den Lautsprecher. Er untersuchte sorgfältig das Rad mit dem verhedderten Draht.

„Wir sollten uns mit den Reparaturen beeilen. Die Telemetrie zeigt, dass die Temperatur im Gewächshaus bereits um ein Grad gesunken ist", sagte Marcel Trial besorgt. „Schickt mir sofort den Bus."

„Das ist übrigens dasselbe Rad, das sich im Spalt verfangen hat", bemerkte Paul Duke, der das Bild über die Videokameras an William Wilsons Raumanzug beobachtete.

„Dabei sagt man doch, dass eine Granate nie zweimal an der gleichen Stelle einschlägt." Die nervöse Anspannung löste sich bei seinem Scherz.

Bei den Artilleristen fällt eine Granate nicht zweimal in denselben Krater, aber bei den Fahranfängern von Kraftfahrzeugen landet das Rad immer im selben Loch, und zwar im tiefsten. Wurde hier ein weiteres Parkinson-Gesetz erfunden?

„Lassen Sie uns darüber nachdenken, wie wir die Stromleitungen kurzschließen und die Drähte spleißen können", lenkte Bradley Norton das Gespräch in eine praktische Richtung.

„Wir haben viele Stücke Aluminiumdraht mit verschiedenen Querschnitten", schlug Trial vor: „Wir haben den Draht zur Erprobung der Strangpressmaschine verwendet. Und es ist noch etwas auf den Spulen."

„Großartig!", rief Bradley aus. „Wir brauchen einen weiteren Stift mit gutem Dielektrikum. Vergesst nicht – zwischen den Drähten liegen siebzehn Kilovolt. Ich habe mit dem Gießen verschiedener Mineralien experimentiert und schon eine Vielzahl von Formen gegossen. Es gibt Siliziumdioxid-Barren", sagte der Metallurge und fügte hinzu: „Siliziumdioxid ist ein guter Isolator."

Sie verschwendeten keine Zeit und gingen gleich ans Werk.

Georgij Wichrew bewegte sich entlang der Stromleitung, um eine geeignete Stelle zu finden, an der er die Drähte kurzschließen konnte. Er suchte nach einem möglichst staubfreien Ort, an dem die Drähte ungehindert zusammengezogen werden konnten. Eine solche Plattform war bald gefunden. Obwohl es nicht viel Staub gab, bat er Marcel, einen Besen zu holen.

William Wilson untersuchte daraufhin das Rad, auf dem der Draht aufgewickelt war. Alles, was er sah, wurde auch von der am Helm befestigten Videokamera gesehen und an die Mondmobile-Transportabteilung übermittelt. Die

Verkehrsabteilung verfügte über einen Mondrover – denselben, der auch auf dem Mond eingesetzt wurde. Sie wickelten einen flachen Aluminiumdraht um das Rad. Sie wickelten es genau so auf wie die Mondbewohner und überlegten dann, wie sie den Draht vom Rad abwickeln konnten.

Marcel Trial brachte den Bus bis zum Schmelzofen. Dort lag ein Haufen Kieselerde, ein Abfallprodukt aus der Metallverhüttung. Siliziumdioxid ist ein ziemlich starkes Material. Die Ziegel eignen sich hervorragend als dielektrische Werkzeuge. Der Schlosser wählte eine einzelne Stange in der richtigen Größe aus, schwenkte sie herum und stocherte im Regolith herum. Er versuchte, mit einer Stange über den Stein zu kommen. Ja, es funktionierte. Er schlug die Stange mit der Stange. Die Stangen hielten einem leichten Aufprall stand, aber wenn man sie so hart wie möglich anschlug, zersplitterte die Stange in kleine Stücke. Er wählte einige Stangen aus, die lang und stabil waren, und lud sie auf die Plattform des Busses. Dann lud er den Aluminiumdraht, eine Schaufel und – auf Wunsch von Wichrew – einen Besen auf die Pritsche und fuhr mit dem Mondmobil zu seinen Kameraden, um die restliche Batterieladung aufzuladen.

Nachdem er einen dielektrischen Stab erhalten hatte, benutzte Wichrew ihn, um ein Stück Aluminium zuerst auf ein Stromkabel und dann auf ein anderes zu schieben. Der Funken, der im Moment des Kurzschlusses aufblitzte, war ein deutliches Zeichen dafür, dass die Stromleitung kurzgeschlossen war. Aus Sicherheitsgründen wurde die Leitung mit einem zweiten Stück Aluminium kurzgeschlossen, und die Kontaktstellen wurden mit Stangen abgesteckt.

Marcel begann unter Anleitung des Teams der Verkehrsabteilung, den Draht vom Rad zu wickeln. Er packte die abgerissene Spindel und zog daran, und langsam, ganz langsam, fuhr der Mondrover zurück und wickelte das Rad ab. William half, den eingeklemmten Draht zu befreien, der versuchte, sich in die entgegengesetzte Richtung aufzuwickeln. Schließlich trennte sich der verbogene, zerknitterte Draht von dem unglückseligen Rad.

Georgij übernahm wieder die Führung. Mit dem längsten Stück Aluminium drehte er ein gebrochenes Stromkabel zusammen. Und sobald die Steckbrücken entfernt wurden, floss der Strom wieder in das Umspannwerk.

„Alle zurücktreten!“, befahl Norton. Dann wandte er sich an Paul Duke und sagte: „Ich dachte, wir hätten alle Probleme auf uns genommen. Das ist wohl doch nicht so. Die zweite Einweihung in Folge. Das Gewächshaus vor vierzehn Tagen. Jetzt der Draht. Das ist ein interessanter Trend“, sagte Duke mit einem Blick auf seinen Kommandeur. „Es gibt Probleme, wenn einem die Ressourcen ausgehen. Sowohl das Gewächshaus als auch der Draht wurden mit fast vollständig entladenen Batterien betrieben. Fast! Die Restladung reichte gerade aus, um das Problem zu beheben. War das Vorsehung? Glück? Purer Zufall?“

Beide lächelten, als sie sich daran erinnerten, wie ein Abgrund, ein riesiger Felsen und eine Reihe von Kratern sie vor der tödlichen Strahlung der Sonne geschützt hatten.

Die Mondrover verlangsamten auf den sparsamsten Modus und erreichten die Siedlung. Der Bus dockte in der Stößelschleuse an, setzte die Leute ab und kroch mit dem letzten Strom in die Trafostation, um sich wieder aufzuladen.

## Nicht so wie auf der Erde
## Nächtlicher Tag

Die Monduhr funktionierte nach Houstons Uhr, die einem vierundzwanzigstündigen Tageszyklus folgte, was nicht mit dem Siebenhundertstundentag des Mondes vereinbar war. Bei den Gesprächen und bei der Planung der Arbeit herrschte große Verwirrung. Es würde eine gute Idee sein, sowohl die Mondzeit als auch die Houston-Zeit in derselben Zeitangabe anzugeben. Schließlich wurde eine Zwei-Wort-Konstruktion aus einem Adjektiv und einem Substantiv eingeführt. Die Adjektive „morgendlich“, „nachmittäglich“, „abendlich“ und „nächtlich“ bezeichneten die Mondzeit des Tages. Die Substantive Morgen, Nachmittag, Abend, Nacht bezeichneten die Tageszeit in Houston.

Nachmittag bedeutete, dass auf der sichtbaren Seite des Mondes Nacht war. Erdbewohner konnten den Mond zu dieser Zeit nicht sehen, er befand sich in der Nähe der Sonne. Für die Erdbewohner wart ein neuer Mond gekommen. Die Mondbewohner hingegen hielten sich an eine Vollerde. Das Licht der Nacht – die volle Erde – vertrieb die totale Dunkelheit, in die die Siedlung getaucht war. In Houston war es Tag, die Sonne schien hoch am Himmel. Die Mondbewohner hatten also auch einen anstrengenden Tag vor sich. Vielleicht aßen sie aber auch schon zu Mittag.

Morgendlicher Abend. Die Mondbewohner sahen die Sonne im Osten. Der Ostflügel des Hauptkraftwerks und der Westflügel des Polarkraftwerks waren beleuchtet. Dann war es Abend in Houston. Die Menschen strömten zu Konzerten, nahmen Tische in Restaurants ein, und in einigen Lokalen brannte die Abendbeleuchtung. Auch unsere Freunde versammelten sich zum Abendessen an einem Tisch mit Blick auf die Erde im dritten Viertel.

Die Sonnenstrahlen beleuchteten den Ostflügel des Hauptkraftwerks am Morgen und William, Marcel und Georgij waren bereits auf den Beinen. Der eine rasierte sich, der Nächste trainierte, der dritte machte das Frühstück.

Jeden ersten morgendlichen Morgen pflegte Marcel den Kaktus. Er goss ihn, machte ihn mit einem Sprüher sauber und wischte die Fensterbank ab.

Am täglichen Tag, wenn das Hauptkraftwerk die maximale Leistung erbrachte und die Menschen wach waren, war der Pyrolyseofen in Betrieb. Um die Aluminiumproduktion zu steigern, ging Georgij Wichrew am frühen Nachmittag zum Ofen und arbeitete bis in den Nachmittag hinein. Nach ihm übernahm Marcel Trial die Schicht, die vom Nachmittag bis zum späten Nachmittag dauerte. Tagsüber schliefen die Menschen, und der Strom wurde zum Aufladen der Mondmobile und der Batterien des Wohnmoduls verwendet.

Während der Nacht wurde die Station von einem Polarkraftwerk mit geringer Leistung (wie man so schön sagt) versorgt. Nachts luden sie alle Batterien auf, damit sie tagsüber etwas zum Arbeiten hatten.

Besonders gut war es in der Station an den nächtlichen Abenden. Die Kollegen versammelten sich nach einem Arbeitstag zum Abendessen. Marcel hatte schon in seiner Jugend die Kunst des Kochens beherrscht und erfreute nun seine Begleiter mit original französischer Küche. Die drei Männer, die über einen großen Erfahrungsschatz und viel Wissen verfügten, konnten sich in aller Ruhe unterhalten. Sie hatten viel zu besprechen, zu erinnern und zu diskutieren.

Das Licht war nicht eingeschaltet. Die volle Erde hing über dem Horizont, ihr blau-weißes Licht durchflutete den Raum des Wohnmoduls.

Das Gewächshaus erstrahlte in einem augenfreundlichen grünen Licht. Die Stauden und Büsche waren inzwischen auf Menschenhöhe angewachsen. Der Luftstrom der Ventilatoren zerzauste die Pflanzen. Es schien, als würde sich das Federgras im Steppenwind biegen, als würde sich die Prärie von Kansas oder die weite Steppe von Orenburg irgendwo im Gewächshaus hinter dem Horizont erstrecken.

## Die Zentauren

Ein Raumfrachter flog heran. Er lieferte Lebensmittel, Wasser, Einwegutensilien, Chemikalien für das Gewächshaus und den Belüftungstank, Verbrauchsmaterial und Seifenwäsche. Es wurde eine Vielzahl von Versuchsmotoren, Verbindungsstücken, Pumpen, Kränen und Lagern in verschiedenen Größen und Ausführungen geliefert. Schmiermittel, Werkzeuge, Düsen und Dichtungen. All dies musste auf der Mondoberfläche getestet werden, und den Herstellern mussten Empfehlungen zur Verbesserung der Materialeigenschaften und des Designs gegeben werden. Darüber hinaus lieferte der Raumfrachter Schläuche mit Adaptern für den Treibstofftransfer von den Landestationen zu Apollo 18, einen Reparatursatz für das Polartriebwerk, zusätzliche Photovoltaik-Konverter für das Haupttriebwerk, zwei Anti-Meteoriten-Teleskope und drei Zentauroiden-Roboter.

Die Photovoltaikmodule wurden zuerst aus dem Container entladen. Sie würden die Kapazität des Hauptkraftwerks verdoppeln. Kraftstoffüberlaufschläuche und ein Reparatursatz für das Polarkraftwerk würden demnächst in die Polarregion geschickt. Die Roboter wurden ausgeladen. Sie waren bereit.

Alle technologischen Ausrüstung musste erst gewartet werden. Die Herstellerwerke verbesserten ihre Anlagen ständig und schickten neue, verbesserte Einheiten zum Mond, deren Austausch das Lösen und Lockern von Muttern und das Herausnehmen und Einsetzen von Platinen mit elektronischen Schaltkreisen erforderte.

Jede kleine Reparatur im Vakuum wurde von einem Mann in einem Raumanzug durchgeführt, bei dem jede Bewegung schwierig ist. Das Rad, das im Felsen stecken geblieben war, war ihnen noch frisch in Erinnerung. Es hatte über 24 Stunden gedauert, um es abzuschrauben - einfach das Rad abschrauben. Jetzt hat man beschlossen, diese Arbeit Robotern zu überlassen.

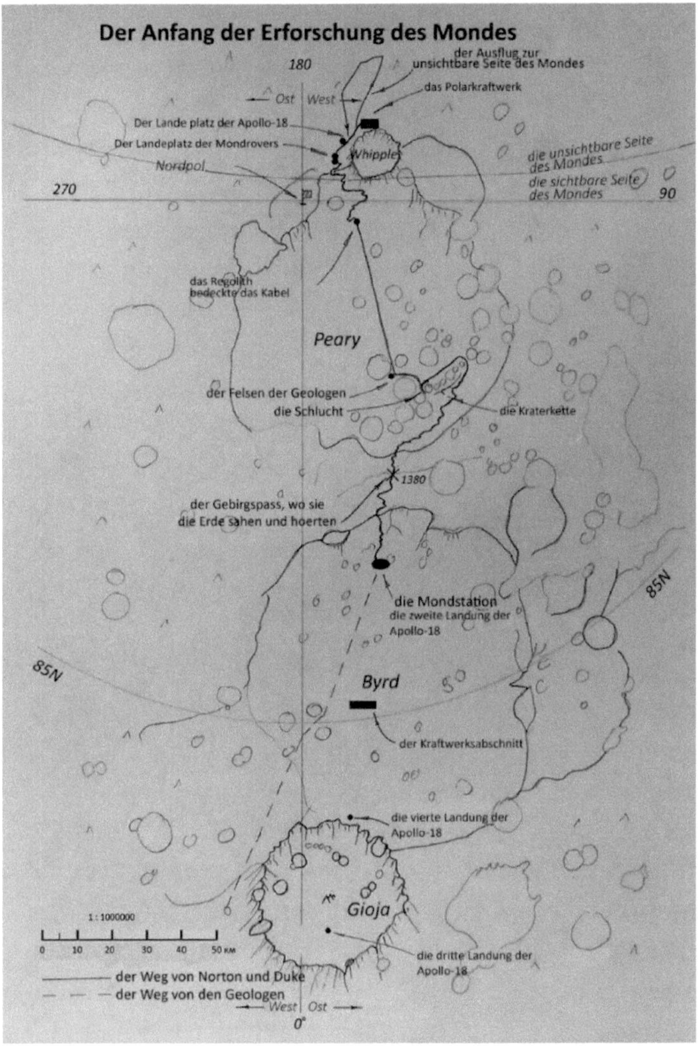


*Die neunte Ausgabe*

Es gab einen Mangel an Inertgasen. Die Dekontaminationsanlagen erforderten einen ständigen Einsatz von Menschen. Und die Menge an Gas, die die Anlagen ausgaben, war ein

Tropfen auf den heißen Stein. Die Roboter hingegen waren in der Lage, die Maschinen rund um die Uhr von Ort zu Ort zu bewegen und das, ohne Gas zu verbrauchen.

Die Straße ebnen, den Stein versetzen, den Regolith für das Gewächshaus sichten ...

Der praktischste Roboter wurde von der vietnamesischen Firma Tosi entwickelt. Es war halb Mensch und halb Lasttier. Die geometrischen Abmessungen, die Kinematik und die Kraftparameter des Oberkörpers, des Kopfes und der Arme waren dem durchschnittlichen Menschen entlehnt. Der Roboter war auf einer selbstfahrenden Plattform mit Rädern montiert. 4x4-Radkonfiguration, ein Meter pro Spur und Basis. An der Unterseite der Plattform waren eine Batterie und ein fünfzig Meter langes selbstentleerendes Stromkabel installiert. Der Roboterkörper befand sich an der Vorderseite der Plattform. Der Rest des Platzes wurde von dem kleinen Körper eingenommen. Im Körper konnte eine Vielzahl von Lasten transportiert werden. Auch eine Person in einem Raumanzug konnte in den Roboter einsteigen und sich mit ihm fortbewegen. Jeder, der eine solche Anlage selbst kennengelernt hatte, zögerte nicht zu sagen: „Ein Zentaur". Tatsächlich, ein Zentaur – mit einem fast menschlichen Kopf, Rumpf und Armen auf dem Körper eines Mechanismus, der funktionell ein Pferd war, nur mit Rädern statt Hufen und Elektrizität statt Hafer. Der Roboter war mit Sinnesorganen ausgestattet. Das stereoskopische Sehen wurde durch einen Entfernungsmesser ergänzt. Der Körper, die Arme, der Kopf und die selbstfahrende Plattform waren mit Berührungssensoren ausgestattet. Der Roboter, so die vietnamesischen Ingenieure, sollte das tun, was ein Mensch tut, und wie er es tut. Auf diese Weise konnte der Roboterbesitzer seine

Fähigkeiten weitergeben. Um einem Roboter etwas beizubringen, musste der Mensch programmieren können.

Der Roboter Grischa kam auf dem Mond an

Durch die Analyse ihrer eigenen Bewegungen und ihrer gesammelten Erfahrungen würden der Handwerker und der Programmierer alle ihre Fähigkeiten auf den Roboter übertragen. Vietnamesische Ingenieure hatten der Mechanik der Finger- und Handgelenke besondere Aufmerksamkeit gewidmet. Die erforderliche Anzahl von Dehnungsmessstreifen wurde auf der Oberfläche der Finger und der Hand angebracht.

Auf Beine wurde entschieden verzichtet. Erstens erfordert das Gehen zusätzliche Forschungs- und Entwicklungsarbeit, was sowohl Zeit als auch Geld bedeutet. Zweitens kann man mit den Füßen nicht viel tragen.

Und der Roboter musste eine schwere Batterie mit sich tragen. Und das war noch nicht alles! Der Roboter wurde nicht zum Laufen gebaut. Ein Roboter ist ein Roboter, weil er zum Arbeiten konstruiert ist. Er musste also nicht nur sich selbst, sondern auch Werkzeuge, Gesteinsproben, Gussstücke und verschiedene Teile transportieren.

„Wenn die Zeit reif ist, werden wir an den Beinen arbeiten“, entschieden die Spezialisten. „Aber für den Moment lassen wir ihn auf Rädern fahren.“

Das Gehirn des Roboters war ein synthetisches Steuersystem, das auf den von-Neumann-Prinzipien (auf denen moderne Computer aufbauen) und neuronalen Netzen basierte, auf denen das Nervensystem lebender Organismen beruhte. Der Roboter konnte mit Programmen für alle Arten von Operationen geladen werden: Festziehen und Lösen von Muttern, Aufnehmen von Steinen und Führen einer Schaufel.

Über die Funkverbindung zwischen Roboter, Mondstation und Erde konnte der Roboter im Avatar-Modus gesteuert werden. Der menschliche Operator trug einen speziellen Duplex-Anzug, der mit einer Vielzahl von Sensoren ausgestattet war. Die Bewegungen eines menschlichen Operators wurden von Sensoren erfasst und an den Roboter übertragen, der dann die Bewegungen des Menschen wiederholte. Das Videosignal der Augen-Videokameras des Roboters wurde wiederum auf die Bildschirme übertragen, der vor dem menschlichen Operator aufgestellt war. Die Muskeln des Roboters wurden von Elektromotoren angetrieben. Je schwerer die Belastung des Roboters war, desto höher war die Stromaufnahme der Elektromotoren, sodass der Strom ein Hinweis auf die Belastung war. Die Kraft des Roboters wurde auf den Duplex-Anzug übertragen, und dessen Motoren erzeugten eine Kraft auf die menschliche Hand, die der Größe und Richtung der vom Roboter erfahrenen Kraft entsprach.

Der Zentaur hob verschiedene Gegenstände vom Boden auf und legte sie in seine Kiste. Er steckte sich selbst in eine Steckdose. Allerdings war er nicht immer in der Lage, den Stecker in das Loch zu stecken – da war noch ein menschliches Eingreifen erforderlich. Aber die Programmierer versicherten, dass alles gelöst werden könne, es brauche nur Zeit. Der Zentaur führte einfache und häufige Operationen, die von den Experten hinreichend ausgearbeitet worden waren, sicher und schnell aus. Nur ab und zu machte er einen Fehler, und dann rief er um menschliche Hilfe.

Die Firma Tosi produzierte mehrere Dutzend identische Roboter und schickte sie an die Hersteller von Elektroschmelzöfen, Pyrolyseöfen und Regolith-Verdampfungsanlagen. Die Ingenieure in diesen Werken hatten die Hände des Zentauren an ihren Anlagen ausprobiert: einstecken des Stroms, auffüllen des Bodens, entfernen der Schlacke. Sie entwickelten Steuerprogramme, die es dem Zentauren ermöglichten, die Anlage selbst zu bedienen. Nur in schwierigen, unvorhergesehenen Fällen, wenn der Zentaur nicht in der Lage war, die Operation auszuführen, kam der Mensch zu Hilfe.

Auch die Hersteller der Rohlinge erhielten ein Exemplar des Zentauren. Die Ingenieure hatten es dem Zentauren ermöglicht, mit seinen Händen Pirouetten zu drehen – etwas, das nicht einmal jeder Mensch kann. Der Zentaur konnte mit dem Fahrgestell Maschinen, Kisten und Container von einem Ort zum anderen bewegen. Die Präzision, mit der die Ladung in den engen Raum verfrachtet wurde, verblüffte selbst erfahrene Monteure.

Die Notwendigkeit, die Kapazität des Hauptmondkraftwerks zu erhöhen, war längst überfällig. Die Fabrik für die Photovoltaikanlagen hatte bereits die Paneele und den Rahmen hergestellt. Die Werksleiter, die sich der Fähigkeiten der Zentauren bewusst waren, baten um drei Exemplare und begannen dringend mit der Ausarbeitung von Programmen für den Zusammenbau des Kraftwerks.

Auf dem Werksgelände wurde rund um die Uhr gearbeitet. Die Uneingeweihten sahen verblüfft, wie schnell die Zentauren lernten, wie man die Solarzellen vorsichtig anhebt und auf dem Rahmen montiert. Sie lernten, wie man aus dem

Stapel von Stützen, Pfeilern und Streben das richtige Element auswählt, es richtig positioniert und mit anderen Rahmenelementen verbindet. Sie lernten, wie man einen Schraubenzieher benutzt, die Kabel nimmt und sie in die Steckdosen steckt. Die Eingeweihten verstanden, dass in der Tat Ingenieure und Programmierer fortgebildet wurden. Sie waren es, die die Bewegungen der Zentauren verfeinerten, ihre Montagetechniken präzisierten und ihr Wissen in Form von Programmtexten weitergaben.

Das Solarkraftwerk auf dem Mond wurde von Zentauren gebaut! Der Erfolg von Tosi beruhte auf der Nicht-Einzigartigkeit der Roboter. Alle Exemplare waren gleich, und es gab viele davon. Da der Roboter kein Bewusstsein im Sinne des Menschen hatte, gab es keine Sicherheitsbedenken. Jeder hätte einen Roboter kaufen können. Jeder konnte seinem Roboter beibringen, Milchschaum zu schlagen. Von da an konnte jeder Roboter Milchschaum schlagen – man musste ihn nur noch mit dem entsprechenden Programm laden.

Die Firma Tosi stellte eine Nutzlastversion des Zentaurus her. Er war groß und hatte einen starken Antrieb, allerdings auf Kosten der Wendigkeit und Feinmotorik. Metropolia hat zwei konventionelle zentauroide Roboter und einen Frachttransportroboter in Auftrag gegeben, die zum Mond geschickt werden sollen. Und so kamen die Roboter auf den Mond.

Drei Rollwagen fuhren selbstständig aus dem Container heraus. Die Zentauroiden reisten in zusammengeklapptem Zustand. Als sie nun den freien Raum über ihren Köpfen spürten, richteten sie sich auf. Der größte von ihnen legte seine Hand an den Kopf, dorthin, wo die Schläfen der Menschen sind, und sagte grüßend: „Die zentauroiden Roboter Grischa, Dascha und Mascha sind zu euren Diensten auf dem

Mond eingetroffen." Tatsächlich hatte jeder der Zentauroiden ein Namensschild. Dascha und Mascha trugen auch Baskenmützen auf dem Kopf.

Die Roboter wurden auf dem Lieferschein nach Seriennummer aufgelistet. Auf dem Frachtbrief waren keine Namen, geschweige denn Abzeichen und Barette aufgeführt.

„Jemand macht in Baikonur einen Scherz", meinten die Teilnehmer des Zusammentreffens. Aber die Namen blieben zusammen mit den Abzeichen an den Robotern hängen.

## Zollgewinde

Die Mondrover transportierten die Paneele und den Rahmen des Kraftwerks zum Aufstellungsort. Die Roboter begannen unter der Aufsicht von Marcel Trial mit dem Zusammenbau. Langsam und unter ständiger Kontrolle nahmen die Roboter die Gestelle und Platten auf und brachten sie an den vorgesehenen Ort. Mit einem Schraubenschlüssel wurden die Elemente zu einem Stück zusammengefügt.

Wilson und Wichrew brachten den Rest der Ladung an ihren Platz. Der ehemalige Landesteg und der Frachtcontainer wurden in das Freilager transportiert – der Landeplatz musste immer frei sein, um jederzeit ein Raumschiff aufnehmen zu können.

Am Abend wollte William Wilson gerade den Mondrover zu Marcel senden, als dieser am Fenster erschien, auf Grischa stehend. Die Zentauren folgten dicht dahinter. Grischa half Marcel beim Aussteigen und ging dann mit den „Damen" zur Trafostation, um sich aufzuladen. Marcel trat ein und betrat das Wohnmodul, als ob nichts geschehen wäre.

„Hallo, Kameraden!“

„Gerade noch rechtzeitig zum Abendessen. Erzähl uns, wie die Bauarbeiten voranschreiten.“

„Hallo, Infanterie!“, antwortete Marcel im Gleichklang mit Georgij. „Die Zentauren sind am Werk. Das müsst ihr mal sehen. Natürlich langsam. Aber es sind die Erdbewohner, die vorsichtig sind und sie zurückhalten.“

„Arbeiten sie selbst, oder muss man ihnen helfen?“

„Sie arbeiten selbstständig. Nur manchmal ist ein Eingreifen erforderlich. Es gab einen Fall, dass die drei ein Gestell und Pfähle zusammensetzten und sich dann in dem Gestell und ineinander verhedderten und nicht mehr loskamen. Ich musste helfen. Ein paar Mal bekamen sie eine Schraube nicht in das Loch und einmal konnten sie die richtige Strebe nicht aus dem Boden des Haufens holen.“

* *

Am mittäglichen Morgen standen sie früh auf und frühstückten. Marcel spornte Grischa an und raste, über kleine Krater und Schlaglöcher hüpfend, zum Bau des Kraftwerks. Wilson und Georgij beluden die Mondrover mit Schlauchadaptern, einem Rückübersetzer und einem Reparatursatz für das Kraftwerk und machten sich auf den Weg nach Norden, wobei sie den großen Wunsch verspürten, zurück zur Apollo zu fahren.

Am Pass luden sie die Mondmobile auf, trennten die Ladestation von der Stromleitung, beluden die Mondmobile und tauchten in Peary ein. Die Mondrover rollten sanft über die Fahrbahn, hielten ein angemessenes Tempo und bogen sanft in die Kurven ein. Sie passierten eine Lücke. Hier gab es noch keine Straße, aber der von Norton und Duke angelegte Weg ermöglichte es, den Felsen der Geologen ohne Verzögerung zu erreichen. Sie fuhren im Zickzack zwischen den jungen Kratern. Deren hohe Schächte verdeckten manchmal die Radiowellen, und die Kommunikation war dann verloren. Schließlich trennten sich die Krater und die Mondrover rollten langsam über den flachen Boden des zentralen Teils des Peary. Das geografische Zentrum des Kraters wurde gerade erreicht, als das Polarkraftwerk vollständig abgeschaltet wurde. Ein Kran brachte die Ladestation vom Mondrover auf den Boden und schloss sie an die stromlosen Leitungen an.

„Die Aufladestation ist bereit, mit Strom versorgt zu werden", sagte William Wilson.

Wie beim letzten Mal versorgte das Elektrizitätswerk die Übertragungsleitung auf der Seite der Siedlung vom Hauptkraftwerk aus. Die grünen LEDs leuchteten auf. Die beiden Mondrover drehten sich langsam um, und die Kabelhalterungen wurden mit der Aufladestation verbunden.

Die Reisenden verbrachten die Nacht im Zentrum von Peary. Sie ruhten sich aus, luden die Batterien wieder auf und setzten ihren Weg am Morgen fort. Der nördliche Teil des Kraters Peary war flach, wenig gestört durch Meteoriten. Bradley und Paul hatten es sogar geschafft, ihn in einem Zug durchqueren. William Wilson und Georgij Wichrew gingen parallel zum Pionierpfad, schnurgerade wie ein Lineal. Im Scheinwerferlicht schimmerten die Drähte der Stromleitungen. Nach ein paar Stunden überquerten sie die scharfe Kante, die den Kraterboden von der Berme trennt. Rechts sahen sie Stromleitungen, die an Felsen hingen, eine Erfindung von Bradley und Paul, um durch den tiefen Staub zu kommen.

Der Weg führte bergauf. Der Stromverbrauch stieg stark an. Es ging um mehr als nur den Aufstieg zum Peary-Schacht. Mit der verfügbaren Batterieladung mussten sie noch weiter den Hang des Whipple-Kraters hinauf zum Polarkraftwerk fahren. Die Freunde machten sich jedoch keine Sorgen um den Strom. Das Antriebsteam der Mondrover war so versiert in der Berechnung der Batterieladung, so präzise in der Berechnung des Stromverbrauchs auf felsigem und losem Untergrund, der zunehmenden Entladung beim Aufstieg und der Wiederherstellung beim Abstieg, dass es keinen Grund zur Sorge gab.

Sie bewegten sich mit geringer Geschwindigkeit. In der Mitte des Anstiegs überquerten sie den Terminator. Die hell erleuchtete Oberfläche stand im Kontrast zu den schattigen Bereichen. Die Videokameras spielten verrückt, als sie versuchten, die Aufnahmen zu machen. Und nur das menschliche Auge konnte in diesen sehr hellen und völlig schwarzen Flecken etwas erkennen. Die Scheinwerfer waren nicht ausgeschaltet, aber die Panoramascheibe war abgedunkelt.

Als sie immer höher stiegen, tauchten hinter einem Knick im Gelände die Landestufen auf, über die die Mondrover gekommen waren. Ohne anzuhalten, bogen sie ein Stück nach rechts ab und fuhren am Fuß des Whipple-Kraters entlang. Schon bald wurde sein Schaft von der Sonne und dem Repeater verdeckt. Es wurde dunkel, die Verbindung verschwand. Nach einigen Kilometern passierten sie die Landeplattform von Apollo 18 und erreichten, dem Hang des Whipple-Kraters nach Westen folgend und leicht ansteigend, das Polarkraftwerk.

Norton und Duke hatten für diese Reise zwanzig Tage gebraucht. Wilson und Wichrew verbrachten zwei Tage damit.

Es war schon spät am Abend, aber der Tag war noch nicht abgeschlossen. Sie zogen ihre Raumanzüge an, schnappten sich ihr Reparaturset und näherten sich der Trafostation. Der Austausch der defekten Geräte war eine Sache von Minuten. Das Polarkraftwerk konnte nun sowohl von der Erde als auch von der Siedlung aus gesteuert werden. Bei Bedarf würde es sich ausschalten. Und wenn nötig, senkte es die Spannung, sodass die Mondrover ihre Batterien direkt am Stromnetz aufladen konnten. Ein Lasersender wurde neben dem Umspannwerk installiert, um den Repeater mit Strom zu versorgen.

Dann war der Tag vorbei. Die Mondrover standen, um sich wieder aufzuladen, und die Männer machten sich an ihr Abendessen.

Am Morgen des dritten Tages wurde ein Standort für den Repeater ermittelt. Sie fuhren entlang des Bergrückens östlich des Whipple-Kraters und schalteten die topografische Vermessung ein. Sie entschieden sich für einen bequemen Platz auf einer Anhöhe. Ein zweiter Repeater wurde installiert. Die Parabolantenne war genau auf den ersten Repeater ausgerichtet. Das Signal wanderte durch sie hindurch zu den Antennen der Siedlung und wieder zurück. Der Laserstrahl aus dem Polarkraftwerk schien genau auf den Laserempfänger. Auf diese Weise wurde auch der zweite Repeater in einer Mondnacht mit Strom versorgt. Das Polarkraftwerk, die Gebirgskette auf der unsichtbaren Seite des Mondes und die gesamte Peary-Mulde befanden sich alle in Sichtweite und damit innerhalb der Mobilfunkabdeckung.

Ein Kran hievte die erste Landeplattform auf den Mondrover. Zu diesem Zweck musste die mobile Kabine auf dem Boden platziert werden.

„Vergesst nicht, das Cockpit in den Planetenstationsmodus zu schalten“, erinnerte Paul Duke sie.

„Danke, dass du uns daran erinnerst. Wir hatten über den Verkehrsmitteln die anderen Sektoren vergessen“, bedankte William Wilson sich.

Sie transportierten zunächst den ersten und dann den zweiten Steg. Sie wurden so nah wie möglich an der Apollo-18-Landestufe abgeladen, gerade weit genug für den Treibstoffschlauch.

Wichrew öffnete den Tankdeckel der Apollo und schraubte den Adapter ein.

Mit dem zweiten Adapter wurde versucht, ihn auf den Zapfen der Landebrücke des Lastwagens zu schrauben, aber der Adapter passte nicht in das Gewinde. Ein Versuch nach dem anderen blieb ergebnislos. Wilson übernahm die Leitung. Aber auch ihm gelang es nicht. Die Durchmesser schienen übereinzustimmen, und die Gewinde waren identisch. Das Gewinde ging hinein, aber nicht weiter. Sie versuchten, den Adapter am zweiten Landeplatzstutzen zu befestigen. Das gleiche Ergebnis. Also kein Ergebnis. Er ließ sich nicht anschrauben, verdammt noch mal!

„Es funktioniert nicht!“, Paul Dukes enttäuschte Stimme drang durch das Helmophon. Es stellte sich heraus, dass die Raumfrachter-Landestellen in Russland hergestellt wurden, wo das internationale metrische System verwendet wurde. In den Vereinigten Staaten wurde traditionell das imperiale Einheitensystem verwendet: Pfund, Fuß, Zoll. Aber die Adapter wurden in Russland mit einem Zollgewinde hergestellt. Die Maße waren ähnlich, aber dennoch unterschiedlich.

„Was ist zu tun?“, fragte er mit Verärgerung in seiner Stimme Wilson.

„Schickt sie zurück“, antwortete Bradley Norton kurz.

Sie machten sich auf die freudlose Rückreise. Im Peary-Zentrum standen die Batterien zum Aufladen bereit. Die langen Stunden zogen sich hin. Elektrizität war kein Benzin. Einen leeren Tank konnte man nicht in zehn Minuten auffüllen.

Am Morgen, sobald die Anzeigen eine volle Ladung anzeigten, eilten sie nach Hause.

## Das Treffen

… von Marcel Trial und den Robotern war bereits mit der Installation der zweiten Stufe des Hauptkraftwerks abgeschlossen, und William und George gingen direkt zum Byrd hinunter und machten sich auf den Weg zum neuen Gebäude. Gebannt beobachteten sie, wie die Roboter die Solarzellen vorsichtig anhoben, sie vorsichtig drehten und die dunkelblauen Siliziumzellen und Halterungen untersuchten. Dann transportierten sie die Platten in aller Ruhe zum Einbauort und befestigten sie am Rahmen. Sie arbeiten zu dritt zusammen. Grischa hielt die Tafel mit seinem Gewicht hoch. Dascha und Mascha, die jeweils ihre eigene Kante der Platte hielten, brachten die Andocklöcher langsam zu den Bolzen am Rahmenpfosten. Sie bewegen sich koordiniert, sodass es den Anschein hatte, als würden Menschen arbeiten. Nachdem die Platte an den Spikes aufgehängt war, holte Grischa eine weitere Platte, Dascha steckte den Bolzen in das Loch und Mascha zog ihn mit dem Schlagschrauber fest. Und sie gingen vor wie Menschen. Sie zogen zunächst alle Schrauben an, bis sie sich berührten, dann prüften sie alle Seiten des Rahmens und der Platte und zogen sie mit dem vorgeschriebenen Anzugsmoment an, wenn keine Fehlausrichtung oder

Abnutzung vorhanden war. Das Anzugsdrehmoment wird jedoch am Schlagschrauber selbst eingestellt. Mascha hielt das Werkzeug nur auf den Bolzen ausgerichtet.

Mehr als eine Stunde verging, bevor Marcels Stimme über die Helmtelefone ertönte: „Man kann den Robotern endlos bei der Arbeit zusehen."

„Ja ...", murmelten William Wilson und Georgij Wichrew. Sie konnten ihren Blick kaum von Dascha abwenden, die den Läufer in den Händen hielt und nach dem Stempel der Montagenummer darauf suchte.

Die lange Wand aus Paneelen im Solarkraftwerk war eine wahre Augenweide für die Fantasie. Nicht einmal die Wand selbst, sondern die Tatsache, dass sie von Robotern errichtet wurde.

„Die Installation der zweiten Stufe des Kraftwerks wird bis heute Abend vollständig abgeschlossen sein", sagte Trial. „Und wir können mit den Tests fortfahren."

„Bitte kehrt zur Mondstation zurück", bat Bradley Norton die Besatzungsmitglieder. „Die Roboter können den Bau übernehmen, und wir müssen einen Arbeitsplan für die kommende Woche aufstellen und die Probleme besprechen."

Nachdem sie sich ausgeruht, geduscht und eine Kleinigkeit gegessen hatten, setzten sich die Mondbewohner vor den Bildschirm und nahmen an einer Fernsehbesprechung teil.

„Wir haben eine Menge Arbeit vor uns", ergriff Norton das Wort: „Wir müssen den Boden für das Gewächshaus vorbereiten. Dazu siebt man das Regolith, bringt es in die Anlage, verteilt es auf den Beeten und setzt den Humifizierungsprozess in Gang, den Prozess der Schaffung einer fruchtbaren Bodenschicht. Weiter: Ein drittes Stromkabel muss in Betrieb genommen werden. Ihr habt eine ganze Menge metallisches Aluminium hergestellt. Setzt eine Düse in den

Extruder ein, um Draht herzustellen. Wickelt das fertige Kabel sofort auf die Spule mit demselben Kabel, von dem aus die bestehende Stromleitung verlegt wird. Wenn nicht genügend Aluminium vorhanden ist, könnt ihr die überflüssigen Aluminiumteile der Podesttreppe verwenden. Es ist an der Zeit, ein Anti-Meteor-Teleskop zu installieren. Ein Teleskoptubus sollte sich in der Siedlung befinden und von einem Umspannwerk mit Strom versorgt werden, während der andere direkt an das Hauptkraftwerk angeschlossen ist. Ich möchte noch einmal auf die Entgasung des Regoliths zurückkommen. Als Erstes muss die Produktionseinheit mit Inertgasen versorgt werden. Wenn es uns gelingt, viel Wasserstoff zu gewinnen, werden wir ihn verbrennen, um Wasser herzustellen. Wir haben genug Sauerstoff. Er kommt in großen Mengen aus dem Pyrolyse-Ofen."

Die Sitzung wurde fortgesetzt.

Regolith war ein inertes Material. Neben dem Regolith musste dem Boden auch organisches Material zugeführt werden. Jede Menge organische Stoffe. „Die Menge an kohlenstoffhaltigen Substanzen, die mit dem Abwasser und dem Kohlendioxid kommt, reicht nicht aus, um die Biomasse des Gewächshauses zu bilden", bemerkte eine Biologin aus der Abteilung für Lebenserhaltung.

„Gut", sagte Norton leise und machte sich Notizen in seinem Notizbuch.

„Beim Versuch, den Kraftstoff abzupumpen, stießen wir auf ein falsches Gewinde."

„Es ist das erste Mal, dass im Weltraum ein Unterschied in den Normen zutage tritt", sagte der Chefingenieur von Metropolia. „Hier auf der Erde ist alles, was wir tun, die Harmonisierung von Mechanismen und Geräten, die in verschiedenen Ländern hergestellt werden, nach nationalen Normen.

Die unnötige Vielzahl von elektrischen Steckverbindungen, die ungerechtfertigte Fülle von Normen für Spannungen, Drücke, Temperaturen ..."

„Es sind nicht die Strahlung oder das Vakuum, die die Erforschung des Weltraums behindern, sondern die Isolierung von Ländern und Unternehmen und der Mangel an Kohärenz", bemerkte der älteste Entwickler von Raumfahrtsystemen.

Bradley Norton schrieb weiter in seinen Notizblock.

Astronomen hatten ein halbes Dutzend Teleskope für verschiedene Zwecke entwickelt. Sie wollten sie im Peary-Krater installieren, einem Ort, an dem die Sonnenstrahlen niemals eindringen. „Es wird gebeten, ein Frachtschiff zuzuweisen und einen Starttermin festzulegen", sagte die Person, die für den Transport von Fracht zum Mond zuständig war.

„So geht das!", rief Norton aus. „Bis jetzt hast du kein Wort gesagt, und jetzt ein halbes Dutzend ... Aber", fuhr er fort und dachte ein wenig nach, „es ist an der Zeit. Im Zentrum von Peary wird ein Abwärtsspannwerk installiert, das Strom liefert. Der Weg ist praktisch frei ... Setzen Sie die Teleskope auf den Plan. Wir schicken sie mit dem nächsten Raumfrachter", sagte Bradley Norton und blickte sich im Raum um. „Gibt es noch weitere Fragen?"

„Ich würde gerne mit den Konstrukteuren des Kraftstofftanks sprechen", sagte Georgij Wichrew. „Es gibt eine Idee, wir müssen sie diskutieren."

Der Bitte wurde sofort nachgekommen.

## Produktionsauftrag

Georgij Wichrew saß weiterhin in einem Sessel im Wohnmodul vor einem Großbildschirm und sah, wie sechs oder sieben junge Leute die Kraftstofftanks entwarfen. Designer,

Technologen, Brennstoffchemiker, Dreher, CNC-Programmierer.

„Ihr habt uns einen Adapter für den Apollo-Kraftstoffeinfüllstutzen geschickt. Er passte perfekt. Er hat ein Zollgewinde. Der Adapter zum Tankstutzen der Raumfrachter-Landebrücken passt jedoch nicht. Er hat auch ein Zollgewinde. Es wird ein metrischer Gewindeadapter benötigt", sagte der Geologe. Die Augen der Jungen leuchteten vor Interesse. „Der Adapter wird sofort gebraucht! Es bleibt keine Zeit, auf den Raumfrachter zu warten. Hier auf dem Mond gibt es Gussteile aus Aluminium, Titan, Eisen und Magnesium. Außerdem gibt es eine CNC-Drehbank und eine Fräsmaschine. Ist es möglich, den Adapter in unserer Produktionseinheit aus unserem Metall auf unserer Maschine zu fertigen?"

„Am einfachsten ist es, mit Eisen, genauer gesagt mit Stahl, zu arbeiten", übernahm ein Technologe das Wort: „Ich will genauer sein. Sind eure Gussteile aus reinem Eisen oder enthalten sie Kohlenstoff und sind aus Stahl? Ihr wisst, dass reines Eisen ein sehr weiches und sehr verformbares Material ist. Reines Eisen wird in der Industrie nicht verwendet. Die daraus hergestellten Teile sind zerbrechlich, und es ist schwierig, sauberes Eisen zu bearbeiten – der Fräser bleibt im Metall stecken. Auf dem Mond gibt es kohlenstofffreies Eisen. Hier ist eine chemische Analyse der Gussteile, die Duke und Norton mitgebracht haben", wurde die Diskussion fortgesetzt.

„Gussteile lassen sich leicht zu Stahl einschmelzen", sagte Marcel, der zu Georgij kam und neben ihm Platz nahm. „Man muss nur den Ruß aus den elektrischen Kohlendioxidabsorbern in das geschmolzene Eisen geben. Der Kohlenstoffgehalt des Stahls ist so hoch wie nötig.

Wie wird sich der Kraftstoff verhalten, wenn er mit Stahl in Berührung kommt?"

„Stahl reagiert nicht mit Kraftstoffbestandteilen", antwortete der Chemieingenieur.

„Die Zeichnungen müssen überarbeitet werden", beteiligte sich der Konstrukteur an der Diskussion. „Wir haben einen Adapter aus Leichtmetallen hergestellt. Um das Gewicht zu verringern, wurden komplexe Verbundteile verwendet. Es ist nicht nötig, irgendetwas zum Mond zu schicken, auch wenn der Adapter schwer und aus Stahl ist, können wir ihn auf eurer Fräsmaschine herstellen. Und wir produzieren sie automatisch aus einem einzigen Stück. Wir laden das Bearbeitungsprogramm in die CNC der Maschine. Sie müssen nur ein Gussteil herstellen und es in das Drehfutter einsetzen."

„Ist das so einfach?" Georgij Wichrew konnte es nicht glauben. „Und wann werde ich den Adapter benutzen können?"

„Gebt uns drei Tage. Wir werden den Entwurf überarbeiten und ein Programm für die CNC erstellen." Der Konstrukteur sah die Kameraden an. Sie nickten zustimmend.

„Na also! Los geht's!", rief der Metallurge aus. „Gebt mir die Maße der Gussteile!"

**

Mit der Ankunft der Roboter begann das Treiben auf der Station mit doppelter Geschwindigkeit zu laufen.

William Wilson und die Zentaurin Mascha installierten beide Röhren des Anti-Meteor-Teleskops und machten sich an das Gewächshaus. Sie bereiteten den Boden vor. Für den Boden war eine sandähnliche Zusammensetzung geeignet. Staub und große Kieselsteine wurden ausgesiebt. Der Schlamm aus dem Belebungsbecken wurde in Beete mit

Sand geschüttet und ein spezieller Starter wurde hinzugefügt. Nun wurde der Schlamm, der in Wirklichkeit hervorragendes organisches Material war, zu Humus recycelt, der für das Pflanzenwachstum wichtig war und die Fruchtbarkeit erhöhte.

Marcel Trial pendelte zwischen der Gießerei, in der der zentauroide Grischa den dritten Stromleitungsdraht herstellte und auf eine Spule wickelte, und Dascha, die zunächst einige Blöcke an der Entgasungsanlage austauschte und dann die Gase abzog, hin und her.

Georgij Wichrew half allen, bis das Programm für die Dreh- und Fräsmaschine eintraf. Die Formteile – die Rohlinge für den Adapter – waren bereits hergestellt worden. Georgij und Marcel holten das Gussteil von der Straße, liefen damit herum, zogen die Overalls aus, legten die Atemschutzgeräte an, liefen wieder herum und begaben sich in die Kohlendioxidatmosphäre des Produktionsmoduls. Ein Dreher grüßte sie vom Monitor neben der Maschine. Er saß an der Fernsteuerung einer Dreh- und Fräsmaschine. Georgij brachte den Guss zum Spannzeug der Maschine und glättete ihn. Marcel drückte sofort auf den Knopf: Die Spannbacken klemmten das Werkstück fest ein.

„Schließt den Vorhang, dann könnt ihr gehen.“ Der Drechsler machte deutlich, dass er von der Erde aus weitermachen konnte.

Die Freunde schlossen den durchsichtigen Vorhang an der Maschine, gingen aber nicht weg. Es war zu interessant zu sehen, wie die Maschine funktioniert. Geführt von den Positionsgebern und den Bildern der Videokameras im Arbeitsbereich der Maschine vermaß der Dreher das Werkstück, stellte das Koordinatensystem ein und startete die Maschine. Das Werkstück kam in Rotation und der Fräser bewegte sich darauf zu. Das Schmier-Kühlmittel sprühte auf den Schnittbereich und spritzte Tropfen davon auf den Vorhang. Späne flogen heraus und funkelten. Zug um Zug entfernte der Fräser Schichten von Metall. Die blasige, unebene Oberfläche des Gussteils nahm die Geometrie eines Zylinders an.

Zwanzig Stunden würde die Arbeit an dem Teil dauern. Ein sehr komplexes Profil. „Und die Schnittbedingungen sind behutsam“, erklärte der Drechsler. „Aber Morgen werdet ihr ein komplett fertiges Produkt haben.“

Nachdem sie die Maschine eine Weile bewundert hatten, gingen Georgij und Marcel wieder ihrer Arbeit nach.

Am späten Abend, kurz vor dem Schlafengehen, meldete sich der Dreher. „Wir brauchen eure Hilfe. Die Späne haben sich um den Fräser gewickelt. Im Prinzip ist es keine große Sache, aber der Fräser kann nicht weiterarbeiten. Das passiert manchmal auch bei unseren irdischen Maschinen. Der Fräser muss von den aufgewickelten Spänen befreit werden. Das war‘s.“

Georgij legte sein Atemgerät an und warf einen kurzen Blick darauf, wobei der Übergang von der Luft zur Kohlendioxidatmosphäre bei gleichem Druck stattfand. Er ging zum Produktionsmodul. Er öffnete die Schutzhaube der Maschine und sah, dass sich die Späne um den Fräser und den Werkzeughalter gewickelt hatten. Mit einem Schraubenzieher, um seine Finger nicht zu verletzen, bewegte er den Strang. Er schob sie mühelos in den Spänebehälter, wo sie eigentlich hingehörten.

„Dankeschön“, bedankte sich der Dreher.

„Das ist alles?“ George war erstaunt. Offensichtlich hatte er erwartet, dass es eine nervige Angelegenheit werden würde.

„Ja! Das war's! Aber ohne eure Hilfe hätten wir es nicht geschafft."
„Gut, wenn irgendetwas passiert, ruft einfach an."
„Gute Nacht."
„Bis morgen!"

Der Morgen kam, aber ohne den Adapter. Das Detail war schief. Es musste neu gemacht werden. Es wurde mehr als einmal überarbeitet. Zunächst musste an der Chemie des Bolzen herumgetüftelt werden. Sie experimentierten mit Kohlenstoffgehalt und Legierungszusätzen. Sie beseitigten die Schalen. Die Spezialisten änderten daraufhin die Konstruktion, um das Aufschrauben des Adapters auf den Kraftstofftankauslass zu erleichtern. Jedes Mal, wenn das Teil und die Späne im Schmelzofen wieder aufgeschmolzen wurden, wurde das Gussteil wieder auf die Maschine gelegt. Die Tage vergingen, das Detail wurde nicht fertig.

Mascha hatte bereits Sand in das Gewächshaus gestreut. Dascha hatte die Hochdruckzylinder bereits mit Helium gefüllt und durch Verbrennen des entstehenden Wasserstoffs sogar ein ganzes Glas Wasser erhalten.

Einhundertsiebzig Kilometer Draht wurden bereits hergestellt und auf eine Spule aufgewickelt.

Das Einzige, was noch fehlte, war der Adapter.

## Die dritte Ader

„Auf geht's nach Norden!", verkündete Wilson, sobald der Draht hergestellt war. „Marcel und ich werden mit zwei Mondrovern unterwegs sein, um den dritten Strang zu verlegen. Wir nehmen Mascha mit." Georgij Wichrew blieb in der

Siedlung. „Auf dich, lieber Georgij, wartet das Gewächshaus, und auf Grischa und Dascha wartet die Entgasung des Regoliths, die Aluminiumgewinnung. Und“, fügte er mit einem Lächeln hinzu, „hoffentlich ist der Adapter fertig, wenn wir zurückkommen.“

Die Mondrover wurden für die Reise ausgerüstet. Die mobile Kabine hatte ihren Platz auf dem Bau-Mondmobil eingenommen. In dieser Konfiguration waren auch Bradley und Paul unterwegs gewesen. Der Abwassertank wurde geleert, der Wassertank dagegen vollgefüllt. Der elektrische Hammer wurde nicht entfernt, da er leichter mit Felsen fertig wurde. Eine Drahtspule wurde auf der freien Plattform des zweiten Mondmobils platziert. Ein Kran hob Mascha an und befestigte sie mit speziellen Greifern auf der Plattform.

Am Morgen machten sie sich auf den Weg.

Sie fuhren neben einer Stromleitung her, sechs Meter von der äußersten Leitung entfernt. Die Straße blieb die ganze Zeit auf der linken Seite. Natürlich fuhren sie nicht darauf, sondern auf dem jungfräulichen Boden. Der Draht wurde abgewickelt und in einer Spur verlegt. Ein intelligentes System behielt ihn im Auge, um sicherzustellen, dass der Regolith ihn nicht bedeckte. Der Staub wurde tiefer, bevor er den Kraterschacht hinaufstieg. William hielt die Mondrover an und blickte auf das gegenüberliegende Ufer der Staublache. Bradley und Paul hatten diesen Ort einmal auf einem großen Umweg umfahren.

„Wollen wir versuchen, dieses flache Gewässer – entschuldige, das ist schlecht ausgedrückt, eigentlich dieses flache Staubmeer – zu durchqueren?“, schlug Wilson seinem Kameraden vor.

Ohne ihre Raumanzüge anzuziehen, ohne das Cockpit zu verlassen, brachten die Freunde den Kranhaken zum

Roboter. Mascha packte den Haken mit beiden Händen, die Radgriffe lösten sich und der Kranarm ließ sie sanft zu Boden sinken. Der Bau-Mondrover nahm den kürzesten Weg über die Lache. Der Baggerlöffel wurde eingesetzt, um große Felsbrocken heranzuschaffen und in die Spur zu stapeln. Der Roboter Mascha ebnete die Felsbrocken ein. Mit geringer Geschwindigkeit startete der Mondrover, gefolgt von Mascha. Sie hielt den Draht in den Händen und legte ihn auf die Felsen. Die Männer auf dem Mondmobil folgten ihr und achteten darauf, dass das Seil nicht von den Felsen fiel. Die Staublache wurde sicher überquert, der Draht blieb an den Felsen hängen.

Nun stand der Aufstieg über den felsigen Boden des Peary-Kraters bevor. Tiefenstaub gab es hier so gut wie gar nicht, außer in kleinen Staubbädern, die nicht schwer zu umgehen waren. Der Kran hob Mascha wieder auf den Stapler und die Mondmobile machten sich auf den Weg.

Einen Tag später erklommen sie den Pass. Am nächsten Morgen setzten sie ihren Weg fort. Beim Abstieg vom Pass kamen sie in ein riesiges Gebiet, das mit großen Felsbrocken übersät war. Paul und Bradley hatten einst, den Ort gemieden. Aber jetzt, mit viel Erfahrung und einer guten topografischen Übersicht, beschlossen Wilson und Trial, direkt zwischen den Felsen hindurchzufahren.

Der Stapler bewegte sich langsam, wobei sich der Draht abwickelte und über die Oberseite der Steine legte. Plötzlich rutschte der Draht vom Felsen und sackte stark ab. Er musste korrigiert werden. Mascha stieg vom Moonwalker ab, konnte das durchhängende Kabel aber auf ihren kleinen Rädern nicht erreichen. Also wurde sie mit einem Kran genau in die Mitte des Problembereichs gebracht, verlegte den Draht ordnungsgemäß und kehrte mit dem Kran zum Mondrover zurück.

Sie kamen an einer Brache vorbei. In diesem Fall war der umlaufende Weg kürzer als der direkte Weg, und die Mondmobile bewegten sich in Richtung Osten, entlang der Kraterreihen.

So ging Tag über Tag. In der Nacht wurden die Mondmobile und der Roboter aufgeladen. Der Strom wurde über den Nullleiter der Übertragungsleitung und den dritten Draht empfangen. Abends verwöhnte Marcel seinen Kommandanten mit Mahlzeiten und erfand neue Gerichte. Eine recht komfortable Reise. Nur Wasser musste gespart werden. Es wurde keineswegs täglich geduscht.

Tagsüber arbeiteten sie. Manchmal hielten sie vor einem schwierigen Abschnitt an. In diesen Fällen waren Norton und Duke, deren gutes Gedächtnis einen günstigen Weg nahelegte, eine große Hilfe. Mascha half ihnen sehr. Es war nicht mehr nötig, in einen Raumanzug zu steigen oder jedes Mal eine Luftschleuse zu betreten und wieder zu verlassen, wenn man ein Kabel befestigen oder den Boden überprüfen wollte. Mascha – ihre eigene Versetzerin – konnte schnell und einfach ein- und aussteigen.

Die Arbeitsgeschwindigkeit war deutlich höher als die der ersten Besatzung. Es wurde nur ein Draht verlegt. William Wilson, der den Straßenbau beherrschte, hatte ein ausgezeichnetes Gespür für lockeren Boden und Fels und wusste, wohin er den Stapler lenken musste. Norton und Duke standen in ständigem Kontakt mit ihnen. Und schließlich war der Roboter Mascha bei ihnen. Eine starke, unermüdliche, lernbereite Maschine.

Der Mond war ein Zuhause geworden – ein Zuhause, bei dem sogar die Wände halfen.

## Die Rückkehr der Achtzehnten

Georgij Wichrew langweilte sich nie.

Die Entgasung des Bodens und die Aluminiumschmelze im Pyrolyseofen waren bereits zur Routine geworden, und Wichrew überließ sie den Robotern, während er sich selbst im Produktionsmodul eincheckte.

Mithilfe der jungen Leute aus der Tankabteilung gelang es ihm schließlich, einen Adapter herzustellen. Es gelang, ein schönes Stück Eisen herzustellen. Um den Adapter auszuprobieren, fuhr Georgij mit Grischa zu einem Freiluftlager. Er wählte eine der Landebrücken und schraubte den Adapter einfach auf den Tankstutzen. Für den Fall der Fälle wurde ein weiterer Adapter angefertigt.

Aus einer Decke und Aluminiumrohren, die Marcel als Experiment angefertigt hatte, wurde ein Feldbett gebaut. Er hatte genau die richtige Größe, um in den Gang der mobilen Kabine zu passen, und zusammengeklappt passte er auf das oberste Schlafregal. Außerdem fertigte er einen Stuhl aus Rohren und einer Decke an, für die Zeit, wenn sie zu dritt unterwegs sein würden.

Er und seine Kollegen untersuchten das von ihnen gesammelte geologische Material und legten eine Route für ihre Reise fest. Die drei würden sich hinter das Polarkraftwerk begeben, auf die unsichtbare Seite des Mondes. Sie würden so weit gehen, wie die Batterien es zuließen. Die Geologen interessierten sich sehr für die Gebirgskette, die sich zwischen dem Peary-Krater und der Kraterkette Rozhdestvenskij erstreckte. Geologen sind eigentlich an allem interessiert. Am ganzen Mond, seiner Oberfläche, seinem Inneren. Bisher stand jedoch nur der Abschnitt entlang der

Stromleitung mit einer halben Batterieladung pro Strecke für die Forschung zur Verfügung.

Und, natürlich, Gioja!

Jetzt musste er nur noch auf die Kameraden warten.

* *

Wilson und Trials verlegten das Kabel, schlossen es an den Transformator des Polarkraftwerks an, verbrachten zwei Wochen auf dem Weg und kehrten innerhalb von zwei Tagen zurück.

Wilson war wie ein Fernbusfahrer, schlief, machte eine Katzenwäsche und war wieder einsatzbereit.

Sie füllten Wasser auf, nahmen neue Nahrung auf und versorgten den Kohlendioxidabsorber. Und schon war der Bau-Mondrover mit dem mobilen Fahrerhaus auf dem Rücken wieder unterwegs.

Tagsüber unterwegs, nachts stehend, während die Batterien im Zentrum von Peary aufluden. Am Abend waren sie wieder unterwegs, um am Polarkraftwerk aufzutanken.

Am Morgen fuhren sie zu den Landestufen von Apollo 18 und den ersten Raumfrachtern.

Die neuen Adapter ließen sich leicht über die Stutzen des einen und dann des anderen Kraftstofftanks schieben. Sie öffneten das Ventil für komprimiertes Helium und spürten durch die leichte Vibration des Schlauches, wie der Treibstoff in die Tanks der Apollo floss.

Norton und Duke hatten einmal ein mobiles Cockpit von der Landeplattform auf einen Mondrover verfrachtet. Nun führten Wilson und Wichrew den gleichen Vorgang in umgekehrter Reihenfolge durch. Der Steg hielt die mobile Kabine fest in der Position. Leider konnten die aufregenden

Momente der Wiederbelebung des Achtzehnten nicht gefilmt werden: Es gab niemanden zum Filmen.

Wichrew verstaute den Kranarm und fuhr den Mondrover in eine sichere Entfernung. Die Kontrolle über die verwaiste Maschine wurde der Erde übergeben, was die Telefotografen sofort ausnutzten. Sie brachten den Mondrover sofort in eine neue, vorteilhafte Position für Videoaufnahmen. Seine kleinen kurzsichtigen Videokameras hielten den Start von Apollo 18 fest. Unmittelbar nach den Aufnahmen trat der Mondrover selbst im Automatikmodus die Rückreise an und rollte in zwei Tagen nach Hause, mit einem Zwischenstopp zum Aufladen in Peary.

William Wilson nahm den Pilotensitz ein, Georgij Wichrew bediente das Periskop. Die gleiche bergige Landschaft, die schon Norton und Duke begrüßt hatte, die gleichen verfallenen Felsen des Hermite-Kraters und das Tal, das sich zur Linken hinunterzog, erstreckten sich über das Panoramafenster.

Zurück auf der Erde kleben Bradley Norton und Paul Duke an ihren Monitoren. Die Bildschirme zeigten die Telemetriewerte und die Aktionen der Besatzung an. Unabhängig davon wurde ein hochauflösendes Bild des Periskops gesendet. Mündliche Berichte wurden über den Lautsprecher wiedergegeben: „Das Stromversorgungssystem des Landungsstegs ist eingeschaltet."

„Die Navigations- und Steuerungsinstrumente sind aktiviert."

„Das Kontrollsystem wurde getestet."

„Keine weiteren Anmerkungen."

„Ich habe die mobile Cockpitsteuerung in den Raumflugmodus geschaltet", berichtete Flugingenieur William Wilson weiter.

„Raumflugmodus aktiviert", ertönten die Warnleuchten auf den Kontrolltafeln der Metropolia.

Drehung: Null, Neigung: Null.

Der Empfangsbereich der Apollo 18 wurde geräumt. Der Mondrover und die Roboter wurden in einen sicheren Abstand zurückgezogen. „Wir sind bereit, das Raumschiff in Empfang zu nehmen", meldete Trial, der auf einem speziell vorbereiteten Platz in der Nähe des Freilagers auf seine Kameraden wartete.

Kraftstoff zehn Prozent.

Duke und Norton schauten auf die Kraftstoffanzeige ihrer Monitore. Ja, zehn Prozent, sogar ein bisschen mehr.

„Sie haben genug für einen Flug in die Siedlung", resümierte Paul.

„Nicht einmal die Reserve wird angetastet", stimmte Bradley zu.

„Ich hätte nie gedacht, dass unsere Apollo noch einmal in die Lüfte steigen würde", sagte Paul ein wenig besorgt. Er war sich des Geschehens im Cockpit so deutlich, so spürbar bewusst. Es war, als ob sein Körper den Pilotensitz einnahm, als ob seine Hände die Knöpfe berührten und seine Ohren das Klicken der Schalter hörten.

Er hörte, wie die Ventile der Kraftstofftankaufladung aufgingen. Komprimiertes Helium füllte den Raum zwischen Brennstoff- und Oxidationstank. Nun mussten nur noch die Hähne geöffnet werden, und schon strömten Brennstoff und Oxidationsmittel in die Brennkammer, wo sie sich vermischten und selbst entzündeten; aus der Düse strömte ein kräftiger Strahl.

„Geben Sie uns die Erlaubnis zum Start", wurde gebeten, eine Bitte, die in der Luftfahrt akzeptiert wird, aber nicht im Weltraum.

Der Zeitpunkt des Starts wird durch das Ziel des Raumfahrzeugs, die Koordinaten des Startplatzes und die technischen Merkmale der Trägerrakete bestimmt. Der Zeitpunkt des Raketenstarts muss in das sogenannte „Startfenster" fallen, das Zeitintervall, in dem der Start und die Programmausführung möglich sind, z.B. das Andocken an die Orbitalstation. Wenn man früher startet, wird die Orbitalstation den Treffpunkt nicht rechtzeitig erreichen; ist man zu spät, ist sie bereits wieder weggeflogen. Manchmal kann das Startfenster nur ein Dutzend Sekunden lang sein, und wenn nicht rechtzeitig gestartet wird, muss man auf das nächste Startfenster warten. Die Wartezeit beträgt manchmal mehrere Tage, und bei weit entfernten Planeten im Sonnensystem kann sie sogar Jahrzehnte betragen. Das Datum und die Uhrzeit des Starts werden von der Raumfahrtmechanik berechnet. Im Weltraum wurde der Countdown geboren. Zehn. Neun. ... Drei. Zwei. Eins. Start! Die Zeit diktiert das Tempo des Alltags.

Dies ist in der Luftfahrt nicht der Fall. Der Start wird erst durchgeführt, wenn das Flugzeug und die Besatzung bereit sind, was durch den Satz „Permission for take-off" des Kommandanten angezeigt wird. Und zweitens, wenn niemand auf der Landebahn landet und der Himmel frei ist. Dann antwortet der Flugleiter: „Erlaubnis zum Starten."

„Erlaubnis zum Abheben!" Bradley Nortons Stimme ertönte durch die Helmmikrofone.

Bei geringem Schub hob die halb leere Apollo 18 leicht von der Mondoberfläche ab, und sofort drehte der Pilot das Triebwerk auf maximale Schubkraft. Wenn es Schwerkraft und keine Atmosphäre gibt, gilt das Gesetz der Weltraummechanik, das besagt, dass es immer vorteilhafter ist, den Treibstoff so nah wie möglich am Raumkörper zu verbrauchen. Die vervielfachte Kraft des Luftstroms wirbelte Staub auf, kippte die leeren Frachtlandeplätze um und schleuderte Apollo 18 buchstäblich in den Himmel.

Trotz der für kosmische Verhältnisse winzigen Distanz von 120 Kilometern handelte es sich um einen Weltraumflug. Beim Start und im Steigflug wollte Wichrew die Kraterkette Rozhdestvensky und die davor liegende Bergkette inspizieren.

Was für ein „Rundblick“! Die Überforderung drückte seinen Körper gegen den Stuhl. Seine schweren Augenlider verhinderten, dass er aufblickte.

Da die Oberfläche leicht erhöht war, änderte Wilson die Schubrichtung. Das Schiff beschleunigte nun und gewann gleichzeitig an Höhe. Zehn Sekunden lang liefen die Triebwerke auf maximaler Schubkraft. Dann schaltete der Pilot mit einem einzigen Zug am Gashebel abrupt den Motor aus.

Ein unangenehmes Gefühl des Fallens erfüllte seinen Magen. Aber das Schiff stürzte nicht – so kündigte sich die Schwerelosigkeit an. Das träge Raumschiff gehorchte nur dem Gravitationsfeld des Mondes und bewegte sich in einem parabolischen Muster. Eine Landschaft von unglaublicher Schönheit tat sich vor den Planetenwanderern auf. Auf der rechten Seite öffnete sich die Mulde des Kraters Hermite. Der große, uralte Krater mit einem flachen, flachen Boden vor einem sternenklaren Himmel lud zum Malen ein. Links, jenseits der zerklüfteten Horizontlinie, erhoben sich die sanften Hänge des Nansen-Kraters. Nachdem das Schiff eine Höhe von dreißig Kilometern erreicht hatte, begann es zu sinken. Direkt unter ihnen fuhren die Mondrover durch den zerfurchten Peary, und vor ihnen, jenseits des Passes, tauchte ein langer, schmaler, künstlicher Streifen auf. Dies waren die Paneele des Hauptsolarkraftwerks.

Der Flug in der Schwerelosigkeit dauert sechs Minuten. In dieser Zeit hatte das Schiff einhundertsiebzehn Kilometer zurückgelegt, war umgedreht und näherte sich nun mit dem Motor nach vorn der Mondoberfläche. Eine Höhe von eintausendsiebenhundert Metern ..., eintausendsechshundert ..., eintausendfünfhundert! Wieder einmal lief der Motor auf Hochtouren. Es gab eine Überlastung. Als der Luftstrom einsetzte, wurde das Schiff immer langsamer. Der Hügel, an dessen Fuß sich die Mondstation befand, stach deutlich hervor. Die Oktaeder der Landungstreppen, die in großer Zahl im Freilager verstreut waren, wurden sichtbar. Neben ihnen blitzten die Mondrover und die Zentauren auf. Immer näher rückt das von Hubschrauberpiloten übernommene Landezeichen „H" – für Helicopter. Marcel Trial hatte es mit Aluminiumbrocken ausgelegt. Apollo 18 steuerte direkt auf das „H" zu. Die Landung erfolgte auf der bekannten flachen, horizontalen, harten Oberfläche. Der Flugapparat sank ab, schwebte einige Sekunden lang, reduzierte jede Restgeschwindigkeit und krallte sich dann mit seinen langen Beinen an den Mond.

Hurra! Der Flug war sicher beendet. Vom Startpunkt bis zum Landepunkt wurden einhundertzwanzig Kilometer zurückgelegt. Der ungewöhnliche Flug dauerte sechseinhalb Minuten. Später waren weder Wilson noch Wichrew in der Lage, das Erlebnis einer Reise in einem Planetenflugzeug genauer zu beschreiben, nur: Geschwindigkeit wie ein Flugzeug, absolute Stille, Schwerelosigkeit und G-Belastung wie bei einem Raumflug, Start und Landung wie bei einem Hubschrauber.

## Auf nach Gioja!

Die Abteilung für Treibstofftanks, die aus der Ferne an einer Drehbank geschult wurde und sich von einem erfolgreichen Adapter inspirieren ließ, entwickelte Zeichnungen für eine Rampe, damit die Roboter sie am Mondrover befestigen und selbst auf die Plattform steigen konnten. Marcel Trial holte die richtigen Profile aus dem Extruder, drehte die richtigen Teile auf der Maschine aus und baute die Laufstege zusammen. Die Roboter-Ingenieure hatten ein entsprechendes Verhaltensmuster entwickelt. Die Roboter befestigten die Laufstege ohne menschliches Zutun am Rand der Plattform und fuhren auf den Mondrovern, hoben die Laufstege an, sicherten sie und dann sich selbst.

Die Roboter waren nun in der Lage, weite Strecken auf den Mondrovern zurückzulegen und dabei auch schwieriges Gelände zu durchqueren. Die Idee erwies sich als erstaunlich praktisch. Dascha wurde auf Anfrage von Geologen der Erde mit einem Mondrover zu einem Steinbruch gebracht, in dem Erz für die Aluminiumverhüttung abgebaut wurde. Der Roboter führte eine weitere Vermessung des Abschnitts durch. Die tatsächliche Forschung wurde von Menschen durchgeführt. Auf ihren Befehl hin brachte der Roboter einen interessanten Kieselstein einfach vor sein Mikroskopauge. Wenn nötig, schaufelte Dascha den Mutterboden weg und versuchte, eine Probe zu entnehmen. Sie zertrümmerte Felsen mit dem Geologen-Hammer. Sie wählte das Material für eine spätere Analyse aus und bewahrte es in ihrem eigenen kleinen Eimer auf.

Wenn ihre Batterie leer war, schickten sie ihr einfach einen Mondrover. Auf diese Weise wurde ohne direkte menschliche Beteiligung eine nützliche und dringende Arbeit geleistet.

Beim ersten Repeater musste die passive, nicht gespeiste Antenne leicht gedreht werden. Mascha wurde geschickt. Sie fuhr auf einem Mondmobil den Pass hinauf und machte sich auf den Weg zum Repeater. Sie ließ die Laufbrücke herunter, trat auf den Boden und näherte sich dem Repeater. Sie schlang ihre Arme um die Antenne und richtete sie auf Befehl der Erdkommunikatoren in die richtige Richtung. Dann kletterte sie auf die Mondrover-Plattform, zog die Brücke hoch, sicherte sie selbst und kehrte sicher zur Siedlung zurück. Natürlich wurde der ganze Prozess von Menschen, den Spezialisten von Metropolia, geleitet.

Gelegentlich gerieten die Roboter in Schwierigkeiten und dann mussten Menschen geschickt werden, um ihnen zu helfen. Einmal mussten Geologen eine seismische Untersuchung des oberen Mondmantels durchführen. Seismische Untersuchungen werden durchgeführt, indem eine kleine Sprengladung gezündet und der Untergrund durch die Ausbreitung elastischer Wellen beurteilt wird. Grischa wurde ausgesandt, um am östlichen Fuß des Byrd-Kraters eine Sprengladung auf den Mondrover zu legen. Der Roboter Grischa vergrub die Ladung. Er legte die Drähte nach draußen, schloss sie an den Empfänger an und steckte den Antennenstift in den Boden. Dieser sendet das Signal zur Detonation der Ladung. Er kehrte zum Mondrover zurück, konnte aber nicht an Bord klettern. So sehr sich die Mitarbeiter der Verkehrsabteilung auch bemühten, die Arme des Roboters einzusetzen, um die Gangway geradezurücken, nichts funktionierte. Der Mondrover musste zurückkehren und Marcel fuhr damit zu Grischa, um ihm zu helfen.

Aber die Roboter übernahmen gewöhnliche Arbeiten und überließen den Menschen andere wichtige Dinge.

Jedes Teammitglied im Gewächshaus hatte sein eigenes Beet, seine eigene Parzelle, die es bewirtschaftete. Die ersten Pflanzen wuchsen auf dem Substrat, das den Regolith enthielt. Sie wurden sorgfältig untersucht, um herauszufinden, ob die Mondsubstanz irgendwelche Auswirkungen auf die Pflanzen hatte. Die Blätter und Früchte wurden auf für den Menschen giftige Schwermetalle untersucht. Es wurden mehrere Generationen von Pflanzen untersucht, die auf dem Mondboden wachsen. Solange ihre Sicherheit nicht bewiesen war, würden sie nicht in Lebensmitteln verwendet.

William Wilson kehrte zu den Problemen der Mondmedizin zurück, Marcel Trial beschäftigte sich mit Titan und Magnesium.

Georgij Wichrew begann mit den Vorbereitungen für eine Expedition zum Gioja-Krater. Er wollte sowohl den zentralen Gipfel als auch die beiden recht großen Krater im Osten untersuchen. Die Entfernung zwischen dem zentralen Gipfel und den Kratern betrug etwa zehn Kilometer, und der Landeplatz wurde in der Mitte gewählt. Es war jedoch schwierig, in einem Raumanzug auch nur fünf Kilometer in eine Richtung zu gehen, und sie mussten trotzdem Erkundungen durchführen, Proben sammeln und zurückkehren. Sie beschlossen, Mascha mitzunehmen. Mit dem Zentauroiden auf Rädern konnte ein Mann mühelos sowohl auf den zentralen Gipfel als auch auf den Wall und wieder zurückgelangen.

Obwohl die Entfernung zwischen der Siedlung und Gioja nur neunhundert Kilometer betrug, erwies sich die bevorstehende Expedition als wesentlich schwieriger als der Flug vom Whipple-Krater zur Siedlung. Die Treibstoffreserve für den Rückflug erforderte eine Erhöhung der Startmasse. Dazu kamen der Roboter, die Landungsbrücke und auf dem Rückweg die Gesteinsproben.

Georgij Wichrew betankte die Apollo 18 mithilfe von Robotern mit Treibstoff und Oxidationsmittel. Von den Landestationen, auf denen die Siedlungsmodule, Lastwagen und Apollo 19 ankamen, konnten sie gerade genug Treibstoff bekommen, um zum Gioja-Krater und zurückzufliegen. Es gab genug Treibstoff für zwei Starts, zwei Beschleunigungen, zwei Bremsen und zwei Landungen.

In Gioja würden sie weiterschauen müssen. Sie konnten sich nicht darauf verlassen, dass sie den Landeplatz überfliegen und langsam kreisen konnten, um einen geeigneten Landeplatz zu finden. Es gab einfach nicht genug Treibstoff für einen solchen Luxus. Aber sie konnten sich auf die langen Beine des Apollo 18 verlassen, die speziell für die Landung auf Unebenheiten, Gruben, Kratern und steilen Berghängen entwickelt wurden.

Um das Treibstofflimit einzuhalten, beschlossen sie, sparsam zu fliegen. Alles, worauf man auf einer einwöchigen Reise verzichten konnte, wurde aus der mobilen Kabine mitgenommen. Wasser würden sie nur zum Trinken und Kochen verwenden. Die Laufbrücke für den Roboter würde nur in eine Richtung fliegen. Marcel Trial versprach, an ihrer Stelle ein neues zu produzieren. Sogar zwei. Eine für jeden Mondrover.

Apollo 18 wurde ausgesandt. Mascha dockte auf der Plattform des Landungsstegs links neben der mobilen Kabine an. Um die Ausrichtung beizubehalten, wurde die Gangway auf der rechten Seite gesichert und so weit wie möglich an den Rand geschoben. Auch ihre Habseligkeiten, Lebensmittel und einen Geologenhammer hatten sie so weit wie möglich an Steuerbord in der Kabine untergebracht.

Also, auf nach Gioja!

**

Marcel Trial stand einen Kilometer vom Startplatz entfernt auf der Mondrover-Plattform und sah seinen Kameraden beim Start zu.

William Wilson bat um die Erlaubnis, starten zu dürfen, und schaltete nach Erhalt der Genehmigung den niedrigen Schub ein. Die Apollo, leicht nach links schwenkend, erhob sich über die Landestelle „H“. Wilson schaltete den Motor sofort auf Vollgas. Die Überlastung drückte die Piloten in ihre Sitze, aber nicht so stark wie der Start vom Boden des Whipple-Kraters. Die große Masse des Raumschiffs durch den Treibstoff und den Zentauren machten sich bemerkbar. Das Raumschiff raste in den Himmel. Neunzig Kilometer trennten den Start- und den Landepunkt. Sowohl die Geschwindigkeit als auch die Höhe des Anstiegs waren geringer als beim letzten Mal. Sehr schnell wuchsen die Zacken des Kraters Gioja vor den Augen der Reisenden und schwollen weiter an. Wichrew schaltete die topografische Vermessung ein. Die Stereokamera erfasste die beleuchteten Bereiche, der Laserentfernungsmesser kümmerte sich um die Schatten. Ein gewaltiger Datenstrom ergoss sich in den Speicher des Computers. Das Raumschiff hatte inzwischen beigedreht, um abzubremsen. Höhe eintausendfünfhundert, eintausendvierhundert, eintausenddreihundert ... Der Motor sprang mit Vollgas an und gleichzeitig zog das Schiff stark nach links. Im selben Moment bewegte der Pilot den Steuerknopf nach rechts. Das Schlingern ließ nach, aber das Raumschiff driftete weiter nach links weg. Dank seiner Erfahrung als Kampfpilot wusste Wilson sofort, wie er mit dem Schlingern und Schwanken umgehen musste. Er drosselte den Motor gerade so weit, dass er das Wanken ausgleichen konnte. Die

Maschine gehorchte jetzt wieder. Ohne Schlingern und fast ohne Schwanken, aber mit stark geneigtem Steuerknüppel, setzte das Schiff bei niedrigem Gas seinen Sinkflug fort.

Der Triebwerksschub reichte kaum aus, um die Vertikalgeschwindigkeit zu dämpfen, ohne in den Mond zu stürzen. Mit hoher horizontaler Geschwindigkeit flogen sie über den vorgesehenen Landeplatz. Der zentrale Kamm des Kraters blitzte direkt unter dem Schiff auf. Als das Schiff schließlich aufhörte zu sinken und sich parallel zur Wasseroberfläche bewegte, wurde die horizontale Geschwindigkeit reduziert.

Da das Triebwerk mit geringer Schubkraft lief, dauerte es zu lange, bis die Geschwindigkeit abgebremst wurde. Die Apollo flog über die sonnenbeschienene Ebene und landete auf der Schattenseite zehn Kilometer jenseits ihres Bestimmungsortes.

Georgij sah seinen Kameraden fragend an. Schweiß stand ihm auf der Stirn, ein Tropfen kullerte über seine Wange und hing an seinem Kinn. In seinem Nacken pochte eine Ader.

„Maschka“, antwortete William auf die stumme Frage. „Auf der Suche nach dem Gleichgewicht.“

Später stellte sich heraus, dass der Vestibularapparat des Roboters den humanoiden Teil des Rumpfes tatsächlich zur einen und zur anderen Seite geneigt hatte, um eine vertikale Position auf dem Raumschiff zu finden, das er dadurch schaukelte. Gleichzeitig gab es eine Erklärung dafür, warum die Roboter bei der Fahrt als Passagier auf dem Mondrover ständig ihre Batterien entleerten: Sie suchten ebenfalls das Gleichgewicht.

„Bei Gioja“, meldete Wilson der Erde, „ist alles in Ordnung. Alles ist in Ordnung, außer dass wir bis zu zehn Kilometer südlich des geplanten Punktes geflogen sind.“ Alles war nach Plan verlaufen, nur dass sie nicht auf einer sonnenbeschienenen Lichtung saßen, sondern im Schatten. Und dass der Treibstoff in den Tanks deutlich weniger war als geschätzt. Das Ausgleichen von Schwankungen, das Bremsen mit zu geringer Leistung und das Überfliegen verursachten einen erhöhten Verbrauch. Der Treibstoff reichte nicht für die Rückfahrt.

Wilson schaltete das mobile Cockpit vom Raumfahrt- in den Planetenstationsmodus um, schaltete die Topografie-, Steuerungs- und Navigationsinstrumente aus. Wichrew sah sich durch das Periskop um. Nur sechs Flugminuten trennten ihre jetzige Position von der Siedlung im Byrd-Krater, aber wie unterschiedlich waren die Welten!

Im Norden fiel der sonnenbeschienene Mittelstreifen des Kraters wie ein Gemälde auf. Wie Haifischzähne leuchteten seine scharfen dreieckigen Spitzen gegen den schwarzen Himmel. In der Ferne, halb hinter dem Horizont verborgen, spiegelte eine Bergkette die Strahlen der tief stehenden Sonne. Im Westen und Osten hoben sich die beleuchteten Gipfel besonders kontrastreich ab. Der südliche Teil des Walls war durch eine dünne Linie gekennzeichnet, die die Schwärze des Sternenhimmels mit der absoluten Schwärze des Gebirgszugs verband. In dieser Schwärze, zwischen den beiden Rädchen, zeichnete sich der Rand der Erde im Sonnenlicht ab. Die Atmosphäre über dem winzigen Segment der Arktis erstrahlte im blendend weiß-blauen Licht der gebrochenen Sonnenstrahlen.

„Houston“, wiederholte Wilson die Nachricht. „Hier spricht die Apollo 18.“ Sie standen im Gioja-Krater, zehn Kilometer südlich des Zielpunkts. Die vorgesehenen drei Sekunden waren verstrichen. Keine Antwort – Stille. Sie überprüften den Betrieb des Senders: Modulation, Antennenstrom. Der Sender war in einwandfreiem Zustand. Sie hörten im manuellen Modus in den Äther ab. Die Helme geben nur galaktische Geräusche wieder, aber keine Anzeichen von Zivilisation. Weder Signale von Metropolia-Sendern noch Störungen von Radiosendern, die auf benachbarten Frequenzen arbeiten, waren zu hören.

Es war nicht schwer, zu verstehen, was passiert war. Die Apollo befand sich im Schatten des südlichen, besonders hohen Teils der Berme des Gioja-Kraters. Sowohl die Sonne als auch die Erde verschwanden hinter den Bergen. Die Antennen des Mobiltelefons befanden sich außerhalb der direkten Sichtlinie zur Erdoberfläche, außerhalb dem höchsten, polaren Breitengrad, wo sich niemand aufhielt.

In Georgijs Augen blitzte ein Hoffnungsschimmer auf. Gab es denn niemanden in der Arktis? Das konnte doch nicht sein! Er schaltete den Radiosender auf die Frequenz der Nordseeschiffe um, drückte auf die Tangente des Senders und sendete auf Russisch: „Hier ist Apollo 18, bitte antworten Sie, wenn Sie mich hören können."

„Ich höre Sie, Apollo 18", sagte eine männliche Stimme. „Ich bin der Kapitän des Eisbrechers *50 Jahre Sieg*, guten Tag. Houston kann Sie nicht hören. Niemand scheint Sie zu hören. Außer uns natürlich."

„Seien Sie gegrüßt, Genosse Kapitän", sagte Georgij überrascht und wäre beinahe zur förmlichen Form der Kommunikation übergegangen.

„How do you do, Captain?", grüßte Wilson förmlich und bat darum, Informationen über die Landung des Schiffes an das Kontrollzentrum in Houston weiterzuleiten.

„Unser Funker hat eine direkte Verbindung zum Flugleitzentrum hergestellt, sodass Sie die Landung selbst melden können", antwortete der Kapitän des Eisbrechers und schaltete die Apollo 18 direkt nach Houston.

* *

Als die Kommunikation zusammengebrochen war, hatten Bradley Norton, Paul Duke und die diensthabende Metropolia-Schicht wild spekuliert, was passiert war. Alle verfügbaren Informationen stammten aus einem Satz, den Wilson in den Äther geworfen hatte: „Nicht den Kontrollen gehorchen, drosseln." Die Telemetrie zeigte, dass das Schiff nach dem Einschalten des Triebwerks zum Bremsen tatsächlich zu schwanken begann und der Pilot den Schub reduzierte. Die ganze Zeit, bis die Verbindung verschwand, war zu sehen, dass sie sich abwärts bewegten und ihre Geschwindigkeit langsam verringerten. Bradley Norton ordnete an, dass eine Saturn-5-Rakete für den Start von Apollo 20 vorbereitet werden sollte, und rief umgehend einen Notfallspezialisten hinzu.

An dieser Stelle wurde Norton gebeten, die Sprechanlage abzunehmen. „Der Kapitän des russischen nuklearbetriebenen Eisbrechers *50 Jahre Sieg* will mit Ihnen sprechen", sagte der Kommunikator und schaltete den Kanal zum Eisbrecher um.

„Hallo, Mr. Bradley", sagte der Nuklearkapitän auf Englisch. „Eure Jungs von Apollo 18 haben ihren Landepunkt verfehlt. Sie sind zehn Kilometer südlich des Zielpunktes gelandet. Nur unser Schiff steht in direktem Funkkontakt mit ihnen. Ich schalte Sie zur Apollo durch."

Norton hörte sich Wilsons kurzen Bericht an. Zwischen dem Verlust der Telemetrie und dem Kontakt mit dem Kapitän des Eisbrechers waren zehn Minuten vergangen. Nur zehn Minuten intensiver Suche nach dem, was mit der Besatzung und dem Schiff geschehen sein könnte, was zu tun ist, wie man sich verhalten soll. Nur zehn Minuten lang wurden die Menschen von einer gewaltigen Welle der Sorge um ihre Kameraden überrollt. Aber so stark, dass sie nicht einmal mehr die Kraft hatten, ihrer Freude Ausdruck zu verleihen, nachdem sie Wilsons Bericht gehört hatten, dass sowohl er als auch Georgij Wichrew gesund und munter waren und nichts sie direkt bedrohte. Nur ein Seufzer der Erleichterung durchdrang die Stille des Saals.

* *

Die Raumfahrer gingen durch die Schleuse und die Treppe hinunter auf den Boden. Die Apollo stand auf dem flachen Boden und stützte ihre Füße auf. Das von den Gipfeln des zentralen Bergrückens reflektierte Streulicht beleuchtete schwach die umliegende Landschaft. Jetzt begannen die Freunde zu erkennen, welches weitere Unglück ihnen widerfahren war.

Die Stromversorgung der Mondmissionen wurden allein durch die Sonne angetrieben. Die Konstrukteure hatten sich gegen isotopische Wärme- und Stromquellen entschieden: Das Risiko der Radioaktivität war zu groß.

Die Landung war auf einem beleuchteten Teil des Kraterbodens geplant gewesen, sodass die mobile Kabine mit einer Seite der Sonne zugewandt war und ihre Solarzellen Strom erzeugen konnten. Aber sie waren im Schatten gelandet. Die Cockpitbatterie blieb die einzige Stromquelle.

Die Spezialisten von Metropolia erkannten sofort, als sie die Flugbahn der Apollo zehn Kilometer nach Süden verlängerten, dass es ein Energieproblem geben würde.

„Verdammte Scheiße!“, fluchte Bradley Norton. Äußerlich blieb er aber die ganze Zeit ruhig und gab Anweisungen. Es würde drei bis vier Tage dauern, die Rakete für den Start vorzubereiten. Zum Mond fliegen … so viel länger. Mindestens eine Woche! Die Batterie in der mobilen Kabine konnte die Wärme nicht eine ganze Woche lang aufrechterhalten. Die Menschen würden vor Kälte sterben!

Sie hatten Treibstoff. Natürlich würde er nicht ausreichen, um in die Siedlung zurückzukehren. „Lasst sie wenigstens halbwegs fliegen, dann holen die Mondrover sie ab", schlug ein Rettungsmann vor und versuchte gleichzeitig, seinen Kommandanten Paul Duke zu beruhigen. „Wie viel Treibstoff haben sie? Wie lange werden sie fliegen können?"

„Die Ballistik rechnet bereits", antwortete Paul Duke.

Das Ballistikerteam der Flugleitzentrale nahm Kontakt auf.

„Wir haben zwei Optionen berechnet. Wenn man aufsteigt und über die Oberfläche gleitet, kann man den Fuß des Walls erreichen oder beispielsweise um den zentralen Gipfel herumfliegen und auf der beleuchteten Seite stehen bleiben. Bei voller Triebwerksleistung reicht der Treibstoff jedoch auch aus, um den Gioja-Krater zu überfliegen und auf seiner Sohle an der Außenseite zu landen, bereits im Byrd-Krater."

„Im Byrd-Krater!", rief Bradley aus. „Da gibt es eine Chance auf Rettung!"

„Es sind etwa siebzig Kilometer von der Siedlung bis zum Gioja-Krater entlang des horizontalen, schwach löchrigen Bodens des Byrd-Kraters", zeigte der junge Jack Simpson eine Karte auf dem Bildschirm an. „Zu Gioja, dem Apollo-Landeplatz, werden die Mondrover sicher kommen. Bewegen Sie das mobile Cockpit von der Landeplattform zum Mondrover."

„Aber sie werden nicht in die Siedlung zurückkehren können. Die Batterien sind leer, noch bevor sie die Schattenseite des Byrd verlassen, und sie können sich nur sehr langsam fortbewegen, wie einst Georgij Wichrew, mit der Energie, die die mobilen Cockpit-Paneele zu erzeugen beginnen."

Die verzweifelte Situation war wie eine Steinplatte, die auf die Herzen der Menschen drückte.

*

William Wilson und Georgij Wichrew waren nach Gioja gekommen, um diesen interessanten Krater zu erkunden, der in der Mitte seines Gipfels einen kleinen Bergrücken aufweist. Und diese Aufgabe sollte bedingungslos erfüllt werden. Es muss getan werden, egal, ob sie es schafften, hier lebend rauszukommen, oder nicht. Und mehr noch. Je geringer die Chancen auf einen Ausweg waren, desto sorgfältiger und gezielter sollte der Krater erkundet werden. Überlegtes Handeln bedeutet in diesem Fall, so viel geologische und mineralogische Forschung wie möglich in eine begrenzte Zeitspanne zu packen.

Ihnen stand nur die Zeit zur Verfügung, bis die Batterie der mobilen Kabine aufgebracht sein würde. Wilson schätzte, dass die Batterieladung kaum drei Tage reichen würde. Da die Batterie der mobilen Kabine die Raumanzüge und Maschas Zentauroidenbatterie aufladen müsste, wäre die Zeit noch kürzer. Die Freunde beschlossen, die Energie für die Heizung und das Aufwärmen von Lebensmitteln zu sparen und den Radiosender für Sendungen so kurz wie möglich zu halten. Sie schalteten den Kühlschrank aus. Weiter gab es nichts zu kürzen. Die Entdecker hatten zweieinhalb Tage Zeit und einen ganzen Krater voller Geheimnisse zur Verfügung.

Wichtig war, so Georgij, die Ergebnisse zusammenzufassen und zur Erde zurückzuschicken, bevor die Batterie vollständig entladen und der Sender abgeschaltet war.

Ja, stimmte William zu und fügte in Anspielung auf die strenge Kontrolle der Batterielebensdauer des Scanners hinzu: „Genauso wichtig ist es, jemanden zu haben, der die Ergebnisse zusammenfasst."

Was trieb die Menschen in dieser verzweifelten Situation an? Die Offizierspflicht schrieb William Wilson vor, den Auftrag auszuführen und nicht an eine Rettung zu denken. Und auch Georgij Wichrews persönliches Verantwortungsgefühl sagte ihm, dass er es durchziehen sollte. Beide machten sich sofort an die Arbeit.

Das Erste, was zu Boden ging, war Mascha. Sie stand nun regungslos auf der Plattform der Einstiegsstufe. Die Landungsbrücke wurde entfernt, gegen die Plattform gelehnt und der Befehl zum Abstieg gegeben. Mascha befreite sich aus dem Griff, der die Räder festhielt, und rollte auf den Boden. Georgij kletterte auf den Seesack, in dem William bereits die Probentasche und den geologischen Hammer verstaut hatte, und der Zentaurenreiter machte sich auf den Weg zum zentralen Kamm.

Zunächst schien die Reise ein leichter, angenehmer Spaziergang zu sein. Georgij spreizte seine Beine und stützte sich an den Kanten der Bretter ab, während seine Hände die Schultern des Roboters umklammerten. Die Plattform schwankte auf dem unebenen Boden, woraufhin der obere, menschenähnliche Teil nach rechts und links wippte und mit den Armen fuchtelte. Bald begannen Georgijs Muskeln zu ermüden. Es fiel ihm schwer, sich an das Schaukeln zu gewöhnen. Er fühlte sich wie ein Reitanfänger, der noch lernen musste, das Pferd zu fühlen und zu verstehen, bis er eine gleichmäßige Bewegung erreichte. Mit dem Roboter war es noch schlimmer. Der Roboter stellte sich nicht auf den Menschen ein – er bewegte sich einfach nach seinem Programm. Der entsprechende Zentauren-Stereotyp musste erst noch entwickelt werden.

Nach einer halben Stunde waren seine Muskeln so müde, dass er eine Pause machen musste. Mascha half Georgij von ihrem Rücken und reichte ihm den Hammer. Er nahm eine Kelle und entnahm unter einer Staubschicht die erste geologische Probe – ein Stück Gestein. Das Gestein entpuppte sich als gewöhnlicher Chondrit, aus dem die meisten auf die Erde fallenden Meteoriten zusammengesetzt sind. Weiter fand er Eisentitanat, das den Geologen als Ilmenit bekannt ist, Olivin, ein Gemisch aus Eisen- und Magnesiumsulfaten, und Pyroxen, ein Silikat aus Alkalimetallen, das im Mondboden vorkommt.

Eine Viertelstunde später brachen sie wieder auf. In den ersten Tagen auf der Mondoberfläche hatten die Software-Ingenieure einen Stereotyp für das Verhalten von Robotern, den sogenannten „Speeding on the lunar surface“, entwickelt, und nun konnte Mascha die Größe und Höhe von Kratern, Hügeln und Spalten aus der Ferne abschätzen und eine Route selbstständig festlegen. Nur dass es heftig schwang und seinen Reiter erschöpfte.

Wir sollten ein Muster entwickeln, das besagt, wie man mit einem Reiter, der mit einem geologischen Hammer bewaffnet ist, über die Mondoberfläche rast, dachte Georgij Wichrew und spürte, wie seine unteren Rückenmuskeln wieder zu ermüden begannen. So sehr er sich auch beeilte, den Mittelkamm zu erkunden, so sehr er auch versuchte, auf der Reise Zeit zu sparen, musste er doch eine weitere Rast einlegen. Sie leuchteten mit ihren Laternen und sahen sich um, nahmen einige Bodenproben und brachen nach einer kurzen Pause wieder auf.

So erreichten sie, mit Pausen alle halbe Stunde, den Mittelkamm. Der steile Bergrücken fiel allmählich in Richtung Nordosten ab. Die schwarzen Facetten der Felsen schimmerten im Sonnenlicht anthrazitfarben und kontrastierten mit der Schwärze der Risse und Spalten, die das Licht nicht erreichte. Wichrew schaltete den Sender ein, meldete seinem Befehlshaber, dass er den zentralen Bergrücken erreicht hatte, und begann mit der Erkundung. Er brach ein Stück Felsen ab und hielt es vor seine am Helm befestigte Lupe. Die schwarzen Körner – freier Kohlenstoff – lagen neben kugelförmigen hellgrauen Chondren des sogenannten ersten Typs, die neben Silikaten auch Kohlenstoff und chemisch gebundenes Wasser enthalten. Chondriten allgemein waren ein von einem Geologen klassifiziertes Mineral. Er steckte den Kieselstein in einen Aluminiumbeutel, diktierte auf ein Tonbandgerät den Ort der Probenahme, das Datum, die Uhrzeit und die Nummer des Beutels und reichte ihn Mascha. Mascha packte die Probenbeutel in eine Tasche, die sie hinten im Frachter mitführte. Der Hammer vertiefte den Regolith am Rand des Felsens. Die gleiche dunkelgraue, fast schwarze Oberfläche der Klippe ging hinunter. Er sah auf. Es ging einen Hang hinauf, der aus hellbraunen und grauen Felsen bestand. So hoch oben, wie es seine Körpergröße und die Länge des Hammerstiels zuließen, schlug er ein Stück Stein ab. Derselbe Chondrit. Vor dem Geologen lag ein ganzer Felsen aus Chondriten. Es war nicht einmal ein Felsen, sondern ein Fragment eines riesigen Meteoriten.

Die Müdigkeit vom Reiten hatte ein wenig nachgelassen. Der Entdecker ging in nordöstlicher Richtung entlang des Bergrückens. Er stieg von seinem Vorsprung hinunter. Das gesamte Gelände war mit Steinen mit hellgelben und klaren Kristallen übersät. Er hob einen Stein auf und untersuchte ihn mit einem Vergrößerungsglas. Zweifelsohne das Mineral Enstatit.

Mascha folgte ihm den sanften Abhang hinunter. Wichrew dokumentierte das Mineral, und Mascha steckte das Tütchen mit Enstatit in ihre Schatzkiste.

Interessanterweise, so der Geologe, kam Enstatit sowohl in irdischem als auch in lunarem Gestein vor und strömte mit geschmolzenem Magma an die Oberfläche. Es konnte auch in der Materie von Meteoriten gefunden werden, in Enstatit-Chondriten. Der Enstatit gab keine Auskunft über seine Herkunft. Gewöhnliche Chondrite hingegen wiesen direkt auf einen meteoritischen Ursprung der Substanz hin. Es war möglich, dass der zentrale Bergrücken nicht von der ausströmenden Lava gebildet wurde, die die zentralen Spitzen der meisten Einschlagskrater bildet, sondern von der Materie des Meteoriten selbst. Um diese Hypothese zu bestätigen, würde es gut sein, Gesteinsproben vom Westhang des Mittelrückens zu erhalten.

Der Weg führte bergauf. Auf dem sehr lockeren Boden begannen Maschas Räder zu rutschen. Nach einigen erfolglosen Versuchen blockierte Mascha die Räder und setzte die Radkurbeln in Gang. Die Räder befanden sich nun in einem Bogen mit dreifachem Radius, sodass sie mit Leichtigkeit aus dem Tal herausfahren konnte. Eineinhalb Stunden vergingen wie im Flug. Es war an der Zeit, den Rückweg anzutreten. So gerne er auch weiter auf dem Bergrücken wandern würde, so wichtig war die Disziplin. Wenn die Batterie oder der Kohlendioxidabsorber leer waren, bevor sie den Apollo erreichten, würde er sterben. Seine Erkenntnisse, seine Beobachtungen, die Expedition selbst würden jede Bedeutung verlieren.

Die vierstündige Rückfahrt erschöpfte Georgij. Ein müder, hungriger Kamerad wurde von William Wilson empfangen.

Mascha wurde die Verantwortung übertragen, und sie gingen selbst zur Kabine hinauf.

Sie schleusten sich aus und hängten ihre Raumanzüge auf. Die Kabine hatte begonnen abzukühlen. Sie mussten sich wärmer anziehen und gingen, nachdem sie sich und die Kabine aufgewärmt hatten, zu einem eilig zubereiteten kalten Abendessen über. Am Tisch erzählte Georgij von seiner Reise, zeigte mineralogische Funde und beklagte sich am Ende, dass er nicht genug Zeit für eine richtige geologische Erkundung gehabt habe, weil es zu lange gedauert habe, bis er den zentralen Bergrücken erreicht hatte, und das Reiten viel Energie gekostet hatte. William hat auch etwas Interessantes gefunden. Morgens, nachdem er sich von seinem Kameraden und Mascha verabschiedet hatte, hatte er sich zu Fuß auf den Weg nach Süden gemacht. In enger Zusammenarbeit mit Georgij hatte Wilson etwas über Geologie gelernt. Er konnte Minerale unterscheiden, hatte Kenntnis von der Stratigrafie, d.h., er verstand den Aufbau und die Abfolge von Gesteinsformationen und deren räumliche und tiefe Lage.

„Ich bin in einem Gebiet von etwa einem Quadratkilometer herumgelaufen und habe überall Proben genommen.“ William nickte auf den Stapel von Tüten. „Ich habe alles dokumentiert, so, wie du es mir beigebracht hast. Schau mal!“

Er zeigte triumphierend seinen Fund. Er schüttete eine Prise Staub auf den Objektträger und hielt dem Geologen das Mikroskop vor die Nase. Der lehnte sich gegen das Okular. Die silbrigen Schuppen glitzerten im reflektierten Licht.

„Einheimisches Aluminium!“, rief der Geologe aus. „Natürlich ist uns das Vorhandensein von nativem Aluminium in den Proben bekannt, die von der sowjetischen automatischen Mondstation 16 und früheren Apollo-Missionen geliefert wurden. Aber in so großen Mengen! Das gibt‘s doch nicht!“

Wichrew nahm eine Probe aus einem anderen Beutel und verschüttete sie auf dem Objektträger. Erneut lehnte er sich gegen das Okular. Zweifellos befand sich unter den Oxidkörnern und dem Staub des gewöhnlichen Mondregoliths metallisches Aluminium, und davon gab es reichlich.

„Vor ein paar Stunden“, wechselte William Wilson das Thema, „fand eine Funksprechstunde mit Houston statt.“ Die Welt hatte sich auf die andere Hälfte gedreht, der Eisbrecher befand sich hinter dem Horizont, und die Kommunikation lief über die kanadische Polarwetterstation. „Die Menschen auf der Erde senden uns ihre Grüße und drücken ihre Hoffnung auf unsere Rettung aus.“

„Dankeschön.“ Wichrew trat von dem Mikroskop zurück.

„Bradley Norton sagte, die Experten hätten einen Weg gefunden, uns zu retten.“ Aus irgendeinem Grund klang William Wilson überhaupt nicht fröhlich, als er diese frohe Botschaft verkündete. „Sie schlugen vor, fünfzehn bis zwanzig Kilometer nach Norden zu fliegen, ins Sonnenlicht. Dann können wir auf die Apollo 20 warten und mit ihr zur Erde zurückfliegen. Übrigens könnten wir auch die Erkundungstätigkeit auf Gioja in vollem Umfang übernehmen.“

„Was?!“, sagte Georgij entrüstet. „Der unbemannte Start von Apollo 20 bedeutet das Scheitern der dritten Mondexpedition. Ja, und das Programm für die zweite Expedition wird nicht erfüllt werden. Das Schlimmste ist, dass Marcel Trial auf dem Mond zurückbleiben wird! Alleine!“ Georgij kippte das Mikroskop vor Aufregung um. Der Mondstaub verteilte sich in der ganzen Kabine. „Nein! Wir bleiben hier und erledigen die anstehende Aufgabe. Erst dann fliegen wir nach Byrd. Hoffentlich reicht der Treibstoff, um den Kraterschacht zu überfliegen. Wir können rüberfliegen, aber wir werden in eine noch größere Dunkelheit fliegen als jetzt, und das mit einer schwindenden Batterie. Wir fliegen nicht ohne Marcel zur Erde“, sagte Georgij entschlossen. „Sag der Direktion, sie soll den Start der Zwanzigsten absagen.“

„Das habe ich bereits!“, rief William freudig aus. „Ich habe ihnen gesagt, dass weder du noch ich uns ohne Marcel Trial bewegen werden!“

„Sehr gut“, sagte Georgij ruhig und begann, einen Bericht über die Ergebnisse der Erkundung zu verfassen.

Sie legten sich für die Nacht auf den Boden, mit all ihren Kleidern und zwei Decken über ihren Körpern. Die Heizung wurde nicht eingeschaltet, um die Batterie zu schonen. Sie lagen zusammengekauert da und wärmten sich gegenseitig. Sie konnten bis zum Morgen nicht einschlafen.

Das Aufstehen wurde rechtzeitig für die Kommunikationssitzung mit der Erde geplant. Die kleinen Erdsegmente, auf denen sich der Eisbrecher und die kanadische Wetterstation befanden, waren abwechselnd in der Lücke zwischen den südlichen Zacken des Gioja-Kraters eingeschlossen, und das auch nur für kurze Zeit.

Die Temperatur sank unter null. Die Fenster waren mit einer dünnen Eisschicht aus den kondensierten Dämpfen der ausgeatmeten Luft überzogen. Sie mussten eine Zeit lang die Heizung aufdrehen, damit das Wasser in den Rohren nicht einfror. Sie frühstückten kalte Sandwiches und tranken eiskaltes Wasser. Brrrr.

Pünktlich zum Start erschien das nuklear angetriebene Raumschiff vor den Antennen der Apollo. Sie hörten die vertraute Stimme des Kapitäns: „Die Erde ist auf Empfang. Guten Tag!“

Sie verbanden nach Houston.

„Hallo.“ Kapitän William Wilson hatte kaum Zeit, sie zu begrüßen, da war Bradley Norton schon in der Leitung.

Wilson berichtete über die Situation auf der Apollo 18. Wichrew gab den Bericht über die Erkundung des zentralen Bergrückens und des Apollo-Landegebiets weiter und fragte, wie es Trial ergangen sei.

„Marcel Trial ... plant ... zu Ihnen zu kommen, an den äußeren Hang des Gioja-Kraters“, antwortete Norton ohne Begeisterung. „Aber. .. ein Flugzeug, das mit einem Weltraumkommunikationssystem ausgestattet ist, ist auf dem Weg zum Nordpol. Das Flugzeug wird den Nordpol überfliegen und als Repeater für eine ununterbrochene Kommunikation mit euch sorgen. So könnt ihr direkt mit eurem Gesprächspartner kommunizieren. Marcel wurde angerufen, aber er hat nicht geantwortet.“

Offenbar hatte das Flugzeug den Nordpol noch nicht erreicht, dachten sich die Freunde und gingen ihrer Arbeit nach. Sie zogen ihre Raumanzüge an, gingen durch die Schleuse und stiegen auf die Mondoberfläche hinab. Mascha stand mit einem voll aufgeladenen Akku für die Reise bereit. Diesmal war es Wilson, der mit einem geologischen Hammer und nummerierten Probenbeuteln auf eine weite Erkundungsreise ging. Georgij verstand den Wunsch seines Kameraden, den Mittelkamm mit eigenen Augen zu sehen und zu erkunden, und blieb deshalb selbst beim Raumschiff. Außerdem musste er einfach das Vorkommen an einheimischem Aluminium bewerten, das Wilson gestern entdeckt hatte. Und wenn er ehrlich war, konnte er es nicht ertragen, noch einen weiteren Tag auf einem brünstigen Pferd über die Mondoberfläche zu rasen.

Nachdem er sich von seinem Freund verabschiedet hatte, plante Georgij seinen Tag so, dass er nur mit einer Schaufel ausgerüstet und seinen eigenen Füßen als Transportmittel die Aluminiumvorkommen so genau wie möglich erkunden konnte.

Während gestern das Apollo-Landegebiet in meridionaler Richtung erkundet wurde, folgte Georgij heute einer lang gestreckten Ellipse: erst einige Kilometer nach Westen, dann nach Osten und zurück zum Raumschiff. Seine Bodenproben, die sowohl von der Oberfläche als auch aus geringer Tiefe entnommen wurden, soweit die Kelle reichte, bestätigten, dass es sich bei dem Landeplatz um eine große Ablagerung von nativem Aluminium handelte.

**

Sobald die Nachricht kam, dass seine Kameraden in Schwierigkeiten geraten waren, schlug Marcels Herz höher. Seine Freunde, die Menschen, die ihm am nächsten standen, waren in Gefahr, und er würde alles tun, um sie zu retten, selbst auf Kosten seines eigenen Lebens! Marcel ließ sich weder von Pflichtbewusstsein leiten, wie der Militärpilot Wilson, noch von Verantwortung, wie der Wissenschaftler Wichrew. Er wurde von der Liebe geleitet.

Er folgte seiner Intuition und war sich seines eigenen Plans noch nicht ganz bewusst, als er, Grischa und Dascha mit dem Mondbuggy zum Hauptkraftwerk fuhren und zu dritt begannen, einen Flügel des Kraftwerks zu demontieren. Eine Platte nach der anderen wurde auf den Mondrover gestapelt. Stützen, Pfähle, Verstrebungen und Drähte wurden von den

Robotern auf die Plattform gehoben, wo Marcel sie in Empfang nahm.

Der Energietechniker, der von den veränderten Parametern des Kraftwerks überrascht war, rief Bradley Norton zu sich. Auch Paul Duke und die anderen Mitarbeiter kamen nach oben.

Jack Simpson legte die Byrd-Karte wieder auf den Bildschirm und begann, die Entfernung von der Siedlung bis zum Rand des Schattens und dann vom Schatten bis zum geplanten Landepunkt von Apollo 18 zu messen, falls Wilson und Wichrew sich entschließen sollten, den Schacht des Gioja-Kraters zu überfliegen.

„Marcel Trial möchte Paneele mit Photovoltaikanlagen installieren ...“, begann Paul Duke.

„... auf der Sonnenseite der Byrd-Krater-Schüssel, aber so nah am Schatten wie möglich ...“, fuhr der leitende Energieingenieur fort.

„... in Richtung des Apollo-Landeplatzes ...“, begann die Idee des Metallurgen klar zu werden.

„... um die Mondrover auf dem Rückweg aufzuladen und in die Siedlung zurückzukehren“, schloss jemand.

„Nein“, unterbrach Simpson: „Trial wird die Paneele montieren und die Mondrover sofort in Betrieb nehmen. Sofort! Auf dem Rückweg ist es aber auch sinnvoll, die Batterien wieder aufzuladen.“

„Klar!“, sagte Norton in einem zuversichtlichen Ton. „Wilson und Wichrew sind also auf einer Mission im Gioja-Krater, und sobald sich der Bau-Mondrover der Außenseite des Kraters nähert, kommen sie mit dem restlichen Treibstoff über den Schacht. Sie verlegen das Cockpit von der Landeplattform auf den Mondrover. Ab diesem Zeitpunkt ist nur noch etwa die Hälfte der Batterieleistung vorhanden. Gerade genug, um das Zwischenkraftwerk zu erreichen, wo der Mondrover seine Batterie auflädt und zur Siedlung zurückfährt.“ Norton sah keinen Widerspruch in den Augen des Personals und begann, Befehle zu erteilen: „Energetiker! Berechnen Sie, wie viele Platten entfernt und zum Zwischenkraftwerk transportiert werden müssen. Geben Sie die Zahl an Marcel Trial weiter. Ballistiker! Berechnen Sie die Flugbahn und die Parameter des Sprungs und geben Sie den Landeplatz von Apollo an. Astronomen! Bestimmen Sie die Koordinaten des Zwischenkraftwerks. Während der Woche sollte das Kraftwerk auf der beleuchteten Seite gewährleistet sein. Mondrover-Transportabteilung! Zeichnen Sie die Route von der Siedlung zum Zwischenkraftwerk und vom Zwischenkraftwerk zum geplanten Apollo-Landeplatz ein. Laden Sie die Fahrstrecken in den Speicher der Modmobile.“

Norton richtete seinen Blick auf den Chefingenieur. „Können die Roboter – die beiden Roboter Grischa und Dascha – die Paneele des Zwischenkraftwerks ohne menschliches Zutun zusammenbauen?“

„Die Ingenieure von Tosi und der Solarmodulhersteller versichern uns, dass sie das können.“ Die ganze Zeit über hatten sie sich intensiv mit der Installation verschiedener Strukturen befasst, darunter auch mit Sonnenkollektoren. Die Roboter hatten die Strukturen wiederholt ohne menschliches Zutun montiert und demontiert. Und sie arbeiteten sowohl allein als auch zu zweit.

„Gut“, fasste Norton zusammen und begann, die Dinge zu besprechen, die nicht bedacht und nicht in Betracht gezogen worden waren.

Der einzige Landesteg für die Roboter zum Ein- und Aussteigen aus dem Mondrover war mit nach Gioja gezogen.

„Sie brauchen den Landesteg nicht", schaltete sich der Leiter der Verkehrsabteilung ein. „Die Roboter werden auf einer Mondrover-Konstruktion fahren. Es gibt einen Kran darauf. Marcel Trial wird den Kran benutzen, um die Roboter auf die Plattform des Mondrovers zu heben, und wir werden sie am Standort des Zwischenkraftwerks selbst abladen. Dies ist leicht möglich. Erinnern Sie sich an das Epos des dritten Kerns der Stromleitung. Dann lassen wir Mascha auf den Boden sinken und sie hievt sich auf den Mondrover, während William und Marcel ihrer Arbeit nachgehen."

„Die Roboter können die Installation des Zwischenkraftwerks ohne Marcel Trial bewältigen", wiederholte Norton langsam und sah den Chefingenieur an, um sich zu vergewissern, dass der Plan umgesetzt werden konnte. Nach allen Berechnungen schien es möglich, dass überhaupt kein Mensch an der Installation des Kraftwerks beteiligt sein musste. „Von der Siedlung bis zur Zwischenstation sind es ein paar Stunden Fußmarsch, sagen wir vier Stunden, wobei der Mondrover etwa vierzig Prozent seiner Ladung verbraucht. Die Installation des Kraftwerks wird zwanzig Stunden dauern. Sobald die Installation abgeschlossen ist, sollte der Mondrover die Ladung wieder auffüllen – das dauert weitere vier Stunden. Wir machen uns auf den Weg zum Apollo-Landeplatz, was weitere vier Stunden dauern wird. Die Apollo sollte zu diesem Zeitpunkt bereits zum Byrd-Krater geflogen sein. Es vergehen also zweiunddreißig Stunden von dem Zeitpunkt an, an dem der Mann die Siedlung verlässt und die mobile Kabine betritt. Zweiunddreißig Stunden – im günstigsten Fall! Ein Mensch kann maximal zehn Stunden in einem Raumanzug bleiben. Die Kartuschen der Kohlendioxid-Absorber, die Wasserkapazität des Kühlsystems und das Aufladen der Batterien sind für diese Zeit ausgelegt.

Wenn eine der verbrauchbaren Komponenten zur Neige geht, stirbt die Person an Überhitzung oder an überschüssigem Kohlendioxid. Die Komponenten können nur durch Öffnen der Vorderseite des Raumanzugs, d.h., innerhalb des Lebensraums, nachgefüllt werden. Zweiunddreißig Stunden erforderlich – im Gegensatz zu zehn Stunden erlaubt!“ Natürlich kam diese Reise für Marcel Trial nicht infrage. Gegen die Zahlen war kaum etwas einzuwenden.

Marcel bestritt die Berechnungen nicht. Bis zum Morgen hatte er die Demontage abgeschlossen und zwanzig Paneele und Rahmenstreben am Mondrover verstaut. Er ließ die Mondrover und Roboter aufladen. Er hielt inne und ging zum Stößel. Langsam zog er seinen Raumanzug aus. Er reinigte ihn gründlich. Er füllte das Wasser bis zum Maximum auf und wechselte die Patronen des Kohlendioxid-Absorber aus. Der Absorber war der leistungsstärkste aus der neuesten Serie. Auch die Batterie des Raumanzugs wurde aufgeladen. Er erinnere an Seeleute, die sich auf ihre letzte Schlacht vorbereiten. Genau wie sie rasierte er sich gründlich und nahm eine Dusche. Er zog sich saubere Unterwäsche an.

Er wollte schlafen gehen – es war noch genug Zeit, bis die Batterien der Moonwalker voll aufgeladen sein würden –, aber der Schlaf wollte nicht kommen. Er sah sich den Film über die Apollo 13 an. Er hatte ihn schon lange schauen wollen, hatte aber noch keine Zeit dazu gefunden. Nachdem er den Film gesehen hatte, machte er Frühstück. Er schenkte drei Gläser Wein ein: sich selbst, William und Georgij. Er trank sein Glas aus, die beiden anderen blieben unangetastet.

Auf dem Monitor blinkte ein Bildschirm auf, der anzeigte, dass zuerst die Roboter, dann ein und dann das andere Mondmobil voll aufgeladen waren. Marcel stand auf und ging mit einem Glas Wasser zum Fenster. Er goss den Kaktus in aller

Ruhe und sagte zu ihm: „Ich gehe und du wartest auf Leute. Hab Geduld, verwelk nicht!“ Er betrat die Luftschleuse und ließ sich Zeit, seinen Raumanzug anzuziehen, wobei er sorgfältig jedes Ventil, jeden Verschluss und jedes Schloss überprüfte.

„Marcel“, rief Norton dem Metallarbeiter zu. „Du musst nirgendwo hingehen. Die Roboter werden alles selbst machen. Bleib in der Siedlung.“

Marcel schwieg.

Einige Minuten später wurde er von der Stimme von William Wilson gerufen. „Marcel. Bleib in der Siedlung. Wir kommen allein zurecht.“

Die Kommunikation zwischen Apollo 18 und der Mondsiedlung musste über ein Repeater-Flugzeug erfolgen, da der hohe Wall des Gioja-Kraters den Durchgang der Funkwellen vollständig blockierte. Drei Sekunden lang flogen die Worte William Wilsons erst von der Apollo zum Flugzeug und dann vom Flugzeug zur Siedlung. Die gleiche Zeitspanne, die für die Beantwortung benötigt wurde. Sechs lange Sekunden lang warteten Wilson und Wichrew darauf, was Trial zu sagen hatte. Aber nach sechs oder mehr Sekunden gab es keine Antwort mehr.

Der Direktor der NASA und William Wilsons Kollegen meldeten sich und baten Marcel eindringlich und mit schmerzlicher Stimme, im Lager zu bleiben. Auch Sinaida, die sich ebenso große Sorgen um ihren Mann machte, bat Marcel, nicht zur Installation des Zwischenkraftwerks zu gehen.

Trial hörte aufmerksam zu, antwortete aber nicht. Die Worte hatten ihre Bedeutung völlig verloren. Er, Marcel Trial, musste alles tun, um seine Kameraden zu retten. Er kannte sich selbst gut. Er würde sich nicht verzeihen, falls er seine Freunde verlieren würde, wenn er auch nur die kleinste Chance auf Rettung verpasst hätte. Es war seine und nur seine Entscheidung.

Die Roboter hatten in der Tat hervorragende Arbeit geleistet. Ein menschliches Eingreifen war fast nicht erforderlich. Fast! Es war dieses „fast“, das Marcel in Betracht zog. Ein „Fast“, von dem das Leben seiner Kameraden abhing. Deren Leben er über sein eigenes stellte. Das war eigentlich die ganze Arithmetik. Die Handlungen des Metallurgen waren keine absichtliche, ostentative Selbstaufopferung. Man spielt nicht mit seinem eigenen Leben. Wenn auch Marcels Seele in Flammen stand, seine Handlungen waren eiskalt. Er war sich bewusst, dass die zehn Stunden autonomen Betriebs des Raumanzugs nicht ausreichen würden, um zur Siedlung zurückzukehren oder den Apollo-Landeplatz zu erreichen. Wenn eine halbe Stunde Autonomie verbleiben würde, würden er und Grischa vom Zwischenkraftwerk wegfahren und eine Mulde oder einen Krater von geeigneter Größe suchen. Hier würde der Roboter ihn begraben. Übrigens, dachte Marcel, sollten wir eine Schaufel im Mondrover verstauen.

**

Jack Simpson, das Mitglied der Transportabteilung des Mondrovers, der „Junge“, wie ihn seine Freunde nach dem Vorfall nannten, als er die Rückkehr des Mondrovers mit Georgij Wichrew verpasst hatte, hatte Batterieleistung, Kilometer, Stunden und Sekunden in diese und jene Richtung berechnet.

Nun, nun, nun ... Eine Person kann bis zu zehn Stunden in einem Raumanzug bleiben. Das war natürlich lästig, aber nicht fatal. Was kann in zehn Stunden alles erledigt werden?

Sehr viel. Man könnte zum Beispiel mit dem Moonwalker zum Zwischenkraftwerk fahren, den Robotern eine Abreibung verpassen, damit sie die Drähte nicht durcheinanderbringen, und dann direkt zurück in die Siedlung fahren. Es dauerte vier Stunden, um dorthin zu gelangen, eine halbe Stunde, um dorthin zu gelangen, und vier Stunden, um wieder zurückzukommen. Aha! Was noch? Man konnte in die Siedlung zurückkehren, den Rover wieder aufladen, den Raumanzug auftanken und bei Bedarf einen weiteren Ausflug zum Zwischenkraftwerk unternehmen.

Simpson sah sich um. Der Kontrollraum war leer. Die Vorgesetzten und die leitenden Fachleute versammelten sich im Nebenraum, um zu besprechen, wie man aus einer dramatischen Situation herauskommen könnte. Er ging zum Mikrofon und zapfte den Kommunikationskanal mit der Siedlung an. „Sir“, sagte Simpson zu Marcel Trial, „jeden Moment kann den Robotern etwas zustoßen, das ein menschliches Eingreifen erfordert. Unsere Erfahrung zeigt, dass dies manchmal der Fall ist. Den Robotern passiert nichts Schlimmes: Sie verheddern sich in einem Draht, verirren sich zwischen drei Felsen oder verlieren eine Nuss. Natürlich sind es Kleinigkeiten, aber diese Kleinigkeiten blockieren die Arbeit völlig. Wir müssen dann einen Menschen zu den Robotern schicken. Solche Probleme können in wenigen Minuten gelöst werden, aber es ist nicht vorhersehbar, wann menschliche Kraft erforderlich sein wird. Es kann vorkommen, dass die Roboter nach Ablauf der zehnstündigen Lebensdauer des Raumanzugs Hilfe anfordern. Wenn Sie im Dorf bleiben, ist es immer noch möglich, wenn nötig, den zweiten Rover schnell zum Zwischenkraftwerk zu bringen, den Robotern zu helfen und sofort zurückzukehren. Und mehr noch: Wenn der Mondrover aufgeladen ist, kann er wieder zum Kraftwerk gehen."

„Ich verstehe dich, Junge", ertönte die Stimme von Marcel Trial über den Lautsprecher. „Gut! Im Moment schicke ich einen Mondrover mit Grischa und Dascha zur Montage des Zwischenkraftwerks. Ich selbst bleibe hier, in der Siedlung. Ich habe einen völlig leeren, voll aufgeladenen Mondrover und einen voll ausgerüsteten Raumanzug zur Verfügung. Und bitte störe mich nicht, egal, aus welchem Grund."

Wenn Trial vorher keine Worte gebraucht hatte, brauchte er sie jetzt erst recht nicht.

Der Bau-Mondrover mit der Besatzung der zwei Roboter war auf dem Weg nach Süden. Allmählich verschwanden die Räder des Mondrovers hinter dem Horizont, dann seine Plattform mit Solarzellen und Robotern. Als Grischas Kopf schließlich unter die Horizontlinie tauchte, schälte sich Marcel Trial aus seinem Raumanzug und ließ sich auf das Sofa im Wohnmodul fallen, ohne sich auszuziehen. Nach einer schlaflosen, unruhigen Nacht schlief er den Tag durch.

Er wachte ausgeruht und gut gelaunt auf. Die fröhliche Stimmung verließ Marcel sowieso nur selten. Die diensthabende Schicht von Metropolis meldete, dass der Mondrover mit den Robotern den Standort erreicht hatte. Die Roboter hatten gerade das Kraftwerk zusammengebaut und den Mondrover aufgeladen.

„Gut gemacht!", rief Marcel aus. Er aß zu Mittag und ging zum Gewächshaus, um sein Beet zu pflegen und die Beete von William und Georgij zu gießen. Weiß-grünes Licht strömte von LEDs über die Oberfläche der Gewölbedecke. Die Ventilatoren erzeugten eine schwache Luftbewegung, die wie eine sanfte Brise die Äste der Büsche kräuselte. Es machte ihm Spaß, Unkraut zu jäten, auszulichten und die dünnen Stängel der Pflanzen zu binden. Die Wurzeln sprossen in den sandigen Mondboden, hielten sich fest und nährten die saftigen grünen Blätter. Ein paar Stunden vergingen wie im Flug. Der Mondrover hätte inzwischen im Zwischenkraftwerk voll aufgeladen sein müssen, aber der Lautsprecher blieb stumm.

Die Roboter müssen ein ziemliches Chaos angerichtet haben, dachte Trial. Metropolia versucht, sich aus eigener Kraft durchzuschlagen. Sie rufen mich nicht zur Hilfe, entweder aus Stolz oder weil sie Angst haben, dass ich den Robotern helfe und dann zur Apollo gehe. Und genau das werde ich tun! Ihnen entgegen!

Er arbeitete noch eine halbe Stunde lang und dachte sorgfältig darüber nach. Dann pflückte er einen Weizenhalm aus Williams Beet und einen Trieb von dem Johannisbeerstrauch, den George gerade pflegte, und ging entschlossen aus dem Gewächshaus in die Wohnräume. Nach einer schnellen Dusche und einem kleinen Snack zog er seinen Raumanzug an, lief durch die Schleuse und kletterte auf den Mondrover. Er fuhr zum Freilager, zu der Stelle, an der die Apollo gelandet war, warf das „H“ auf den Mondrover und kletterte wieder auf die Plattform. Er legte mit der Fernbedienung die Route fest und gab den Startbefehl.

Der Mondrover wirbelte mit seinen Rädern Staubfahnen auf und raste auf das Zwischenkraftwerk zu. Marcel stand auf dem Podest, eine Hand hielt sich am Geländer fest, die andere schirmte ihn vor der blendenden Sonne ab, und blickte nach vorne, in die Ferne, wo die Spur des Mondrovers hinter dem Horizont verschwunden war. Im Vergleich zu Zentauren war das Reisen auf einem Mondrover viel bequemer und schneller. Der Mondrover passte sich mit jedem seiner Räder dem Gelände an, umkurvte Unebenheiten und

Schlaglöcher und versuchte, die Plattform waagerecht zu halten, ohne Stöße zu übertragen oder sie so stark wie möglich zu schaukeln.

*Der weiß-blaue Zement der Arktis*

Am Anfang wurde der Weg oft von den alten Fußspuren der Mondrover gekreuzt. Sie waren von Georgij Wichrew und Paul Duke, als sie Proben sammelten, die zur Erde zurückgeschickt werden sollten. Dann und wann gab es Spuren des Mondrovers, die Wichrew hinterlassen hatte, als er den Kraterboden bis hinunter zum Zwischenkraftwerk erkundete. Manchmal musste der Mondrover scharf zur Seite lenken, um einem plötzlichen Schlagloch auszuweichen. Auch das war das Werk von Wichrew. Mit einem Bagger hatte er zwei bis vier Meter tiefe Gruben ausgehoben, um Gesteinsproben zu entnehmen. Diese Schlaglöcher wurden von der

Transportabteilung des Mondrovers bei der Planung der Strecke nicht berücksichtigt, sodass er aus eigener Kraft eine Umleitung fahren musste.

Vier Stunden später tauchte die Spitze des Kraftwerks auf, gefolgt von dem Bau-Mondrover. Als er näher heranfuhr, sah Marcel Trial ein tragisches Bild. Grischa lag unter dem Hinterrad des Mondrovers. Eine seiner Hände steckte in den Speichen des Rades, die andere stützte sich gebeugt auf den Boden. Über Grischa lehnte Dascha.

„Erzählt mir, was passiert ist", wandte sich Trial an die Verkehrsabteilung.

Nachdem die Roboter den Kraftwerksteil zusammengebaut hatten, begann der Bericht des diensthabenden Fahrdienstleiters. Grisha hatte das Kabel aus dem Kraftwerk herausgezogen und es in den Kabelhalterungsanschluss des Mondrovers gesteckt. Da der Roboter nichts weiter zu tun hatte, blieb er stehen und wartete darauf, dass die Batterie vollständig aufgeladen war, damit er den Draht ziehen konnte. Ein paar Stunden später, nachdem die Batterie aufgeladen war, versuchte das Mondmobil, das Kabel der Halterung aus dem nicht vorhandenen Anschluss zu ziehen. Das Kabel der Konsole bewegte sich einfach hin und her und zog den Draht hinter sich her. Dann beschloss der Mondrover, seiner Programmierung gehorchend, seinen Schwung zu verstärken, und bewegte sich zunächst vorwärts, wobei er Grischa, der mit einer Hand die Kabelhalterung festhielt, rückwärts zog. Er fuhr auf Grischa ...

„Erzähl weiter", drängte Trial ihn ungeduldig.

„Grischa befolgte das dritte Gesetz der Robotik, das besagt, dass ein Roboter für seine eigene Sicherheit sorgen muss, es sei denn, er gefährdet die Sicherheit des Menschen oder widerspricht menschlichen Befehlen ..."

„Kürzer!“, bellte Trial.

Der diensthabende Mitarbeiter, der genauso jung war wie der Rest der Transportabteilung, begann zu plappern: „Grischa versuchte, das drohende Rad wegzuschieben. Die Hand verfing sich in den Speichen, die Finger brachen, das Wrack verhedderte sich. Der Mondrover hielt zu spät an, als Grischa bereits unter dem Lenkrad lag.“

„Und was ist mit Dascha?“

„Wir haben versucht, mit ihr Grischas Arm aus den Speichen zu entfernen, um Grischa und das Mondmobil zu trennen.“

„Wie ich hier sehe, habt ihr es nicht geschafft“, bemerkte Marcel Trial und betrachtete die Drähte und Kabel, die aus Grischas verletztem Arm ragten.

„Das machte es nur noch schlimmer“, antwortete der diensthabende Offizier schuldbewusst. „Obwohl die Funkverbindung mit den Robotern und dem Moonwalker gut ist, ist der Datenkanal sehr schmal, sodass das Bild auf unseren Bildschirmen eine geringe Auflösung hat. Außerdem erschwert die dreisekündige Signalverzögerung die Arbeit.“

„Ich verstehe“, sagte Trial. Seinem Tonfall war zu entnehmen, dass er der Erklärung nicht mehr zuhörte.

Als Erstes zog er das Kabel aus der unglückseligen Halterung. Triale vergewisserte sich, dass Grischa noch fit war, und wies ihn an, seinen Arm zurückzuziehen, damit er die Drähte und Kabel entwirren konnte. Nachdem er seine Arbeit beendet hatte, stand der Metallurge auf, sah sich um und warf einen Blick in Richtung des Mondmobils. „Du seelenlose Maschine! Sieh nur, wie entstellt Grischa ist! Wahrscheinlich hältst du dich auch für einen Roboter. Hau ab!“

Der diensthabende Operator der Mondrover-Abteilung wandelte die Worte „raus hier“ in einen Befehl um, sich ein

Dutzend Meter von der Stelle zu entfernen, an der Trial und Grischa standen, was der Rover befolgte.

Der erste Mondrover nahm den frei gewordenen Platz ein. Marcel Trial klemmte die Drähte des Kraftwerks in die Kabelhalterung. Nachdem er die Bestätigung erhalten hatte, dass ein Ladestrom floss, machte er sich auf den Weg zum Bau-Mondrover. Er untersuchte das Rad, in dem sich Grischas Finger verfangen hatten. Zwei der Speichen waren leicht verbogen, aber das sollte die Leistung des Mondrovers in keiner Weise beeinträchtigen.

„Nimm das vierte Gesetz der Robotik zur Kenntnis", sagte Trial und wandte sich an den beleidigten Mondrover, als könne der ihn verstehen. „Ein Roboter kann einen anderen Roboter nicht beleidigen ..."

„... es sei denn, es widerspricht den ersten drei Gesetzen der Robotik von Isaac Asimov", platzte der diensthabende Operator heraus. Er war erleichtert, dass Trial die Pattsituation gelöst hatte. Ja, er wollte sich der Urheberschaft des vierten Gesetzes der Robotik anschließen.

„Gut gemacht!", lobte Trial den Diensthabenden. In seiner Stimme lag ein Hauch von Ironie. Aber die hörte der Diensthabende zum Glück nicht. Jetzt hatte er eine schwierige Aufgabe vor sich: Er musste den Mondroboter nach Gioja begleiten und die Planetenwanderer treffen.

Die Programmierer der Mondrover und der Roboter hatten schon vom vierten Gesetz der Robotik gehört. Es war in der Tat an der Zeit, Grundsätze für die Abgrenzung des Raums sowie für die Interaktion und Zusammenarbeit nicht nur zwischen Mensch und Maschine, sondern auch zwischen Maschinen zu entwickeln.

„Und jetzt auf zu unseren Freunden!"

Marcel warf das Landegerät „H“ aus dem Bus auf den Bau-Mondrover, bestieg ihn und fuhr in die Dunkelheit hinaus, zum Fuß des Gioia-Kraters.

Georgij traf William, unendlich müde und wahnsinnig zufrieden. Diesem war es gelungen, ziemlich weit am Westhang des Mittelgrats entlang zu gehen. Er fand auch eine Spalte mit einem weichen Grund. Eine gewundene Gletscherspalte führte immer höher und ermöglichte die Besteigung eines Gipfels. Von hier aus konnte William atemberaubende Bilder von dem nach Norden abfallenden Bergrücken machen. Die steilen Klippen, die von den horizontalen, direkt einfallenden Sonnenstrahlen beleuchtet wurden, brachten die in der Schwarz-Weiß-Palette des Mondes so ungewöhnlichen Grün-, Gelb- und Rottöne hervor. Auf einem der Bilder war die Apollo zu sehen, ein schwach sichtbarer, verschwommener Punkt. William Wilsons Schätze wurden durch eine reiche Sammlung von Mineralien ergänzt.

Die Autonomie der Anzüge war bereits am Ende und beide eilten zur mobilen Kabine. Sie liefen durch die Schleuse, ohne den Staubsauger einzuschalten, um Energie zu sparen. Die Klappen der Raumanzüge wurden geöffnet. Ein Frösteln erfasste seinen Körper. Sie hatten einen schnellen Snack. Das Wasser im System gefror, also tranken sie Fruchtsaft aus dem Kühlschrank. Der Kühlschrank hatte immer noch eine positive Temperatur in seinem Fach. Sie halfen sich gegenseitig, wechselten schnell die Verbrauchsmaterialien im Lebenserhaltungssystem, stiegen in die Anzüge und schlossen sofort die Klappen. In den Anzügen zu bleiben bedeutete, die Chance zu nutzen, sich irgendwie aufzuwärmen.

Die Heizung einzuschalten, war keine Option. Die Batterieladung schmolz schneller als erwartet.

Georgij Wichrew erstellte einen Bewertungsbericht über das Aluminiumvorkommen und William Wilson verfasste einen Bericht über seine Expedition westlich des Hauptkamms. Sie schalteten den Sender ein. Ohne jede Begrüßung oder Vorrede spuckte jeder seinen Teil des Berichts aus und schaltete sofort den Strom vom Sender zum Empfänger um. Die vorgesehenen drei Sekunden vergingen und Bradley Norton sprach in die Helme. In ebenso prägnanter wie äußerst informativer Weise erzählte Norton, dass Marcel Trial den Bau-Mondrover mit einer voll aufgeladenen Batterie zum voraussichtlichen Apollo-Landeplatz gefahren hatte. „Er will einen bequemen, flachen Landeplatz aussuchen, dort ein H auslegen, dann mit der Mondkatze den Hang hinauffahren, umdrehen und mit den Scheinwerfern das H beleuchten."

„Genial!", rief William Wilson mit vor Kälte klappernden Zähnen aus. „In der Dunkelheit, mit ausgeschaltetem Laserentfernungsmesser, ohne Suchscheinwerfer und ohne Treibstoffreserve würden wir uns blind auf den Punkt zubewegen müssen, dessen Koordinaten in den bordeigenen Ballistikcomputer eingegeben werden würden."

„In der Tat", stimmte Georgij Wichrew zu, „glauben wir natürlich an unsere Glückssterne, aber es wäre unklug, sich so skrupellos auf das Glück allein zu verlassen."

Die Freunde bereiten sich also auf ihre Rückkehr vor.

Sie betraten die Schleuse und schlossen die Innentür. Um zu vermeiden, dass bei jedem Öffnen der Schleuse Luft verloren ging, sollte sie in Flaschen abgefüllt werden. Abpumpen bedeutete, die Pumpe einzuschalten, was Energie verschwenden würde. Also öffnete William Wilson einfach das Überdruckventil. Die gesamte Luft aus der Luftschleuse zischte nach außen. Auf diese Weise verließen die

Astronauten aller bisherigen Apollo-Missionen die Mondlandefähre. Bei ihrer Rückkehr mussten sie jedoch das Cockpit mit Sauerstoff aus einem speziell angelegten Vorrat füllen.

Sie öffneten die Außentür und stiegen die Treppe zum Boden hinunter.

Sorgfältige Gesteinsproben wurden entnommen. Sie hatten nur die interessantesten und auffälligsten Exemplare mitgenommen, aber sie hatten immer noch mehr als zweihundert Kilo Stichproben. Die Proben wurden in Maschas Körper gelegt, und der Laufsteg wurde an die rechte Seite des Treppenabsatzes gelehnt. Mascha fuhr darauf zu, aber es war offensichtlich, dass der letzte Meter für sie schwierig war. Die Batterie war fast vollständig entladen. Sie entluden die Fracht. Mascha rollte über die Brücke hinunter, zum Glück war dafür kein Strom nötig. Die Probenbeutel wurden sicher an der Plattform befestigt. Sie stiegen aus eigener Kraft hinunter, verlegten die Brücke auf die linke Seite, aber Mascha schaffte es nicht ein zweites Mal nach oben. Zwei Männer schoben den Roboter, so fest sie konnten, an. Die Radmotoren saugten die letzten Reste Strom aus der Batterie und zogen Mascha in die Mitte des Landungsstegs. Weiter rührte sie sich nicht, egal, wie sehr sie an ihr zogen und schoben. Aber ihr männlicher Stolz erlaubte es ihnen nicht, sie im Stich zu lassen. Ja, und sie hatten sich auch an sie gewöhnt. Eine Maschine, aber ein lebendiges Wesen, wie Marcel zu sagen pflegte. Es gab noch einen weiteren prosaischen Grund, warum Mascha unbedingt an Bord gebracht werden musste: Sie diente als Gegengewicht zu den geologischen Exemplaren.

Georgij begann, sich umzusehen. „Der Hammer. Wo ist mein Hammer?“

Der Hammer war in der Kabine geblieben. „Schließlich fahren wir nach Byrd und du nimmst den Hammer mit. Oder ...“ William grinste, „willst du sie als Münze behalten, um darauf zurückzukommen?“

„Nein. Der Hammer wird bei mir sein, bis ... Genau!“

„Mach keine Witze.“

„Wir brauchen den Hammer.“

„Wir brauchen … heißt, wie müssen ihn holen.“ Wilson ging in Richtung der Treppe. Bewegung erzeugt Wärme, und schnelle Bewegung erzeugt viel Wärme. Er griff nach der Leiter und kletterte schnell in die Kabine hinauf. Ging durch die Schleuse, ohne den Staubsauger einzuschalten, und kam mit dem Hammer heraus, um die Luft herauszulassen. Mit Bedauern nahm er zur Kenntnis: „Drinnen ist Staub, draußen ist Luft.“

Währenddessen ging Wichrew um das Raumschiff herum und suchte nach Steinen, die als Schuhe für die Räder des Roboters dienen konnten. Es wurden zwei geeignete Steine gefunden und unter die Hinterräder gelegt. Er sagte Mascha, sie solle die Räder entriegeln.

Er nahm den Hammer von Wilson, fasste ihn an der Seite und steckte den Griff zwischen das Rad und die Brücke. Er bewegte den Hammer nach oben und nach vorne. Der Roboter bewegte sich einen halben Zentimeter. Wilson schob die Steine sofort darunter. So gelang es ihnen schließlich, Mascha mithilfe des Hammers und von Steinen auf die Plattform zu heben. Die Räder wurden gesichert, und damit das Raumschiff nicht schaukelte, wurde die Stromversorgung unterbrochen.

„Es wird Zeit“, rief Wilson.

Während sie hier mit den Verwandtschaftsproben, mit dem Steg und mit Mascha herumspielten, hatte Marcel bereits die

Endstation erreicht und das Landungsignal „H“ eingerichtet. Seit dem Verlassen der Mondsiedlung hatte er bereits über neun Stunden in seinem Raumanzug verbracht.

Die Freunde warfen den Laufsteg ab und eilten in die Kabine. Sie schlossen die Eingangstür und ließen Luft herein. Sie eilten durch die Wohnräume und nahmen die Stühle. William Wilson schaltete den Sender ein. Der diensthabende Beamte von Metropolia verteilte systematisch die Funkfrequenzen: „Apollo 18, Start in Bereitschaft. Apollo 18, Startbereitschaftsmodus ...“

„Verstanden, wir heben ab, sobald wir bereit sind“, antwortete Wilson. Schnell, ohne viel Aufhebens, begannen sie mit den Vorbereitungen für den Abflug. Sie befestigten die Rückhaltegurte. Sie schalteten das Stromnetz für die Startstufe ein. Sie schalteten die Navigations- und Steuerungsinstrumente ein.

Kontrollsystem ... Getestet.

Cockpit im Raumflugmodus

Drehung: Null, Neigung: Null.

„Abheben!“, befahl Wilson sich selbst.

Steigen, Vollgas geben, drei Sekunden lang beschleunigen, Motor abstellen. Schwerelosigkeit. Fliegen entlang einer Parabel. Nur drei Sekunden lang lief der Motor mit Vollgas. In dieser Zeit hatte das Raumschiff auf einhundertfünfzig Meter pro Sekunde beschleunigt. Angesichts der geringen Schwerkraft des Mondes reichte diese Geschwindigkeit aus, um zwei Drittel des Kraterdurchmessers in zwei Minuten zu überqueren, auf eine Höhe von dreieinhalb Kilometern zu steigen und die scharfen Zacken von Gioja zu überfliegen. Nur zwei Minuten Flugzeit trennten die Freunde. Jenseits der unterbrochenen Linie des Kraterschachts, der die Welt des Lichts begrenzte, sahen die Planetenwanderer in absoluter

Dunkelheit eine helle Linie mit einem Punkt am Ende – einem Ausrufezeichen, das vom Scheinwerfer des Mondwanderers und dem landenden „H“ gezeichnet wurde.

Die Herzen schlugen so hoch wie nie zuvor. Nur wenige Menschen auf dieser Welt hatten jemals eine so selbstlose Hingabe eines Kameraden erlebt. „Unser lieber Freund, unser geliebter Marcel!“ William und Georgij traten Tränen in die Augen.

Erneut gab das Triebwerk drei Sekunden lang Vollgas, bremste aber jetzt ab.

Sie landeten genau auf dem „H“. Der Mondrover kam mit leuchtenden Scheinwerfern herunter zu ihnen. Trial dockte, ohne eine Sekunde zu zögern, an den Apollo-Landesteg an. Er wartete, bis die mechanischen Greifer den Mondrover und das Raumschiff zu einer Einheit gemacht hatten, und fuhr mit dem Kranarm auf das Dach der Kabine. Im selben Moment sah er eine Dampfwolke aus der äußeren Öffnung des Überdruckventils entweichen; die Tür der mobilen Kabine öffnete sich. Wilson, gefolgt von Wichrew, stürmte auf Trial zu. Und wäre da nicht der besonders robuste Panzer des Raumanzugs gewesen, hätten sie den Metallurgen in ihren Armen erdrückt.

„Meine Freunde!“, rief Marcel aus. „Wir müssen uns die Gefühle für später aufheben. Wir müssen immer noch von hier verschwinden.“

William benutzte eine Trittleiter, um auf das Dach der mobilen Kabine zu klettern, hängte die Kabine mit vier Schlingen ein und kletterte dann herunter. Duke und Norton starrten mit leerem Blick auf das unscharfe Bild auf dem Bildschirm, das von Georgijs Kameras übertragen wurde. Es war genau wie bei der ersten Landung auf dem Mond. Sie hörten Marcels Befehl, das Cockpit vom Steg zu trennen. Der

Kommandant gab die Anweisung „Vira“. Das Seil straffte sich und die Kabine entfernte sich sanft vom Steg. Marcel setzte den Kranarm ein, trug die Kabine über die Baggerrampe und verstaute sie auf der Mondrover-Plattform. Die Schlösser wurden an den Halterungen angebracht. William kletterte zurück ins Cockpit und hängte die Schlingen aus. Der Ausleger des Krans wurde abgesenkt.

Sie konnten sich auf den Weg machen. Wilson gab den Befehl, sich alle drei gleichzeitig in die Luftschleuse zu quetschen.

„Zu dritt?“, fragte Trial überrascht. „Und wie sollen wir uns dann abstauben? Um Energie zu sparen, haben wir die Schleuse abgeschaltet. Weder der Staubsauger noch die Vakuumpumpe sind an.“ Er fügte scherzhaft hinzu: „Wir tauschen Luft gegen Staub.“

Er füllte die Luftschleuse mit Luft und betrat die Kabine. Alle drei hatten in ihren Anzügen fast keine Autonomie mehr. Sie machten sich bereit, die Verbrauchsmaterialien zu ersetzen, und wechselten schnell, um sich warm zu halten, die Kohlendioxid-Absorber und Batterien in den Lebenserhaltungssystemen aus.

„Leider können wir dir kein Abendessen anbieten“, sagte Georgij, als er die Kühlschranktür öffnete. „Alles ist eingefroren: Sandwiches und Säfte.“

„Aber das brauchten sie auch nicht. Schnell in die Raumanzüge, sonst erfrieren wir“, war die Antwort.

William nahm auf dem Pilotensitz Platz, neben ihm Marcel, der schon seit zehn Stunden auf den Beinen war. Georgij stand hinter den Stuhllehnen und hielt sich mit den Händen fest.

„Schalte ein!“, rief Marcel fröhlich.

Der Kommandant gab dem Mondrover den Befehl, sich zu bewegen, aber der rührte sich nicht einmal.

„Was zum Teufel war das?“, blickten sich die Freunde an.

„Schaltet das Cockpit in den Transportmodus“, sagte Paul Duke mit sanfter, ruhiger Stimme. „Oder wollt ihr zurück ins All?“

„Ah, ja!“ William legte den Kippschalter um. Der Flug war vorbei, aber es war noch zu früh, um sich zu entspannen.

Der Mondrover drehte sich um. Scheinwerfer beleuchteten die Landungsstufe.

„Vielen Dank! Sie hat nicht versagt!“ Zum ersten Mal in ihrem Leben hörte die Landeplattform von Apollo 18 die Worte der Dankbarkeit.

Wilson und Wichrew waren nur fünfundfünfzig Stunden lang im Gioia-Krater gewesen, aber was war nicht alles in weniger als zwei Tagen passiert! Die Freunde begannen, sich gegenseitig von ihren Abenteuern zu erzählen. Die meisten Geschichten wurden von William und Georgij erzählt: wie Mascha beim Bremsen ins Taumeln geriet und sie den Triebwerksschub reduzieren und weit nach Süden fliegen mussten; wie sie mit dem Kapitän des Atomeisbrechers in Kontakt traten. Sie sprachen über den zentralen Bergrücken, der vollständig aus Chondriten besteht, und über die Ablagerung von lunarem Aluminium. Die Tatsache, dass die Kabine zu frieren begonnen hatte, wurde nur am Rande erwähnt: Das war auch so völlig klar. Aber es wurde anschaulich beschrieben, wie Mascha Mineralienproben auf den Landesteg der Landeplattform schleppte und es dann nicht schaffte, ihn ein zweites Mal zu besteigen. Wie der Hammer des Geologen eingesetzt werden musste, um ihn hochzuschieben.

Bei dem Wort „Hammer“ sahen sich William und Georgij an. In der Eile hatten beide ihn vergessen. Der Hammer lag noch immer neben dem Landungssteg.

„Du hast doch eine Münze geworfen“, rief William verschmitzt. „Das heißt, du musst zurück zum Krater gehen.“

Marcel erzählte, wie schmackhaft und gesund der Salat im Gewächshaus wuchs, wie das Gras auf dem Mondboden wuchs und wie gut Grischa und Dascha das Kraftwerk selbst zusammengebaut hatten.

Vier Stunden vergingen wie im Flug. Sie fuhren bis zum Zwischenkraftwerk. Der erste Mondrover mit einer voll aufgeladenen Batterie stand bereit, um den Staffelstab zu übernehmen. Neben dem Mondrover übernahmen Grischa und Dascha die Verantwortung.

Wilson dockte die Mondrover mit einem Knall aneinander. Zu dritt gingen sie durch die Luftschleuse mit der Maßgabe „keine Luftverschwendung“. Marcel trat an die Schalttafel des Krans heran. Zuerst wurde das Führerhaus in den Bus verfrachtet, dann wurde der verwundete Grischa mithilfe von Schlingen in den Mondrover verladen. Die Mondrover koppelten sich ab. Dascha zog unter Marcels Aufsicht ein Kabel aus der Kabelhalterung des ersten Mondrovers und steckte es in die Kabelhalterung des Bau-Mondrovers. In ein paar Stunden, wenn der Bau-Mondrover voll aufgeladen sein würde, würde er alle drei Zentauroiden zur Siedlung bringen. Der Operator versicherte Marcel, dass der Mondrover nicht mehr wackeln würde, sobald die Batterien aufgeladen seien, und Dascha könne den Draht leicht aus der Kabelhalterung ziehen. Dann hob er sich mit einem Kran auf den Mondrover und sie fuhren los.

Die drei Männer drehten sich einmal um, bevor sie die mobile Kabine bestiegen. Die bewegungsunfähige Mascha und der verstümmelte Grischa standen auf dem Mondrover. Neben dem Mondmobil, am Heck, wartete Dascha darauf, ihre Ladung zu beenden. Vier Roboter, vier Automaten, vier seelenlose Maschinen halfen den Menschen bei der Erforschung des Mondes. In ähnlicher Weise wie vor Jahrhunderten Pferde bei der Besiedlung neuer Länder geholfen hatten. In ähnlicher Weise, wie auch Esel und Hunde es ermöglicht hatten, in die unbekannten Weiten der Arktis und Antarktis vorzudringen.

Die Kabine wurde betreten, ohne allzu viel Staub mit hineinzubringen. Der Mondrover wendete reibungslos, nahm die von ihm geschaffene Spur auf und fuhr nach Norden. Die Kabine begann sich langsam im Sonnenlicht zu erwärmen. Von den Photovoltaik-Wandlern floss Strom. Nach einer Stunde wurde es warm genug, um die Raumanzüge loszuwerden.

William und Georgij schwitzten vor lauter Hitze. Erschöpft von zwei schlaflosen Nächten legte Marcel sie auf den Boden und deckte sie mit Decken zu. Beide schliefen augenblicklich ein. Er selbst machte es sich im Pilotensessel gemütlich. Krater und Felsbrocken schwebten vorbei. Die Bilder der üblichen Mondlandschaft hatten sich verändert. Rundum entstand eine beinahe alltägliche, irgendwie normale Umgebung. Dies waren die glücklichsten Momente in Marcels Leben. Seine Freunde waren gesund und munter wieder bei ihm. Es waren reichlich Elektrizität und Atemluft vorhanden. Es war warm. Bald würden sie bei der Mondstation sein, mit Wasser, normalen Duschen und normalen Haushaltsgeräten. Das Gewächshaus war mit Salat, Zwiebeln und Sauerampfer bestückt, der Kühlschrank mit Lebensmitteln, und zum Abendessen würde er, Marcel Trial, solche Köstlichkeiten servieren, dass sich seine Freunde die Finger lecken würden.

Mit diesen Gedanken fiel auch der schmächtige Marcel unter dem Rumpeln des Mondrovers in einen ruhigen Schlaf.

Als sie sich der Siedlung näherten, wachten William und Georgij auf. Als sie aufstanden, plätscherte das Wasser unter ihnen. Der gesamte Boden war durchnässt. Wasser tropfte unter dem Ventil des Wasserhahns hervor und lief die Rohre hinunter.

„Die Rohre! Der Frost hat sie gebrochen", sagte Georgij. „In der Wärme schmolz das Eis und das Wasser floss durch die Risse."

Sie standen auf und sahen sich um. Der gesamte Innenraum war mit einer Staubschicht bedeckt. Der Staub setzte sich auf Fensterscheiben und Bildschirmen ab, durchweichte die Kleidung und knirschte auf den Zähnen.

Marcel schlief friedlich in seinem Sessel. Wie ein Kind ballte er die Faust unter dem Kopf, die andere Hand umklammerte grüne, leicht verwelkte Weizenhalme und Johannisbeeren. Seine von der Dehydrierung leicht aufgesprungenen Lippen waren zu einem Lächeln verzogen.

Durch das Fenster sahen sie das Gewächshaus, das Wohnmodul. Der Mondrover wurde langsamer, drehte um und dockte an die Luftschleuse an. Marcel wachte durch den Ruck auf, sah seine Kameraden an und lachte. Das Wasser vermischte sich mit dem Staub des Mondes, und auf ihren Kleidern bildeten sich Schlammschlieren. Beide hatten sich Schlamm ins Gesicht geschmiert.

Die Kabine dockte an den Stößel an, der Druck wurde ausgeglichen und die Türen öffneten sich. Um zu verhindern, dass Staub und Schmutz in den Wohnbereich der Mondstation gelangen, mussten alle Kleidungsstücke und Anzüge in der mobilen Kabine gelassen werden. Sie selbst reinigten sich in der Schleusenkammer mit Tüchern.

Während William und Georgij die geologischen Proben ins Innere der Station trugen, bastelte Marcel in der Küche. Zum Abendessen versammelten sie sich, wie immer, an einem Tisch mit Blick auf die Erde. Als ersten Gang servierte Marcel seine berühmte Zwiebelsuppe. Der zweite Gang bestand aus dem ebenso berühmten französischen Tartiflette. Es war erstaunlich, wie man aus gewöhnlichen Kartoffeln und Speck ein so köstliches Gericht zaubern konnte! Auf Wunsch der diensthabenden Beamten in Metropolia wurden ein Bildschirm und eine Videokamera eingeschaltet. Überall auf dem Planeten gratulierten die Menschen den Mondbewohnern zum erfolgreichen Abschluss der Expedition zum Gioja-Krater. Es stellte sich heraus, dass die Abenteuer von William Wilson, Georgij Wichrew und Marcel Trial von Millionen von Menschen auf der Erde mit großer Aufmerksamkeit und Besorgnis verfolgt worden waren. Sie fühlten mit ihnen und schickten ihnen Briefe, in denen sie ihnen einen sicheren Flug aus dem Gioja-Krater und zurück zur Mondsiedlung wünschten. Und nun, da sie die Gefahren hinter sich hatten, trafen sich die Erdbewohner in ihren Wohnungen, im Café, wo die großen Bildschirme aufgestellt waren, zu einem feierlichen Abendessen.

Der Bau-Mondrover erschien im Fenster und steuerte direkt auf die Trafostation zu. Hier hob Dascha Grischa und Mascha von der Plattform. Drei Maschinen, der Mondrover, Grischa und Dascha, wurden zum Aufladen abgestellt. Mascha stand am Rande des Geschehens. Ihre Batterie war nach der Tiefentladung in der Kälte des Weltraums eingefroren und ausgefallen.

Am nächsten Tag führten Wilson und Trial eine Inspektion der Kabine durch. Es war klar, dass die Kabine eine Überholung und eine allgemeine Reinigung benötigte. Alles, was ersetzt oder repariert werden musste, wurde in einem Vermessungsbericht festgehalten und zur Erde zurückgeschickt.

Wichrew führte eine detaillierte Untersuchung der geologischen Proben aus dem Gioja-Krater durch. Laboranalysen zeigten, dass es sich bei den Mineralien aus dem Mittelgrat tatsächlich um Chondrite des ersten Typs handelte. Neben Metall- und Siliziumoxiden fand der Geologe in den Chondriten chemisch gebundenes Wasser, freien Kohlenstoff und Spuren von Stickstoff, was auf eine direkte Produktion organischer Materie auf dem Mond hoffen ließ. Die Regolithproben von der Apollo-Landestelle enthielten zweifellos große Mengen an metallischem Aluminium.

Der Flug nach Gioja hatte bei den Menschen einen großen Eindruck hinterlassen. Alle bewunderten den wissenschaftlichen Mut und die Tapferkeit der Astronauten. Die Entdeckung eines Aluminiumvorkommens und die Entdeckung von Wasser und Kohlenstoff eröffneten die Möglichkeit einer raschen und großflächigen Besiedlung des Mondes.

# Kapitel 3. Die Apollo 20

## Die Besatzung der Apollo 20

Die Besatzung bestand aus: Alexander James, Geologe und Bohrer; Eitan Schneider, Robotertechniker und Biologe; und Sinaida Wichrewa, Auto- und Eisenbahningenieurin.

Alexander James von der US Geological Survey hatte in seiner Jugend als Bohrmeister gearbeitet. Dann schloss er sein Studium der Geophysik ab und bohrte weiter in der Erde, aber nicht mit einem Bohrer, sondern mit der Kraft der Gedanken. Die Erfahrung des Bohrmeisters in Verbindung mit geophysikalischen Versuchsdaten ermöglichte es Alexander, Sediment- und Vulkanschichten so klar und deutlich darzustellen, die Tiefenstruktur der Erdkruste und sogar des Erdmantels zu erfühlen, dass seine Kollegen über ihn sagten: „James kann durch den Boden sehen." Er selbst sagte über sich: „Ich bin Geologe, ein Wort, das sowohl meinen Beruf als auch den Sinn meines Lebens benennt."

Geologen sind Menschen, die neu entdecktes, noch unerforschtes Land betreten. Nach Wichrew, der nur einen Magneten und ein Vergrößerungsglas in der Hand gehabt hatte, begab sich nun James mit einem weitaus ernsthafteren Werkzeug auf den Mond – den Bohranlagen. Es wurde auch mehr von Alexander James erwartet. Er würde tief unter die Oberfläche des Mondes blicken müssen. Er würde nicht mehr mit zwei oder drei Baggerschaufeln, wie Wichrew, sondern Dutzende von Meter tief durch Forschungsbohrungen, sogenannte Well Loggings, eindringen. Er musste den Mond nicht an einem Dutzend Stellen graben, die gelegentlich auftauchen, sondern systematisch und methodisch eine große

Anzahl von Bohrungen in Abständen von zehn Kilometern auf einem quadratischen Raster vornehmen.

Der Geologe und Wissenschaftler Alexander James leitete die Besatzung der dritten Langzeitexpedition zum Mond.

**

Die Teilnehmer der dritten Expedition mussten genau verstehen und begreifen, welche Art von Robotern auf dem Mond benötigt wurden und wie die Funktionen zwischen Universalrobotern und Androiden sowie Spezialrobotern, technologischen Geräten und Transportfahrzeugen aufgeteilt werden konnten.

Eitan Schneider, das zweite Mitglied der Apollo-20-Besatzung, war seit seiner Kindheit von Robotern fasziniert, hatte eine unglaubliche Anzahl verschiedener Maschinen gebaut und sah sich schließlich mit dem Problem der künstlichen Intelligenz konfrontiert. Um ein tieferes Verständnis des Geistes zu erlangen, wagte er den Sprung in die Biologie. Es gibt einen Punkt, der oft von KI-Spezialisten und Roboterbauern übersehen wird. Beide versuchen mit einigem Erfolg, die Arbeit des Rückenmarks und sogar die Arbeit des Gehirns, das für die höhere Nerventätigkeit zuständig ist, nachzuahmen. Im Gehirn zirkulieren elektrische Potenziale als Informationssignale. Dementsprechend sind die Roboter auch mit einem Steuerungssystem ausgestattet, das auf einem Analogon des tierischen Nervensystems basiert.

Kleine Lebewesen wie Ameisen und Fliegen haben kein vollwertiges Gehirn, sind aber dennoch recht erfolgreich in dieser Welt. Pflanzen, Algen und Einzeller haben keine Nervenzellen, was diese uralten Lebewesen nicht daran hindert, zu wachsen und sich zu vermehren, zu fressen, ums Überleben zu kämpfen und sich weiterzuentwickeln.

Bäume berücksichtigen die Schwerkraft beim Aufbau ihres „Körpers", die Sonnenblume weiß, wie sie der Sonne folgen kann, die Weintraube klammert sich mit ihren Ranken an Mauervorsprünge. Die Pflanzen haben eine Art Uhr eingebaut. Unabhängig davon, wie tief die Kartoffelknollen im Keller gelagert werden, beginnen sie im Frühjahr zu sprießen. Und sie können all das tun, ohne auch nur den Hauch eines Gehirns zu haben.

Die menschliche Keimzelle „weiß", wie man „menschlich" wird. Sie teilt sich viele Male, um die Organe und Gewebe des Körpers zu bilden, und legt, „hirnlos", das Gehirn und das Nervensystem an.

Schneider fiel auf, dass es in der Natur eine Art Steuerungssubstanz gibt, die sich grundlegend von einem gewöhnlichen Computer oder einem künstlichen neuronalen Netz unterscheidet.

Was kontrolliert das Leben von Pflanzen und einfachen Lebewesen? Was ist das für eine Essenz, an die der Mensch in seinem Bestreben, die Natur zu kopieren, noch nicht einmal annähernd herangekommen war? Die Substanz wird von der Biochemie, Embryologie und Endokrinologie untersucht.

Höhere Tiere haben ein sehr ausgeklügeltes Nervensystem, aber sie haben nicht nur den alten chemischen Regulator nicht verloren, im Gegenteil, der humorale Leiter ist an allen Lebensprozessen des Körpers beteiligt, er beherrscht sogar das Gehirn. Eine Dosis Alkohol, die einen groben Eingriff in die chemische Feinabstimmung des menschlichen Körpers darstellt, versetzt das Gehirn in einen Rausch.

Roboter, Schöpfungen des menschlichen Geistes, sind nur das Äquivalent eines Nervensystems – eines Systems, in dem

Signale durch elektrische Potenziale übertragen werden. Sollten Roboter eine Art humorale Regulierung haben? Humoral, das bedeutet eine in den flüssigen Medien des Körpers wirkende intrazelluläre und interzelluläre Flüssigkeit, Blut und Lymphe. Natürlich gab es keine solchen flüssigen Medien in Robotern, und es waren auch keine in Sicht. Schneider dachte nicht daran, das Hormonsystem und das Immunsystem blindlings zu kopieren. Schneider dachte über das eigentliche Prinzip der Steuerung nach. Er dachte an eine steuernde Essenz, die sich sowohl vom Computer als auch vom biologischen neuronalen Netz und vom künstlichen neuronalen Netz grundlegend unterschied. Er dachte über ein völlig anderes Steuerungsprinzip nach.

Daran war auch der Roboterbauer Eitan Schneider interessiert. Er stürzte sich kopfüber in das Studium der Lebenswelt. Mit Medizinstudenten studierte er den Menschen, mit Biologen sezierte er Pflanzenblätter, mit Biochemikern zauberte er im Reagenzglas. Als sogenannter „Roboterbiologe“ wurde er zugelassen, um als Astronaut weiter zu lernen.

Auch Eitan Schneider, Professor am israelischen Agrarforschungszentrum Volkani, saß bei der Apollo-20-Mission zu Recht auf dem Stuhl eines Astronauten.

**

Sinaida Wichrewa, eine Bau- und Straßenbauingenieurin, wurde zum dritten Mitglied der Apollo-20-Besatzung ernannt. Sie untersuchte vordringlich den Mondboden und das Eisenbahnwesen. Sie war bereits einmal in den Weltraum zu einer Orbitalstation geflogen, um die Schwerelosigkeit zu erleben und sich an die außerirdische Lebensweise anzupassen.

Dies war die Art von Spezialist, die für die dritte Mannschaft benötigt wurde. Sinaida war ideal als Astronauteningenieurin geeignet und fügte sich gut in die Besatzung ein.

## Die Ausstellung

Die Zusammensetzung der dritten Mondexpedition würde die Taktik der Monderkundung bestimmen. Sie würden in Erfahrung bringen, welche Art von Technik benötigt wird und wie man sie einsetzt. Um die Besatzungsmitglieder so umfassend wie möglich mit möglichen Mondausrüstungen, zulässigen Technologien und wirtschaftlich machbaren Lösungen vertraut zu machen, wurde eine Ausstellung organisiert, bei der jedes Besatzungsmitglied Muster von Produkten zu seinem Thema kennenlernen und mit Menschen – Herstellern und Entwicklern von Mondausrüstungen – in Kontakt treten konnte. Neben der Apollo-20-Besatzung und den Mitarbeitern von Metropolia waren auch alle anderen eingeladen, die Ausstellung zu besuchen.

Zu diesem Zeitpunkt hatte sich die Türkei bereits zu einer echten regionalen Führungsmacht im Nahen Osten entwickelt. Führungsmacht zu sein bedeutet Wohlstand: Wohlstand der Völker, die das führende Land bewohnen, gute nachbarschaftliche Beziehungen zu den Nachbarländern, wo auch Frieden und Ruhe herrschen. Die Führungsrolle eines Landes wird von den Ländern der Region anerkannt. Und sie erkennen das nicht nur an, sondern tragen auf jede erdenkliche Weise dazu bei, die Region zu einer starken Konstante in dieser Welt zu machen.

Es überraschte nicht, dass die erste Ausstellung von Mondtechnologie in der Türkei stattfand, in Istanbul, das sich am Ufer des Bosporus ausbreitet

Istanbul empfing Besucher aus der ganzen Welt.

Die Menschen strömten aus allen Teilen der Erde herbei, um sich zu informieren. Am Flughafen wurden diejenigen, für die diese Ausstellung direkt bestimmt war, mit besonderen Ehren empfangen. Bradley Norton, Paul Duke, die Haupt- und Ersatzcrew von Apollo 20 trafen in Istanbul ein und beteiligten sich von Anfang an an der Untersuchung der Mondtechnologie.

## Ein Pavillon für geophysikalische Forschung

Im geophysikalischen Forschungspavillon wurde Alexander James eine Bohranlage gezeigt, die bereit war, zum Mond geschickt zu werden. Die Anlage war in der Lage, automatisch bis zu hundert Meter tiefe Bohrlöcher zu bohren. Die großen Kräfte und Momente, die beim Bohren auftreten, waren in der Lage, den Bohrturm zu drehen und umzukippen. Um dies zu verhindern, war die Bohranlage mit Ankern ausgestattet. Die gruben sich in den Boden ein und hielten die Anlage fest an ihrem Platz. Bohrrohrverlängerungen, Nacharbeiten und Ausbrechen sowie der Austausch von Diamantbohrkronen wurden mit einer speziellen Drehkassette durchgeführt. Um zu verhindern, dass das Bohrloch durch bröckelndes Gestein verstopft würde, wurde die automatische Bohranlage mit einer zusätzlichen Kassette mit Futterrohren ausgestattet, die nacheinander angedockt und in das Bohrloch abgesenkt werden konnte. Das gebohrte Gestein – der Kern – würde für spätere physikalische und chemische

Analysen gelagert. In funktionstüchtigem Zustand war der Mast zehn Meter hoch. Sobald das Bohrloch fertig war, würde die Bohranlage zusammengeklappt und von einem Mondrover an einen neuen Standort verfrachtet.

Zunächst sollten auf dem Mond Erkundungsbohrungen durchgeführt werden. Eine Messsonde würde in sie hinabgelassen. Diese würde sich über die gesamte Tiefe des Bohrlochs bewegen. Die Sonde war mit einer Reihe von geophysikalischen Instrumenten ausgestattet: Messgeräte für elektrische und magnetische Felder, ein Radiometer, seismische und Gassensoren sowie ein Thermometer.

James hatte den Mondbohrer gründlich studiert und war begierig darauf, einen anderen Planeten damit zu erforschen. „Der Zeitpunkt ist nahe, an dem der Mond mit einem Loch verziert sein wird!“, rief er aus. Anton Tschechows berühmte Worte wurden plötzlich zu einer Prophezeiung. Die Ironie, die einst in „Fliegende Inseln“ erklang, hatte sich zu einer ernsthaften und sinnvollen Sache entwickelt.

Bei seinem weiteren Rundgang durch den Pavillon sah sich Alexander James weitere Bohrgeräte, Werkzeuge und Ausrüstungen an, die speziell für die Arbeit auf der Mondoberfläche entwickelt worden waren. Ein auf die Herstellung von Bohrausrüstungen spezialisierter Stand präsentierte ausführlich, was die moderne Bergbauindustrie zu bieten hatte.

„Sagen Sie uns einfach, was Sie brauchen, und wir werden es auf die bestmögliche Weise anfertigen.“ Diese Worte hörte er von Vertretern aller möglichen Unternehmen.

Geophysikalische Geräte waren ebenso gut vertreten: Seismografen, akustische Sensoren, Sender und Empfänger für elektromagnetische Felder, Quellen und Empfänger für ionisierende Strahlung und Spektrometer. Die Geräte konnten auf Mondrovern, Robotern, Planetenfluggeräten und

Orbitalmodulen montiert werden. Natürlich waren alle ausgestellten Geräte für die raue Umgebung des Mondes entwickelt worden.

## Der Biosphären-Pavillon

Eitan Schneider blieb vor einer Reihe von Kühlschränken stehen. „Was ist so besonders an Ihren Kühlschränken?“ Eitan wollte an den Dutzenden von eleganten, hellgrauen Schränken im gleichen Stil am liebsten einfach vorbeigehen und hielt nur aus Respekt vor der Arbeit der Leute, die ihre Produkte präsentierten, inne, um einen Blick auf die Kontrolle an der Schranktür zu werfen. Sie umringten ihn, und ihren Namensschildern nach zu urteilen, waren sie von verschiedenen Firmen.

„Verschiedene Firmen stelten die gleichen Kühlschränke her“, versuchte Schneider zu scherzen.

„Unter all diesen Schränken befinden sich natürlich auch ein Kühlschrank und eine Waschmaschine“, bemerkte ein älterer Standinhaber, ein Vertreter der deutschen Firma Siemens, mit deutschem Akzent. „Bitte schauen Sie sich dieses interessante neue Produkt an. Wir haben eine Waschmaschine entwickelt, die mit einem Ozongenerator zum Auffrischen der Wäsche ausgestattet ist. Das wichtigste Merkmal der Maschine ist jedoch, dass sie mit ihrem eigenen Waschmittel waschen kann. Dieses Aggregat“, der Vertreter zeigte auf einen Schrank, „ist mit einer Waschmaschine ausgestattet. Sie ist für die Herstellung von Waschflüssigkeit aus Holzasche konzipiert. Asche ist ein natürliches Reinigungsmittel. Schon vor hundert Jahren benutzten unsere Urgroßmütter Asche, um Wäsche zu waschen und Haare zu waschen. Asche enthält Lauge, das Hauptwaschmittel. Das Gerät könnte im Untergeschoss des Gewächshauses installiert werden. Es wird an das Wasser und die Kanalisation angeschlossen. Die Holzasche aus dem Gewächshaus-Holzkocher wird in das Gerät gefüllt und ein halber Teelöffel Reagenzien hinzugefügt. Das Ergebnis ist ein Waschmittel."

Mit diesen Worten schüttete der Mitarbeiter ein Kilo Holzasche in die Schale, fügte das Reagenz hinzu und schaltete das Gerät ein. Nach ein paar Minuten hatte er einen Viertelliter Flüssigkeit gewonnen.

„Die Asche enthält neben der Lauge weitere Stoffe, die zum Waschen nicht benötigt werden", so Schneider. „Was passiert mit ihnen?"

„Überschüssige Bestandteile – Mineralien, organische Stoffe – werden über die Abflüsse dem Gewächshaus zurückgeführt."

„Welche Art von Reagenz wird dem Aggregat zugeführt?"

„Das Reagenz wird in unserem Werk hergestellt. Es bindet überschüssige Bestandteile und verleiht zusätzliche Wascheigenschaften. Die Zugabe von Reagenzien ist wünschenswert, obwohl man auch ohne sie auskommen kann."

„Also müsste genau dieses Reagenz von der Erde eingeflogen starten?"

„Ja. Die Mondrover verwendeten bisher biologisch abbaubares Waschmittel, das in Kilos von der Erde geliefert wird. Wir schlagen vor, buchstäblich ein paar Gramm des Reagenzes zu senden, der Rest wird aus der Holzasche extrahiert."

Auf dem Bedienfeld der Waschmaschine blinkte das Symbol „ENDE".

„Übrigens, die Waschmaschine ist fertig mit dem Waschen", sagte die Vertreterin und holte frisch gewaschene Kissenbezüge, Laken und weiße T-Shirts heraus.

Eitan nahm das T-Shirt in die Hand. Es war wunderbar sauber gewaschen. Der weiße Baumwollstoff war die natürliche Farbe der Baumwolle und nicht das „blendende Weiß“, das sich aus der Einwirkung von Chlor oder – noch schlimmer für den menschlichen Körper – Fluorid ergab. Eitan schüttelte sein T-Shirt und hielt es sich vor die Nase.

Es verströmte nicht den sogenannten „frischen Geruch“, den synthetische Parfüms verströmen, sondern es roch nach gar nichts. So ein frisch gewaschenes T-Shirt will man einfach nur anziehen und auf den Fußballplatz stürmen.

„Nehmen Sie doch ein paar gesalzene Gurken“, schlug eine hübsche rothaarige Frau vor, die an einem anderen Stand wartete. „Celeste“, las Eitan den Namen der Frau auf dem Namensschild.

„Managerin des chemisch-pharmazeutischen Unternehmens Zambon.“ Der überraschte Eitan nahm eine Gurke vom Tablett und biss hinein.

„Die Gurken werden von meinem Mann angebaut. Aber wir haben das Salz aus den Abwässern extrahiert.“

Bei dem Wort „Abwasser“ verschluckte sich Eitan. Celeste lächelte, da sie diese Reaktion ihres Besuchers erwartet hatte, und zeigte auf ihren Stand, um ihre Geschichte fortzusetzen. „Dieser Speisesalzextraktor ist eine Entwicklung unseres Unternehmens. Auf der Mondstation gibt es einen Stoffkreislauf: Alles, was Mensch, Waschmaschine und Geschirrspüler ausstoßen, gelangt in Form von wässrigen Lösungen und Schwebstoffen in den Belüftungstank, zersetzt sich und gelangt dann in das Gewächshaus. Es kehrt später als Nahrung, Sauerstoff und Wasser zum Menschen zurück. Zur Gewinnung des Salzes wird der Wasserstrom aus dem Ausgang des Belüftungsbeckens in den Extraktor geleitet. Chlor- und Natrium-Ionen werden aus dem Wasser extrahiert.

Anschließend wird das Salz aus der Salzlake verdampft. Sein Reinheitsgrad wird als spektral rein eingestuft."

Für Professor Eitan Schneider war mit den Worten „spektral rein" alles klar. „Das ist weniger als ein Milliardstel einer Verunreinigung", rief er aus. „Viel sauberer als chemisch sauber", beendete er zufrieden seine Gurke und aß ein Stück Pizza, das Celeste ihm fürsorglich angeboten hatte.

Ein Vertreter des Schweizer Chemieunternehmens Siba, dem Namensschild nach zu urteilen, ergriff das Wort. Er stellte einen Apparat zur Synthese von Backsoda vor. „Natriumionen werden aus dem Abwasser extrahiert, Kohlendioxid wird zugeführt, und das Ergebnis ist Natriumhydrogencarbonat."

Schneider nahm etwas weißes Pulver auf seinen Finger und probierte es. Soda halt, was soll man sagen. Im Qualitätszertifikat des Produkts wurde die Reinheit als „ Spektrale Reinheit" angegeben.

Ein anderes Schweizer Unternehmen, die auf Arzneimittel spezialisierte Roche Holding, hatte einen Extraktor für Saccharose aus Pflanzenmaterial entwickelt. Die Blätter und Stängel der Pflanzen sowie die Früchte wurden in einen Aufnahmetrichter gefüllt, und es wurden Zuckerkristalle daraus gewonnen.

„Die Qualität des Produkts entspricht der Lebensmittelnorm", zeigte der Standinhaber das Qualitätszertifikat.

„Was sind die Rohstoffe?"

„Alle Pflanzen, die Saccharose enthalten: Preiselbeeren, Vogelkirschen, Äpfel, Birnen, antwortete der Standinhaber, und natürlich sind Zuckerrohr und Zuckerrüben, die Rekordhalter im Zuckergehalt."

Er stellte Schneider einen Apparat zur Extraktion von Magnesium- und Kalziumsalzen aus Abwasser vor. „Auf der

Mondstation wurde sauberes Wasser aus einer Vakuum-Entsalzungsanlage gewonnen. Der Teil des destillierten Wassers, der in das Futter gelangt, sollte mit Mikronährstoffen, einschließlich Magnesium und Kalzium, angereichert sein. Bei längerer Aufnahme von Wasser, das zu wenig Kalziumionen enthält, wird dieses aus dem Körper gespült, was zu brüchigen Knochen führt. Ein Mangel an Magnesiumionen wirkt sich negativ auf das endokrine System aus. In der Vergangenheit wurde solcher Mikronährstoffmangel im Trinkwasser von Seeleuten auf Langstreckenüber- und -unterwasserschiffen festgestellt, wo Entsalzungsanlagen zur Frischwassergewinnung eingesetzt wurden. Das destillierte Wasser aus der Entsalzungsanlage wurde nun absichtlich aufbereitet, sowohl aus medizinischen Gründen als auch um ihm einen besseren Geschmack zu verleihen."

Celeste schaltete sich wieder in das Gespräch ein: „Die gesamte Palette der hier ausgestellten biologischen und chemischen Apparate wurde durch unsere Kooperation", Celeste wies mit der Hand auf die Leute um Schneider herum, „mit einigen der renommiertesten Pharmaunternehmen und Chemiekonzerne entwickelt. Wir haben uns auf physikalisch-chemische Standards geeinigt, an die sich die Beteiligten der Zusammenarbeit halten. Die Einheiten haben ein einheitliches Aussehen und eine einheitliche Haptik. Ich hoffe, dass Ihnen die Entwürfe unserer Designer gefallen haben. Alle Abfälle und Nebenprodukte aus einem Gerät sind das Ausgangsmaterial für das andere. Die Steuerungen der Geräte sind untereinander kompatibel, die Anschlüsse und Armaturen sind standardisiert. Natürlich produzieren die Unternehmen das, was sie am besten können. Und es gibt eine Installation, wir nennen sie künstliche Niere, in die alle Teilnehmer investiert haben. Das Gerät filtert das Wasser aus dem

Ausgang des Belüftungsbeckens. Die Niere entfernt vollständig Schwermetallatome aus dem Wasser: Blei, Quecksilber, Kadmium; sie oxidiert giftige organische Stoffe und entfernt überschüssiges Chlor, Fluor und Schwefel." Celeste schaute die Teilnehmer dieses informellen Treffens fragend an und beendete ihre Rede, als sie Zustimmung spürte: „Unsere Kooperation wird für die Mondsiedlung die Technologie und die Herstellung von Geräten für die Extraktion und Synthese einer Vielzahl von Substanzen entwickeln. Sie können alles bestellen, was Sie brauchen."

Eitan Schneider wurde von einem älteren chinesischen Mann abgefangen und setzte sich an dessen Tisch. Der Tisch war schön eingedeckt. Es gab Gemüse, Gewürze und eine Reisbeilage. „Die Farm von Herrn Chan", las Schneider auf dem Schild. Herr Chan füllte feierlich einen Teller mit einer Art blassgelbem Kartoffelpüree, das an gehackte Erbsen erinnerte, und stellte ihn auf den Tisch.

„Was ist das?", fragte Schneider.

„Ein Fleischgericht", folgte die Antwort.

„Fleisch?", erkundigte sich Schneider misstrauisch. „Rindfleisch ... oder ...", er schnupperte am Inhalt seines Tellers. Der köstliche, appetitanregende Geruch löste in seinem Körper die Produktion von Magensaft aus. „Oder ... Was ist das für Fleisch?", fragte er weiter.

„Bitte probieren Sie es", bat Herr Chan höflich, „und dann werde ich Ihnen sagen, was für ein Gericht das ist und wie es zubereitet wird."

Eitan Schneiders gastronomischer Mut hatte sich gerade erst verstärkt, nachdem er das Salz aus dem Abwasser gekostet hatte. „Egal, was es ist!", rief der Professor aus und begann zu essen. Das Püree entpuppte sich als eine sehr schmackhafte, leicht würzige Substanz. Und das Fleisch? Ja, es war offensichtlich Fleisch. Aber warum war es püriert?

Als Herr Chan sah, dass dem Besucher das Gericht schmeckte, erzählte er die Story dahinter.

„Im lunaren Gewächshaus ist die Viehzucht noch in weiter Ferne, aber für den Menschen ist Eiweißnahrung unerlässlich. Wir wissen, dass es den Preis eines Autos kostet, eine Dose Eintopf auf den Mond zu bringen. Wir wissen auch, dass es nicht genug Raketen gibt, um alles zu transportieren, was die Moonies brauchen. Deshalb habe ich eine spezielle Regenwurmrasse entwickelt: fleischig, leicht zu verarbeiten und schmeckt wie Lammfleisch. Sie leben im Boden, ernähren sich von dem, was von den Pflanzen in den Boden kommt, wachsen schnell und vermehren sich rasch." Mit diesen Worten ging Herr Chan zu einer großen Kiste mit Erde hinüber. Er nahm eine Schaufel und grub einen dicken, kurzen Wurm aus.

Eitan hatte als Kind einmal versehentlich eine Fliege verschluckt. Sein Vater, der den Ausdruck des Schreckens und des Ekels auf seinem Gesicht sah, hatte fröhlich gesagt: „Fleisch gegessen." Der Scherz ließ den Schrecken verschwinden, der Ekel wich. Auch jetzt kam die Welle der Ablehnung und löste sich sofort wieder auf. Ein gut genährter Mann lässt sich nur schwer von negativen Gefühlen überwältigen, und Schneider hörte sich Herrn Chans Wurmrezepte an, die er jetzt kochte.

## Der Roboter-Pavillon

Zufrieden mit dem unerwarteten Mittagessen zog Eitan Schneider, der Mondgastronomie-Tester, weiter zur Tosi-

Ausstellung. Eine Vielzahl von Robotern fuhren, liefen oder taten andere Dinge auf dem Ausstellungsgelände. Zentauroiden wuselten herum. Bei hoher Geschwindigkeit und auf entgegengesetzten Kursen fuhren sie buchstäblich um einen Millimeter aneinander vorbei.

Das vietnamesische Unternehmen Tosi hat sich zu einem internationalen Konzern mit Niederlassungen in vielen Ländern der Welt entwickelt. Das Robotikunternehmen hat einen zweibeinigen Roboter entwickelt, der im Inneren der Station arbeiten soll. Er konnte Leitern hinauf- und hinunterklettern, sich bücken, um unter einen Tisch zu schauen, seitwärts gehen, auf allen Vieren kriechen und auf den Füßen laufen. Diese vielseitigen Fähigkeiten wurden benötigt, um an die technischen Systeme des Unterkunftsmoduls, des Stößels und des Schlafmoduls zu gelangen, sie zu warten und zu reparieren. Die Entwickler hatten versprochen, die anspruchsvollsten Reinigungs- und Kochprogramme für diese Roboter zu schreiben. Gerade diese Aktivitäten waren extrem schwer zu algorithmisieren. Natürlich hatte Metropolia für jeden Roboter ein Team von Spezialisten zusammengestellt. Tatsächlich wurde die Arbeit also von Menschen, nur sozusagen mit Roboterarmen, ausgeführt.

Ein Agrar-Roboter mit Beinen wie die eines Reihers war für das Gewächshaus bestimmt. Mit seinen Füßen mit jeweils vier Zehen konnte er leicht Halt zwischen Pflanzenstängeln finden. Selbst auf einem Bein stehend, bewegt sich der Agrar-Roboter sicher für sich und die Pflanzen auf den Beeten.

Dann wurde ein echter Roboter-Zentaur mit vier Beinen und einem menschenähnlichen Torso vorgeführt.

Und ein Montage-Roboter. Zwei kleine Arme waren an der Aufhängung des Hakenliftkrans montiert. So war nicht notwendig, dass eine Person auf die mobile Kabine, die Module oder andere Lasten kletterte, um sie ein- und auszuhängen. Die kleinen Hände würden die Schlingen selbst aufnehmen, sie bis zum Haken ziehen, sie einhängen, sie abbinden, die Last greifen und den Haken loslassen, nachdem sie die Last bewegt hatten.

Die Robotermechanismen, Motoren und Sensoren wurden separat vorgestellt. Die Roboter waren mit speziellen Sinnesorganen ausgestattet. Infrarotsicht, Strahlungssensoren und Nahbereichsradar waren zu unverzichtbaren Eigenschaften von Androiden geworden.

Der ganze Roboter, sondern sogar der kleine Finger seiner linken Hand, war ein hoch entwickeltes Stück Technik, das auf dem neuesten Stand der Technik war.

Alle Roboter, Zentauroiden und Moonwalker hielten sich heilig an Isaac Asimovs Gebote. Darüber hinaus waren sie jetzt mit einem System ausgestattet, das das vierte Gesetz der Robotik durchsetzte: miteinander zu kommunizieren und sich nicht gegenseitig zu verletzen. „Füge niemandem Leid zu" bedeutete, dass kein Teil des Roboters, des Werkzeugs oder der Last, mit der der Roboter arbeitete, in den Körper eines anderen Roboters oder gar eines Menschen eindringen durfte. Die Roboter waren mit Transpondern ausgestattet, ähnlich wie die aus der Luftfahrt. Das Steuerungssystem jedes Roboters, jeder selbstfahrenden Maschine, jedes sich bewegenden Automaten gab seine aktuellen Koordinaten, Geschwindigkeit und Richtung über Funk aus und empfing ähnliche Signale von anderen sich bewegenden Objekten. Das Steuerungssystem jedes Fahrzeugs berechnete die relativen Positionen der Fahrzeuge und ihre Flugbahnen und strukturierte seine Bewegung so, dass eine Kollision vermieden wurde.

Die Tosi Corporation hatte eine Vielzahl von Androiden entwickelt und auf den Markt gebracht, aber das Prinzip blieb dasselbe: Roboter tun das, was Menschen tun, wie Menschen es tun. Der Mensch muss kreativ sein, er muss lernen, etwas zum ersten Mal zu tun, und wenn dieses „Etwas“ zu einer lästigen Pflicht wird, muss er die Dinge an Roboter übergeben. Und wenn dieses Etwas zur Serienfertigung würde, konnte und sollte eine spezielle Ausrüstung, eine Maschine oder ein Gerät dafür geschaffen werden.

Die US-Firma Boston Dynamics, das deutsche Unternehmen Kuka und das japanische Unternehmen Fanuc präsentierten eine umfangreiche Ausstellung ihrer Roboter.

## Der Transport-Pavillion

Sinaida blieb an einem Stand stehen, an dem ein Stück Aluminiumfahrbahn in Originalgröße ausgestellt war. Die Aluminiumschienen lagen auf Aluminiumschwellen. Auf den Gleisen standen die Waggons.

„Wir haben eine spezielle Aluminiumlegierung für die Schiene entwickelt. Die Schienenlegierung ist abriebfest und behält gleichzeitig ihre Extrudierbarkeit. Aluminium ist nur mit Substanzen legiert, die auf dem Mond vorkommen“, begann der Standinhaber seine Geschichte zu erzählen. „Wir haben die Schwellen so konzipiert, dass sie so leicht wie möglich sind. Die inneren Leitbleche bilden ein komplexes Profil, das das Gewicht und die Stoßbelastung des fahrenden Zuges aufnimmt.“

Sinaida blickte zu den Waggons hinauf. Die Größe der ersten Eisenbahnwaggons aus der Dampfzeit, ohne Drehgestelle, wirkte nicht real. Das blonde Mädchen, das bis dahin geschwiegen hatte, fing Sinaidas Blick auf und begann von den Waggons zu erzählen: „Wir, die Waggonbauer aus dem Ural, haben die Waggons so konstruiert, dass sie auf den Aluminiumstraßen des Mondes fahren können. Dies erforderte die Entwicklung von Aluminium-Stromprofilen, aus denen Roboter Teile ausschneiden und das rollende Material zusammenbauen. Alles, was Sie hier sehen, wird auf dem Mond aus lokalem Metall hergestellt. Die Produktion wird von Robotern übernommen. Wir haben Kontrollprogramme für sie geschrieben. Lediglich ein Handschneidegerät und andere Werkzeuge müssen auf den Mond geliefert werden."

„Sollen die Radpaare ebenfalls auf dem Mond hergestellt werden? Die sind doch nicht aus Aluminium, oder?", fragte Zinaida und berührte den dunkelgrauen Glanz des Rades. „Und warum sind die Räder so klein?"

Die Radsätze mussten aufgegeben werden. „Die Räder werden auf einer Drehbank aus auf dem Mond gewonnenen Stahlgussstücken gedreht. Wir haben bereits die chemische Zusammensetzung des Stahls ausgewählt. Die Räder, jedes einzelne, sind mit einem Elektromotor an einem eigenen Radlager befestigt. Sowohl die Lager als auch die Elektromotoren werden von der Erde aus geliefert. Natürlich wäre schon der Transport von Lagern und Motoren teuer, aber es ist noch zu früh, um eine Lager- und Motorenfabrik auf dem Mond zu bauen. Aber Schrauben, Muttern und Unterlegscheiben aller Art sollten auf dem Mond hergestellt werden. Was die Größe der Räder angeht ... Wenn sie eine große Drehbank zum Mond schicken, können wir Räder mit großem Durchmesser und hoher Belastbarkeit herstellen."

Ein ganzes Gefolge von Vertretern versammelte sich um Sinaida. Junge Leute mit wissbegierigen Augen waren eifrig dabei, ihre Entwürfe zu präsentieren. Langsam bewegten sie sich entlang der Ausstellung und sahen sich die Waggons für verschiedene Zwecke an: Erz-Waggons, offene Waggons und Plattformen, ein Güterzug, ein Schlafwaggon. Sogar ein Personenwaggon mit einem autonomen Lebenserhaltungssystem wurde vorgestellt ...

Schließlich hielten sie bei dem letzten Waggon an. Ein kurzer, unbeholfen aussehender Waggon mit einem runden Segel auf dem Dach stand an der Spitze des Zuges.

„Wo ist die Lokomotive?“ Sinaida sah sich verwirrt um und suchte nach der vertrauten Form einer Lokomotive oder einer Elektrolokomotive.

„Hier, direkt vor Ihnen!“, rief der sehr junge Stehplatzinhaber triumphierend aus, geschmeichelt darüber, dass er eine Fachfrau, die sich perfekt mit dem Eisenbahnverkehr auskannte, eine erfahrene Frau, eine Astronautin und einfach eine nette Person überraschen konnte. „Traditionell nennen wir sie eine Elektrolokomotive, aber sie hat keinen starken Fahrmotor, ist also nur halb elektrisch. Dieses runde Ding“, er deutete auf das „Segel“ oben auf dem Wagen, „wird von einem starken Laserstrahl angestrahlt.“

„Deine Elektrolokomotive sieht aus wie das Landfahrschiff von Charly Black aus der Geschichte *Urfin Juice und seine Holzsoldaten*“, lächelte Zina, „auch ein Segelboot auf Rädern.“

„Das tut sie“, stimmte der Vertreter zu, obwohl es offensichtlich war, dass er mit den Figuren des talentierten Erzählers Sergej Suchinow nicht vertraut war: weder mit Urfin Juice, noch mit Goodwin, dem Großen und Schrecklichen, noch mit Elli und Toto. „Das, was Sie als Segel bezeichnen, ist ein photovoltaischer Wandler, der die Elektromotoren antreibt, die in jedes Rad eines Waggons eingebaut sind. Das Elektrofahrwerk verfügt nur über eine kleine Batterie, die beim Beschleunigen und Steigen hilft und die Steuerkreise versorgt."

„Sagen Sie mir", fragte Sinaida, „wurde ein herkömmliches Kontaktnetz anstelle der Laserstromübertragung in Betracht gezogen?"

„Ja, das haben wir. Das Kontaktnetz erwies sich als sehr materialintensiv, da etliche Komponenten von der Erde herangeschafft werden mussten. Laser und Photodetektoren hingegen sind zwar teuer, aber leicht. Sie von der Erde aus zu liefern ist wesentlich billiger als die billigen, aber schweren Elemente der Oberleitung. Es ist zu beachten, dass der Transport von Aluminium auf der Straße billiger ist als der Transport von Mondrovern, da jeder Mondrover ein leistungsstarkes, schweres Batteriepaket benötigt, das von der Erde eingeflogen werden muss."

„Nun ja! Der ewige Streit darüber, was besser ist: die Eisenbahn oder das Auto", sagte Sinaida zu sich selbst, als sie am Mondtaxi anhielt, „ein Streit, den niemand gewinnen kann."

Die vierrädrigen Mondfahrzeuge, direkte Nachfahren der Mondmobile der Apollo-15-17 Missionen, unterschieden sich von ihren Vorgängern durch ihre größere Reichweite und höhere Geschwindigkeit. Die Mondtaxis waren für die Beförderung von zwei bis vier Personen in Raumanzügen ausgelegt und mit einem eigenen Navigationssystem und Autopiloten ausgestattet. Es konnte sich sowohl unter menschlicher Kontrolle als auch selbstständig fortbewegen, eine Route erstellen und auf der Oberfläche navigieren. Eine ganze Reihe von Frachtgefährten mit unterschiedlichen Einsatzmöglichkeiten, Nutzlasten, Manövrierfähigkeiten und Geschwindigkeiten. Die Lastwagen, Anhänger und Kippwagen waren im Moment noch erdgebunden, aber die Experten versicherten, dass das Werk im Falle eines Auftrags eine Mondversion des Fahrzeugs entwickeln würde.

Sinaida Wichrewa ging durch die Reihe der Bau- und Spezialausrüstungen. Autokräne, Bulldozer, Bagger und Gabelstapler hatten leichte, aber robuste Aluminiumkomponenten. Sie sollten auf dem Mond von Robotern mit den dort vorhandenen Geräten hergestellt werden. Die schwierig herzustellenden Bauteile, die Präzision erforderten und arbeitsintensiv waren, würden von der Erde geliefert. Stoßdämpfer, Lager, Getriebe und Elektromotoren, die für Hochvakuum, Staub und Temperaturunterschiede von bis zu dreihundert Grad ausgelegt waren, wurden ebenfalls im Transportpavillon ausgestellt.

Am Ausgang des Transportpavillons befand sich ein Stand der deutschen Firma Braun mit Haushaltsgeräten.

Auf dem Tisch standen ein Haartrockner, ein elektrischer Rasierapparat, ein Wasserkocher, eine Kaffeemaschine und ein Mixer. Alle Geräte waren in der gleichen hellgrauen Farbe gehalten. Sinaida nahm ihren Föhn in die Hand. Er lag gut in ihrer Hand. Er konnte auf drei Ventilator- und drei Heizmodi umschalten.

„Nicht schlecht in der Hand, nicht schwer?“, fragte ein eleganter, hochgewachsener Mann, der Leiter der Haushaltsgeräteabteilung des Unternehmens Braun.

„Er ist nicht kalt“, Sinaida drehte den Haartrockner in ihren Händen. „Und er ist nicht schwer. Halt ein Föhn. Ich benutze so ein Gerät zu Hause. Nur ... Warum haben alle Objekte die gleiche Farbe?“

„Die Gehäuse aller Geräte sind aus Titan gefertigt. Wir stellen Geräte vor, die für den Betrieb auf außerirdischen Stationen ausgelegt sind. Die Technologie besteht ausschließlich aus strahlungsbeständigen Keramiken, Metallen und deren

Legierungen. Keine organischen Stoffe. Die Geräte sind staubgeschützt, können kurzzeitig nicht entflammt werden und widerstehen einer relativ aggressiven Umgebung. Für die Karosserie und den Rahmen verwenden wir dünnes Titanblech, das der Struktur Festigkeit und geringes Gewicht verleiht. Es ist wichtig, dass Titan eine geringe Wärmeleitfähigkeit hat. Es fühlt sich in der Hand nicht kalt an wie beispielsweise Stahl, sondern eher warm wie Kunststoff."

Sinaida berührte die Kaffeemaschine und drehte die Kanne in ihren Händen. „Sie sehen aus wie das normale Zeug, das in den Regalen der Einkaufszentren zu finden ist."

„Unsere Maschinen halten garantiert hundert Jahre!", erklärte der Abteilungsleiter mit Stolz in der Stimme.

„Hundert Jahre!", rief Sina aus. „Wenn ich Ihren Haartrockner kaufe, wird er meiner Enkelin noch gute Dienste leisten! Und Enkelin, Urenkelin und sogar Ururenkelin."

„Übrigens, unsere Handelsabteilung auf der Erde hat Weltraumföhne bestellt. Und obwohl der Preis zwanzigmal höher ist, sind die Föhne ausverkauft."

„Ich würde auch gerne einen kaufen", Sina nahm ihren Föhn wieder in die Hand. „Er gefällt mir sehr. Außerdem müsste ich nicht mehr alle zehn Jahre einen neuen Haartrockner kaufen ... oder sogar jedes Jahr."

„Der Föhn gehört schon Ihnen", sagte der Mann lächelnd und gab Sinaida die Schachtel. „Ein Geschenk für Sie. Und ebenfalls für Sie: Ein Lockenstab, ein Glätteisen und ein Haartrockner sind bereits zur Mondbasis geschickt worden. Ein Mixer, eine Küchenmaschine und ein Mini-Backofen wurden geliefert. Sie kochen doch gerne, oder?!"

## Pavillon für Ausrüstung und technische Lösungen

Bradley Norton und Paul Duke betraten den Pavillon für Ausrüstungen und technische Lösungen und fanden sich im Visier einer großkalibrigen Kanone wieder, um die herum eine Kanonenmannschaft fuchtelte.

Der tapfere Beamte erklärte den Teilnehmern: „Nein, natürlich ist die Kanone nicht echt. Es handelt sich um eine Attrappe, und die Besatzung ist in Wirklichkeit ein Militäringenieur."

Das Militär stellte eine Anti-Meteor-Kanone vor. Das Geschütz wurde zur Unterstützung der Anti-Meteoriten-Teleskope angebracht und konnte Lenkraketen abfeuern. Sollten die Teleskope einen großen Meteoriten entdecken, der auf die Module der Station gerichtet war, würde die Kanone versuchen, ihn abzuschießen. Wenn man jedoch bedachte, dass die Geschwindigkeit eines Meteoriten um eine Größenordnung größer war als die einer Rakete, konnte man sagen, dass nicht die Rakete den Meteoriten traf, sondern der Meteorit die Rakete.

Eigentlich war es eine dumme und gefährliche Idee, Meteoriten abzuschießen. Der einzige Fall, in dem Artilleriefeuer auf einen Meteoriten gerechtfertigt war, war, wenn der Meteorit genau auf die Station gerichtet und so groß war, dass er die Bodenschicht durchdringen und die Stationsmodule, einschließlich des Schlafmoduls, zerstören konnte. Eine Kanonengranate würde den Steinmeteoriten in viele kleine Fragmente zertrümmern, die nicht in der Lage sind, die mehrere Meter dicke Regolithschicht zu durchdringen. Die Station würde dadurch gerettet. Aber der Steinhagelsturm würde viel Unheil anrichten: Die Trafostation, die Mondrover und die Roboter würden wahrscheinlich zerstört werden, und das

Fenster des Gewächshauses würde zerbrechen. Ein Eisenmeteorit würde viel weniger Probleme verursachen. Das Projektil würde das Eisenobjekt nicht zerstören, sondern nur die Richtung der Geschwindigkeit des Meteoriten geringfügig ändern und ihn hundert Meter von der Siedlung wegbewegen. Natürlich ließe sich ein starker Mondschock bei einem nahen Einschlag nicht vermeiden.

„Zumindest eine Meteoritenkontrolle", blickten sich Bradley und Paul an, als sie zu einem Exponat mit dem Titel „Wärme in den Weltraum ablassen" weitergingen. Kühler für das Kühlsystem.

Auf dem Mond, wo es keine Atmosphäre gab, war es noch schwieriger, die überschüssige Wärme loszuwerden, als sie warmzuhalten. Laufende Geräte, Menschen, Kochen und Braten erforderten Wärmeabfuhr. Auf der Erde wurde die überschüssige Wärme ins Wasser abgegeben oder durch Luftströmungen in die Atmosphäre abgeführt. Wo große Wärmemengen freigesetzt werden mussten, wie in Stahlwerken, Wärmekraftwerken und Kernkraftwerken, wurden Kühltürme installiert; thermische Energie wurde zum Erhitzen und Verdampfen von Wasser genutzt. Dampf entwich in die Atmosphäre. Seeschiffe leiteten Wärme ins Wasser ab und kühlten die Aggregate mit Seewasser. Solche Möglichkeiten gab es auf dem Mond nicht. Selbst im Regolith konnte man nicht viel Wärme ableiten. Die thermische Kapazität und die Wärmekapazität des Regoliths waren zu gering. Es gab kein Grundwasser, wie auf der Erde. Praktisch war der einzige Kühlschrank der Weltraum, wo die Wärme nur durch Strahlung abgeführt werden konnte.

Die Stände zeigten Konvektoren, die Wärme aus Räumen, Maschinen und Geräten in Heizkörper leiteten, die auf der sonnenabgewandten Seite des Mondes angebracht waren. Es machte keinen Sinn, die Kühler mit einer ausgeprägten Rippenoberfläche auszustatten. Wenn die Oberflächen einander „sahen“, tauschten sie einfach Wärmeenergie untereinander aus. Die Oberfläche, die Wärme abgab, musste in den offenen Raum „schauen“. Überschüssige Wärme konnte natürlich durch die Sublimation von niedrig siedenden, flüchtigen Stoffen abgeführt werden, aber woher bekam man genügend flüchtige Stoffe?

„Ein leichtes Mondrover-Rad“, lautete die Beschriftung unter dem Exponat. Tatsächlich befand sich an dem Stand ein gewöhnliches Mondrover-Rad. Genau das gleiche Rad, das sie im Maul eines rauen Felsens zurückgelassen hatten und das über vierundzwanzig Stunden brauchte, um herausgelöst zu werden.

„Schmiermittel für Maschinen und Mechanismen, die in tiefem Vakuum und Mondstaub arbeiten.“ Die Fette waren in praktischen Behältern für Schmiernippel und automatische Schmiersysteme erhältlich.

„Handwerkzeuge.“ Zu sehen waren Schraubenschlüssel, ein Brecheisen, eine Schaufel, ein Brecheisen und eine Spitzhacke. Und es war möglich, sowohl fertige, aus Titan geschmiedete Werkzeuge als auch Steuerprogramme für die Herstellung aus Stahlguss auf einer Monddrehbank zu bestellen.

„Wie viel haben die Erfinder getan, um es den Mondbewohnern leichter zu machen!“, rief Bradley Norton aus, als er sich näherte.

„Alle Probleme, die wir auf dem Mond hatten, wurden technisch gelöst“, stimmte Paul Duke zu.

Ein Nachbarstand zeigt eine Freileitung, die wie eine Hülse aus dünnem Aluminium aussah. Bei der Verlegung des Drahtes auf dem Boden genügte es, den Schlauch unter

Druck zu setzen. Der Schlauch bläht sich auf und wurde zu einem dünnwandigen Rohr, dessen Durchmesser so groß war, dass seine Dichte deutlich unter der des Regoliths lag. Das Rohr konnte auf einer beliebig dicken Staubschicht verlegt werden. Das Drahtrohr würde nicht sinken, es würde schwimmen.

Eine andere Lösung für dasselbe Problem. Ebenfalls ein Schlauch, jedoch mit einer niedrig siedenden Flüssigkeit gefüllt. Ein erdverlegtes Leiterrohr übertrug durch Verdunstung von Flüssigkeit im unteren, erdverlegten Teil und Kondensation von Dampf im oberen Teil Wärme an den erdfreien Teil des Leiters und strahlte Wärme in den Weltraum ab.

Wenn man erst einmal gelernt hatte, wie man Wärme ableitete, konnte man Repeater, Wiederholer, Trafostationen, Antriebsradios, die gesamte Elektronik vergraben, um sie vor der schädlichen ionisierenden Strahlung von Sonneneruptionen zu schützen, ohne sie dabei zu überhitzen.

## Planetenflugzeuge

Die spiegelnde, gewölbte Seite des Magnesium-Sauerstoff-Motors reflektierte die spitzen Nasen der beiden Mädchen, der Töchter von Paul Duke. Duke selbst und Bradley Norton standen dahinter und hörten sich den Bericht des Antriebsingenieurs an: „Sobald bekannt wurde, dass Marcel Trial über Magnesium und Sauerstoff verfügte, haben wir den Serienraketenmotor so angepasst, dass er mit Magnesium und verflüssigtem Sauerstoff betrieben werden konnte. Natürlich ist Magnesium nicht der beste Treibstoff für eine Weltraumrakete. Das Magnesium-Sauerstoff-Abgas hat einen geringen spezifischen Impuls, aber es hat den unbestreitbaren Vorteil, dass weder Magnesium noch Sauerstoff von der Erde transportiert werden müssen.

Das Laboratorium für Strahlantriebe (Jet Propulsion Laboratory) wird dieses Triebwerk zu den Mondfliegern schicken. Es ist so konzipiert, dass es das reguläre chemische Triebwerk der Apollo-18-Landestufe ersetzen wird. Wir werden diesen Stand auch hierherschicken. Die kleine, leichte und leckfreie Kabine bietet Platz für drei Personen in Raumanzügen. Sie verfügt über eine Fernbedienung und ein Navigationssystem. Auf diese Weise verwandelt sich der Landungssteg in ein Planetarium.

Das Flugzeug kann in den Bergen starten und landen und in Krater tauchen. Es kann Lasten tragen. Das Planetenflugzeug würde sich als nützlich für geologische Untersuchungen vor Ort und als Rettungsfahrzeug erweisen. Praktisch für schnelle Lieferungen von Personen. Während die Ausrüstung der Moonwalker mehrere Dutzend Stunden lang trägt, werden die Menschen in wenigen Minuten transportiert ... per Parabel."

„Papa, was bedeutet per Parabel?", fragte Olivia. Sowohl Paul Duke als auch Bradley Norton hörten den Ausdruck „per Parabola transportieren" zum ersten Mal, aber sie verstanden seine Bedeutung genau. Während Paul noch die Worte suchte, um seiner Tochter zu antworten, tat es der Ingenieur für ihn: „Per Parabel heißt entlang einer parabolischen Flugbahn. Der wirtschaftlichste Flugmodus über der Oberfläche eines nicht atmosphärischen Planeten ist der Aufstieg und die Beschleunigung des Flugzeugs bei maximalem Triebwerksschub, dann wird der Flug durch Trägheit im Gravitationsfeld des Planeten fortgesetzt. Die vertikalen und horizontalen Geschwindigkeiten sind auch bei maximaler

Schubkraft vorteilhaft. Auf diese Weise reisten William Wilson und Georgij Wichrew zum Gioja-Krater. Bei kurzen Flugstrecken, wenn die Oberfläche des Planeten als flach angesehen werden kann, wird die Flugbahn als Parabel berechnet. Der Langstreckenflug wird entlang einer Ellipse berechnet. Wir mussten die Ausdrücke Parabelzustellung oder elliptische Zustellung erfinden, um die in der Luftfahrt üblichen Ausdrücke per Flugzeug und auf dem Luftweg zu ersetzen. Die Erhöhung der Reichweite entlang einer Parabel oder eines Ellipsenbogens erhöht übrigens nur geringfügig die benötigte Treibstoffmenge. Beim Fliegen in der Atmosphäre wird bekanntlich so viel Treibstoff benötigt wie die Entfernung, und die Flugzeit verlängert sich um den gleichen Faktor. Es sei denn, die Beladung des Flugzeugs, seine Geschwindigkeit und die Wetterbedingungen werden als unverändert angesehen."

Paul Duke wollte versuchen, seiner Tochter die Worte des Ingenieurs mit einfacheren, „kindlichen" Worten zu erklären, aber Olivia brachte es auf den Punkt: „Papa, ich habe alles verstanden."

„Das geringe Gewicht des Cockpits", fuhr der Ingenieur fort, „wird es dem Flugzeug ermöglichen, in eine niedrige Mondumlaufbahn einzutreten und auf die Oberfläche zurückzukehren. Das planetarische Raumschiff könnte eingesetzt werden, um Männer, die ihre Schicht beendet haben, von der Mondoberfläche in eine mondnahe Umlaufbahn zu bringen, damit sie an ein interplanetarisches Raumschiff zwischen Erde und Mond andocken können, und um eine neue Besatzung vom interplanetarischen Raumschiff zur Mondstation zu bringen. Neben dem Triebwerk müssen auch eine Sauerstoffverflüssigungsstation und Armaturen zum

Befüllen des Flugzeugs mit flüssigem Sauerstoff zum Mond geliefert werden."

„Die Apollo 18 blieb am Nordhang des Gioja-Kraters, nicht wahr?" Olivias Interesse an diesem neuen und vielversprechenden Transportmittel wuchs.

„Ja", antwortete Bradley Norton dem jungen Mädchen, etwas überrascht von ihrer Aufmerksamkeit.

„Werden eure Kameraden das Triebwerk zu Apollo 18 bringen, es einbauen und die Apollo zur Siedlung fliegen?"

„Die Apollo 18 wird auf dem Landweg zur Siedlung transportiert werden müssen. Um einen alten Motor auszubauen und einen neuen einzubauen, braucht man Werkzeuge, Plasmaschneiden, Elektroschweißen, also die Ausrüstung eines Produktionsmoduls. – Kennen Sie ... Jack Simpson?"

„Ja, natürlich kenne ich ihn! Er und Onkel Wichrew blamierten sich, als sie den Mondrover zurückbrachten. Du nennst ihn jung, aber er ist erwachsen, und ich ... mag ihn", platzte Olivia heraus und sah ihren Vater böse an.

„Das stimmt, Jack Simpson ist ein junger Mann", bestätigte Paul Duke und tat so, als ob es so gemeint war. „Jack berechnet bereits, wie er die Achtzehnte mit zwei Mondrovern und zwei Robotern in die Siedlung bringen kann."

„Papa, wird das interplanetarische Schiff von der Erde aus starten?"

„Das interplanetare Raumschiff wird in eine stark elliptische Umlaufbahn gebracht, die die Erde umspannt und die Umlaufbahn des Mondes kreuzt. Für die Beförderung von Menschen von der Erde zu interplanetaren Raumfahrzeugen und zurück werden weiterhin herkömmliche Raumschiffe vom Typ Sojus zuständig sein. Das interplanetarische Raumschiff ist mit einem Antriebssystem mit geringer Leistung ausgestattet, das seine Flugbahn so anpasst, dass es zunächst die nächsten Schichtarbeiter in die mondnahe Umlaufbahn bringt und dann die zurückkehrenden Schichtarbeiter aus der mondnahen Umlaufbahn abholt. Außerdem ist das interplanetarische Schiff mit einem dicken Strahlungsschild und einem Anti-Meteoriten-System versehen. Es bietet alles, was für eine komfortable und sichere Unterbringung einer dutzendköpfigen Besatzung erforderlich ist."

„Das ist großartig!", rief Olivia aus. „Das interplanetarische Raumschiff könnte als Raumstation genutzt werden, wie die Orbitalstation Mir."

„Ganz genau!" Paul staunte über die Gelehrsamkeit seiner Tochter. „Das interplanetarische Schiff wird mit Forschungsgeräten ausgestattet und soll in einigen Monaten ins All starten."

„Wir hoffen, dass es bereits von den Mitgliedern der vierten Mondexpedition genutzt wird, fügte der Triebwerksingenieur hinzu. „Die Frachtlieferung wird nach dem gleichen Schema erfolgen. Außer ...", der Ingenieur wandte seinen Blick auf eine blauschwarze Konstruktion. Neben dem Planetentriebwerk befand sich ein schwarzer Steg. „Das Volumen der Biomasse im Gewächshaus muss erhöht werden." Während die Kohlenstoff- und Wasservorkommen des Mondes ausgebeutet wurden, sollten sechs Elemente des Lebens auf den Mond gebracht werden: Sauerstoff, Wasserstoff, Stickstoff, Kohlenstoff, Kalzium und Phosphor. Sauerstoff und Kalzium wurden in großen Mengen von einem Metallurgen gewonnen, der Aluminium aus Anorthit extrahierte. Die Quelle des Wasserstoffs und damit des Wassers war der vom Regolith adsorbierte Wasserstoff. Es wurde nur wenig Phosphor benötigt. Die Menge, die in Lebensmitteln ankam, war ausreichend. Die in der Atmosphäre benötigte Stickstoffmenge könnte erheblich reduziert werden, indem sie durch Argon und Helium aus dem Regolithen ersetzt wird. Es wurde eine geeignete Rasse von Bodenmikroben gezüchtet, die den Stickstoff aus der verarmten Luft assimilierten. Kohlenstoff hingegen wurde in großen Mengen benötigt.

Die Erfordernisse des Raumfahrtprogramms hatten die bereits vorhandene Chemie wieder in Gang gebracht. Es wurden robuste chemische Verbindungen für die Herstellung von Raumfahrzeugkarosserien, Antriebskomponenten und Landestellen vorgeschlagen.

Der Chemiekonzern Shell Chemicals hatte eine Kunststoffsorte für Kraftstofftanks von Landungsbrücken entwickelt. Der Kunststoff konnte der Kälte des Weltraums standhalten, war haltbar und reagierte chemisch nicht mit den Kraftstoffkomponenten. Die Besonderheit der Kunststoffe bestand darin, dass bei ihrer Verbrennung neben Kohlendioxid, Stickstoff und Wasser nur unschädliche Stoffe freigesetzt wurden, die von Pflanzen und Mikroorganismen aufgenommen wurden. Nach der Landung des Raumschiffs und dem Ablassen der Treibstoffreste sollten die Tanks zerbrochen und in einem Holzkocher verbrannt werden.

Das Beispiel von Shell Chemicals wurde von anderen Chemieunternehmen übernommen. Für Verbrauchsmaterialien, Einwegartikel und Reparatursets wurden kohlenstoffhaltige Stoffe entwickelt, die bei Verbrennung, Pyrolyse oder chemischer Zersetzung die organische Masse des Gewächshauses wieder auffüllten. Das Gestell der Podesttreppe, die Paneele und die Befestigungselemente wurden von der französischen Firma Total hergestellt. Die metallbesprühten Transceiver-Antennen wurden von den Experten bei Lowndell in den USA entwickelt. Chemikalien für verschiedene Arten der chemischen Analyse, für die Metallurgie und für die Orangerie wurden in Kunststoffbehältern geliefert. Auch

Konservendosen und Verpackungen wurden aus unbedenklichem Kunststoff hergestellt.

Auf der Ausstellung war ein klarer Trend zu erkennen: Alles, was sortenrein war, wurde aus Polymeren und organischen Stoffen hergestellt und trug zur Treibhausbiomasse bei. Alles, was haltbar sein sollte, wurde aus Keramik und Metall hergestellt.

Ein Raumanzug mit einer Klappe zum Innenraum, las Olivia das Schild am nächsten Exponat. Der Raumanzug ermöglichte es, den Wohnraum zu betreten, ohne die Luftschleuse zu durchlaufen. Ein Astronaut in einem Raumanzug stand mit dem Rücken zur Außenwand der bewohnbaren Kammer, sodass der Rucksack mit dem Lebenserhaltungssystem in eine spezielle Aussparung in der Wand fiel. Die Außenkontur der Anzugtür passte sich der Außenkontur des Hohlraums an; mechanische Greifer drückten den Anzug gegen die Wand, und entlang der Kontur wurde eine luftdichte Verbindung hergestellt. Sobald der kleine Raum zwischen dem Rucksack und der Aussparung in der Wand mit Luft gefüllt war und die Oberflächen von Staub befreit waren, öffnete sich die Aussparung, die gleichzeitig eine Tür war, zum Inneren des Raums. Dann öffnete sich die Klappe des Raumanzugs, ebenfalls zum Inneren des Raums. Die Person verließ den Raumanzug und fand sich in der Wohnkabine wieder. Der Raumanzug selbst mit seinen staubigen Stiefeln und Handschuhen blieb draußen.

Daneben befand sich ein weiterer Raumanzug. Er zeigte technische Lösungen auf, die es ermöglichten, den Kohlendioxid-Absorber auszutauschen, Wasservorräte aufzufüllen und die Batterie eines Raumanzugs von einer beliebigen Quelle im Freien, das heißt im Vakuum, aufzuladen, ohne in den Innenraum zu gehen.

Für die Gelenke der Raumanzüge erfanden die Schweizer Handwerker dehnungsstabilisierte Bälge aus dünnem elastischem Stahl. Während herkömmliche Metallbälgen in Längsrichtung beweglich waren, konnten sich die Finger bei der Erfindung der Handwerker vom Genfer See ohne Kraftaufwand im Inneren des Balges biegen und lösen, wenn ein großer Druckunterschied zwischen der Außenseite und der Innenseite des Balges bestand.

Wer wollte, konnte sich selbst davon überzeugen. In der großen Handschuhbox, die ein Weltraumvakuum simuliert, befanden sich mehrere Paar Handschuhe in verschiedenen Größen.

„Helfen Sie uns hier!“, wurde Olivia von einem alten Schweizer Stenografen fröhlich zugerufen. „Versuchen Sie, ein Stück Papier zu schneiden!“

Das Notizbuch und die Schere lagen unten im Handschuhkasten. Die kleinen Handflächen des Mädchens steckten in ihren Handschuhen. Mit der linken Hand nahm sie ein Blatt aus dem Notizbuch, steckte die Finger der rechten Hand in die Ringe der Schere und schnitt das Blatt auf die gewöhnlichste Weise zu.

Na und? Klappte das? Ja, es funktionierte. „Mit Handschuhen ist es einfach unangenehm“, antwortete Olivia und versuchte, die Dominosteine, die sich ebenfalls in der Schachtel befanden, aufzustellen.

„Ich wünschte, es wäre einfach nur so unbequem!“, rief der ehemalige Astronaut aus, steckte seine Hände in die Handschuhe und half Olivia, eine Dominokette zu bauen. „Im Weltraum haben wir uns bei der Arbeit mit Werkzeugen die Finger blutig gerissen. Hätten unsere Raumanzüge die gleichen Scharniere gehabt, hätten wir in zwei Stunden das Rad des Mondrovers abgeschraubt, als wir auf die

Gletscherspalte trafen“, bemerkte Bradley Norton und beobachtete, wie Olivia auf den Rand des Dominosteins drückte. Die Reihe der Spielsteine fiel ab und die Besucher gingen zum nächsten Exponat, das staubabweisende Beschichtungen zeigte.

Staubabweisende Materialien sollten Raumanzüge, Stiefel, Eingangstüren der mobilen Kabine und des Stößels, Tore des Produktionsmoduls und Roboter bedecken. Diese Materialien mussten jedoch vor Ort getestet werden. Das heiße Thema brachte Menschen zusammen, die ihre Fußspuren „auf den staubigen Pfaden ferner Planeten“ hinterlassen hatten – Astronauten früherer Apollo-Missionen.

Paul wandte seinen Blick von den Weltraum-Neuheiten ab und sah seine Töchter an. Olivia interessierte sich für alles: Raumanzüge, Triebwerke, Cockpits, Weltraumchemie. Sie verweilte in der Nähe des Karbonstegs. Die Stenografen, die Ingenieurinnen, schleppten Olivia nach oben auf den Steg und zeigten und erzählten ihr begeistert etwas. Paul hörte dem Gespräch zu. Olivias Äußerungen nach zu urteilen, war das Thema Weltraum, die technische Terminologie, für sie ziemlich klar und interessant.

Die Kleine wurde von den Standmädchen abgefangen, an den Tisch gesetzt und bekam Tee. Sie plauderte vergnügt mit den jungen Leuten, den Entwicklern der Sub-Satelliten-Kommunikationssysteme.

Das sub-satellitengestützte globale Ortungs- und Kommunikationssystem basierte auf einer Konstellation von Satelliten, die in niedrigen, mondnahen Umlaufbahnen kreisten. Ein Subsatellit ist ein Trabant eines Satelliten. Mondumlaufbahnen sind bekanntermaßen instabil, weil der Satellit den Mond umkreist, der wiederum die Erde umkreist, die wiederum die Sonne umkreist, die wiederum das Zentrum der

Galaxis umkreist, das sich ebenfalls in Bewegung befindet. Eine solch komplizierte Flugbahn bedeutet, dass ein Satellit, der den Mond umkreist, früher oder später entweder auf den Mond fällt oder die Mondumlaufbahn verlässt. Es gibt jedoch mehrere „eingefrorene“ Umlaufbahnen um den Mond, auf denen Satelliten über lange Zeiträume hinweg existieren können. Eine Konstellation von zwanzig Satelliten, die sich in eingefrorenen Umlaufbahnen befand, kommunizierte und lieferte, ähnlich wie GPS oder Glonass, eine genaue Positionsbestimmung für mobile und stationäre Teilnehmer auf der Oberfläche des Mondes sowie auf niedrig fliegenden Planeten.

Ein anderes Unternehmen wies darauf hin, dass eingefrorene Umlaufbahnen einen Sub-Satelliten sicherlich länger an Ort und Stelle halten würden als alle anderen, aber eine eingefrorene Umlaufbahn war immer noch instabil, und schlug eine alternative Option vor, die auf festen bodengestützten Repeatern basiert, die auf topografischen Höhen montiert waren. Da die praktische Erforschung des Mondes nur entlang von Stromleitungen möglich war, waren sowohl die Mondfahrt als auch die Kommunikationssysteme an Stromleitungen gebunden.

Paul bedankte sich bei seinen Freunden, die darauf bestanden hatten, dass er seine Mädchen zur Ausstellung mitnahm.

## Ode an den Gleichstrom

Auf Drängen des Chefingenieurs von Metropolia wurde auf der Istanbuler Messe ein Pavillon für Normung eröffnet. Bei den Besuchern des Pavillons, vor allem bei den Entwicklern von Weltraum- und Mondtechnologie, beklagten die

Mitarbeiter aus Metropolia das Fehlen eines internationalen Standards für außerirdische Technologien. Es gab zwar die International Aerospace Quality Group, aber die hatte nur die Genehmigung von Prüfprotokollen und nicht die Harmonisierung der Technologie selbst zum Ziel.

Die Nomenklatur der Ersatzteile drohte, größer zu werden als der Mount Everest. Um die hässliche Vielfalt einzudämmen, schlug Metropolia eine Vereinheitlichung und Standardisierung vor. Die Anschlüsse wurden vereinheitlicht: Strom, Gas, Flüssigkeit. Die Einheiten für Druck, Spannung und Temperatur wurden vereinheitlicht. Es sollten nur metrische Threads verwendet werden, die Computer sollten ein einziges Betriebssystem haben, und spätere Versionen sollten die Protokolle der früheren Computer verstehen und unterstützen. Die Idee war nicht neu. Später begannen die Entwickler aus Marketinggründen plötzlich, Protokolle und Schnittstellen zu ändern, und zwangen die Verbraucher so zum Kauf neuer Computer. Metropolis kehrte in die Vergangenheit zurück, das heißt, alle Computer mussten die gleichen Systeme verwenden. Sollte beispielsweise die Computerplatine eines Anti-Meteoriten-Teleskops ausfallen, könnte genau dieselbe Platine aus einem Kochsalzstreuer ausgebaut und in das Teleskop eingesetzt werden. Funkelemente, Ersatzteile, Komponenten von jedem Hersteller mussten in jedes Gerät, jede Einheit, jede Maschine passen.

Mit einem Wort – damit da draußen im Weltraum, auf dem Mond, alles passte. Der Mond hatte das Problem der Elektrizität aufgedeckt. Es bestand die Notwendigkeit, die Normen im Rahmen des Stromnetzes zu vereinheitlichen. Metropolia hatte vierhundert Volt Gleichstrom als Standard für Haushaltsstromnetze vorgeschlagen. Die Netzspannung betrug 400 Volt. Zweidrahtig. Das Kabel und die Buchse stellten einen Koaxialstecker dar. Ein Koaxialkabel war ein Kabel, bei dem die beiden stromführenden Adern aus zwei koaxialen Zylindern bestehen. Auf die mittlere Litze werden geformte Ringe aus dielektrischem Material gelegt.

„Keramische Wirbel. So nennen wir sie", sagte der Energetiker. „Über den Ringen befindet sich ein leitendes Geflecht oder ein Schlauch, der den zweiten Leiter des zweiadrigen Kabels darstellt. Ein gasgefülltes Kabel ist ähnlich aufgebaut, mit dem einzigen Unterschied, dass die dielektrischen Wirbel durchgehend angeordnet sind – jeder Wirbel hat einen Vorsprung, der in die Vertiefung eines benachbarten Wirbels eintritt. Auf diese Weise kann der Draht gebogen werden, ohne dass man sich Sorgen machen muss, dass die Mittellitze am Geflecht hängen bleibt. Das externe Kabel wird an die Minusseite des Netzteils angeschlossen. Zum Schutz gegen Stromschlag ist der Außenleiter mit einem größeren Querschnitt als der Mittelleiter ausgeführt. Außerdem ist der Außenleiter – ein Geflecht oder ein Schlauch – die Panzerung, die die Isolatoren und den Mittelleiter schützt."

Vierhundert Volt! Eine beängstigende Zahl. Einerseits war es bequem, Hochspannung an das Stromnetz anzulegen. Für die gleiche übertragene Leistung, aber mit einer höheren Spannung, erforderte Gleichstrom einen kleineren Leitungsquerschnitt. Das Gewicht des Drahtes wurde reduziert. Andererseits waren hohe Spannungen gefährlich für elektrische Schläge. In den verschiedenen Ländern galt eine Haushaltsspannung, die von 100 Volt in Japan bis 240 Volt in Kenia reichte. Interessant, dass sowohl hundert Volt als auch zweihundertvierzig Volt „wissenschaftlich" fundiert waren.

Er wusste aus Erfahrung, dass die Gefahr eines Stromschlags nicht so sehr in der Spannung selbst, sondern in der Umgebung lag. Hochspannung war ziemlich sicher, wenn die Person trockene Schuhe und Hände hatte und keine stromführenden Teile in der Nähe waren. Aber an feuchten, ungeschützten, unbedeckten Körperstellen konnten selbst fünfzig Volt einen schwer treffen. Selbst sechsunddreißig Volt waren bei Arbeiten in einem Metalltank tödlich.

All dies waren nicht die abstrakten Überlegungen eines Mannes, der weit von der Elektrizität entfernt war. Seit seiner Jugend hatte er mehr als einmal einen Stromschlag erlitten, als er aus Unwissenheit einen stromführenden Transformator lötete oder aus Leichtsinn einen geladenen Kondensator anfasste. Er hatte bereits mehrmals einen Stromschlag bekommen, der ihn Gott sei Dank nicht getötet hatte. Es handelte sich sowohl um Gleichstrom als auch um Wechselstrom, und er konnte den Unterschied zwischen Gleichstrom und Wechselstrom buchstäblich auf seiner eigenen Haut spüren. Vierhundert Volt Gleichstrom waren viel sicherer als zweihundertvierzig Volt Wechselstrom mit industrieller Frequenz. Das war sogar sicherer als die hundertzehn Volt, die von den vorsichtigsten Ländern angenommen wurden.

Die Norm für den Spannungswert eines Gleichstromnetzes ließ ebenso wie die Wechselstromnorm eine große Willkürlichkeit zu. Der leitende Energieoffizier hatte vierhundert Volt im Alleingang und ohne Absprache mit anderen genommen. Es war nämlich unmöglich, dreihundert, vierhundert oder fünfhundert Volt wissenschaftlich zu begründen, und wenn doch, dann hatte der leitende Energiebeauftragte vierhundert Volt aus seiner eigenen sensorischen Erfahrung heraus zugeordnet.

Die Normen für Steckdosen, Stecker, Kabel, Beleuchtungs- und Heizungsgeräte wurden umgehend entwickelt und verabschiedet.

Die Besucher des Pavillons, vor allem Entwickler und Hersteller, sahen den von Metropolia vorgeschlagenen Standard als nicht verhandelbar an: Wenn der Metropolia-Spezialist dies sagte, dann war es so. Sie hatten einfach die Parameter des heimischen Stromnetzes in ihren Notizbüchern notiert, um eine außerirdische Technologie unter vierhundert Volt entwickeln zu können. Auf diese Weise wurde der Vorschlag des Energiebeauftragten de facto zum Standard; Metropolia hatte sich praktisch zu einem Normungsgremium für die Raumfahrttechnologie entwickelt.

Der Nutzen des Mondstandards auch für irdische Angelegenheiten war offensichtlich. Denn viele Geräte richteten den Wechselstrom zunächst gleich und wandelten ihn dann in die gewünschte Qualität um. „Eine Zweidraht-Gleichstromleitung überträgt die Leistung des elektrischen Stroms am effizientesten und ist sogar effizienter als eine Dreileiter-Drehstromleitung aufgrund einer gewissen Verringerung der Querschnittsfläche der Leiter und der Verluste. Darüber hinaus ist die sehr einfache Zweidraht-Koaxialsteckdose durch den versenkten Mitteldraht herkömmlichen Steckdosen in puncto Sicherheit überlegen. Die kosmische Spannung wird von ziemlich irdischen Ingenieuren aufgegriffen. Es besteht die Möglichkeit, die inländischen Stromnetze in allen Ländern zu harmonisieren. Die Norm erweist sich als sehr praktisch. Und da die Umstellung auf die neue Planetennorm bevorsteht, was alle Besucher des Pavillons zu spüren bekommen, ist es sinnvoll, in jeder Steckdose einen Fehlerstromschutzschalter zu installieren. Das Gerät schaltet den Rasenmäher ab, wenn es einen Stromausfall erkennt. Wenn der Kühlschrank bei Berührung zwickt, bedeutet dies, dass Strom ausfließt. Das ist die Schuld des Kühlschranks und eine Gefahr für den Nutzer. Eine Sicherheitsabschaltung schaltet den Kühlschrank aus und schützt so die Person. Vierhundert Volt Gleichstrom. Das ist jetzt überall Standard."

Es besteht keine Notwendigkeit, Standards zu züchten ... Der Standard des Vier-Volt-Stromnetzes war nicht nur gut. Er war großartig. Die Stromarbeiter waren mit seiner Einfachheit zufrieden. Die Sicherheitsingenieure waren mit der Sicherheit zufrieden, die Geräteentwickler waren mit dem Gleichstrom aus Bequemlichkeit zufrieden (man bedenke, dass im neunzehnten Jahrhundert der Wechselstrom bequem war, deshalb hatte er die Welt erobert, und die Welt unterstützt immer noch den Wechselstrom), und schließlich waren keramikisolierte Drähte brandsicher.

Neben der Norm für Elektrizitätsnetze hatte Metropolia auch Normen für Gasnetze, Rohrleitungen und Rohrverbindungen festgelegt. Und natürlich die Einhaltung des internationalen Einheitensystems, des SI-Systems.

Die Idee der Austauschbarkeit, Standardisierung und Universalität wurde abgelehnt. Ein Besucher der Ausstellung bemerkte dazu: „Das Gewicht ist für die Raumfahrttechnik sehr wichtig. Die Austauschbarkeit führt zu einer Gewichtszunahme, z.B. durch zusätzliche Steckverbindungen. Denn um eine Computerplatine aus dem Salzstreuer herauszuholen, muss die Platine im Sockel stecken. Die Raumfahrtkonstrukteure versuchen, unnötige Anschlüsse zu vermeiden, um das Gewicht zu reduzieren, die Kabellänge zu verkürzen und die Zuverlässigkeit zu erhöhen. Die Vielseitigkeit führt dazu, dass einige Bauteile unnötige Funktionen haben, die für das Gerät nicht erforderlich sind. Eine Salzgewinnungsanlage benötigt beispielsweise keinen sehr leistungsstarken Prozessor mit Zwangskühlung, ein Teleskop hingegen schon."

„Sie haben völlig recht“, antwortete der Chefingenieur von Metropolia. „Wir müssen auf Universalität und Austauschbarkeit setzen, um die Anzahl der Ersatzteile an Bord eines Raumschiffs oder einer außerirdischen Station auf ein Minimum zu reduzieren. Das Problem der Ersatzteile und der Wartbarkeit wäre bei einem interplanetaren Raumfahrzeug noch akuter.“

„Nur absolut zuverlässige Geräte sollten ins All geschickt werden!“, erklärte der Besucher unmissverständlich.

„Ja?!“, rief der Chefingenieur ironisch aus. „Wenn Sie wüssten, wie viele *absolut zuverlässige* Fahrzeuge im Weltraumzeitalter der Menschheit verloren gegangen sind! Es ist unmöglich, ein *absolut zuverlässiges* Raumschiff zu bauen. Überschüssige Ressourcen an bemannten Raumfahrzeugen sind der Preis, den wir für die Invasion des Weltraums zahlen werden. Nicht umsonst heißt es in dem Lied: Ich glaube, Freunde, an Raketenkarawanen ... Warum eine Raketenkarawane und nicht ein großes Raumschiff? Denn wenn einem Raumschiff etwas zustößt, nimmt das andere die in Not geratene Besatzung auf ... Eine Karawane ist vielleicht übertrieben, aber ich glaube, dass Raumschiffe im tiefen Weltraum zumindest zu zweit fliegen sollten.“

„Warum umkreist dann die internationale Orbitalstation die Erde allein?“

„Sie hat ein Rettungsboot – das gleiche Sojus-Raumschiff, mit dem die Astronauten zur Station gekommen sind. Aber in der Marsumlaufbahn wird ein Landeplatz nicht helfen. Je weiter ein Raumfahrzeug in den Weltraum vordringt, desto mehr Aufmerksamkeit muss der Konstrukteur der Wartbarkeit und Überlebensfähigkeit widmen, was, seien Sie versichert, sowohl zusätzliche Masse als auch zusätzlichen Stromverbrauch bedeutet.“

## Der Pavillon Konzepte

Die Exponate des Pavillons spiegelten eine Vision, eine Strategie für die Erforschung des Mondes wider.

Die Produktionsstätte würde mit zuverlässigen, automatischen Anlagen ausgestattet sein. Die Werkstätten befanden sich unter freiem Himmel. Da es auf dem Mond kein Wetter gab, machte es keinen Sinn, Gehäuse für die Maschinen, den Montagebereich und die Lagerhäuser zu bauen. Die Anlagennetze wurden nur durch die Stromversorgungs- und Gasein- und -auslassleitungen dargestellt. Flüssigkeiten wurden in keiner Form verwendet. Metallbearbeitungsgeräte wurden ohne Hydraulik konstruiert; anstelle von Schmier- und Kühlflüssigkeit wurden Festschmierstoffe verwendet. Die Kühlung der Geräte erfolgte ausschließlich durch Abstrahlung in den Raum. Geplant war der Einsatz vielseitiger zentauroider Roboter. Eine Person sollte nur in undurchsichtigen, komplizierten Fällen eingreifen.

Energietechniker stellten den Besuchern das globale Stromnetz des Mondes vor. Erdähnliche Gleichstromleitungen verbanden eine Vielzahl von Solarkraftwerken und Stromverbrauchern, die über die Oberfläche des Planeten verstreut waren. Die Sendemasten und Isolatoren waren vollständig lokal, das bedeutete auf dem Mond hergestellt.

Die Messungen der Stereo-Videokameras und des Laser-Entfernungsmessers wurden verwendet, um eine Karte des Mondes zu erstellen. Die Karten waren dort detailliert und genau, wo sich das Fahrerhaus mit eingeschalteter topografischer Vermessung befand.

Das Fehlen einer Atmosphäre bot großartige Möglichkeiten zum Schmelzen hochreiner, hochpräziser und mehrkomponentiger Legierungen. Auf der Erde war die Vakuumtechnik nur in kleinem Maßstab in speziellen Vakuumkammern möglich. Außerdem herrschte auf dem Mond ein viel tieferes Vakuum als in den Labors der Erde.

Das Gewächshaus. Das riesige Gewächshaus war ein langes Rohr, das tief in den Boden eingegraben war und aus selbst hergestellten Aluminiumblechen geschweißt wurde. Es verband sich mit dem Stempel durch einen zylindrischen Korridor.

Es wurde das Konzept einer ultratiefen Bohranlage entwickelt. Natürlich waren alle Prozesse automatisch. Ein Entwurf für eine elektromagnetische Kanone, die Forschungsschiffe in die Tiefen des Weltraums schicken kann, wurde enthüllt. Die hohe Anfangsgeschwindigkeit des Raumschiffs ermöglichte es ihm, den Rand des Sonnensystems in wenigen Monaten zu erreichen.

Viele Menschen hatten die Ausstellung besucht. Unternehmen und Konzerne wollten die technischen Herausforderungen des Weltraums meistern. Sie wünschten sich einen Auftrag zur Entwicklung und Lieferung ihrer Produkte für Raumfahrt- und Mondprogramme. Unter den Wissenschaftlern gab es eine Kontroverse um die Ausstellung. Die Absolventen hatten hier eine Anstellung gefunden. Die Familienoberhäupter glänzten mit ihrem Wissen über Weltraumtechnologie: Alles, was die Jugendlichen interessierte, wurde von ihren Vätern vernünftig und klar erklärt. Die Frauen wiederum bewunderten ihre Ehemänner.

## Konferenz

Im Anschluss an die Ausstellung fand in Istanbul die Konferenz „Der Mann auf dem Mond“ statt. Der türkische

Premierminister hielt eine Begrüßungsrede: „Hallo, verehrte Aussteller und Gäste! Willkommen, liebe Mitbewohner der Erde, in unserer herrlichen Stadt! Das antike Byzanz, das mittelalterliche Konstantinopel und das moderne Istanbul haben die Kultur des antiken Griechenlands in sich aufgenommen und verbinden Europa und Asien, das Schwarze Meer und das Marmarameer. Seit Menschengedenken führen Land- und Seewege durch Istanbul. Istanbul entwickelte sich im zwanzigsten Jahrhundert zu einem bedeutenden Luftverkehrsknotenpunkt. Und nun, im einundzwanzigsten Jahrhundert, kommen zu den See-, Land- und Luftwegen auch noch Weltraumrouten hinzu. Wir freuen uns, Sie zu sehen, die Menschen, die an der Erforschung des Mondes beteiligt sind. Länder und Konzerne, Unternehmen und Institutionen, aber auch Einzelpersonen haben ihr Engagement für den Weltraum und den Mond unter Beweis gestellt. Keine andere Ausstellung auf der Welt hat jemals so viele Menschen angezogen! Die Türkei ist ein offenes Land. Mit vielen Ländern wurde ein Abkommen über visafreies Reisen unterzeichnet. Die Türkei bietet ein günstiges Umfeld für Unternehmensinvestitionen. Die Wirtschaft wächst dynamisch. Die Türkei verfügt über starke wissenschaftliche und technologische Kapazitäten und die notwendigen Ressourcen für Innovationen, um Raumfahrtprogramme durchzuführen. Wir sind bereit, Ihnen unsere Fähigkeiten zur Verfügung zu stellen. Die Erforschung des Mondes ist nicht nur eine wissenschaftliche, technische, technologische oder wirtschaftliche Herausforderung. Sie ist ein Problem der Interaktion zwischen den Völkern, die unseren Planeten bewohnen! Ich fordere diejenigen, die bei dieser äußerst interessanten und lohnenswerten Sache noch am Rande stehen, auf, ihre Zweifel zu überwinden und sich unserer Arbeit anzuschließen! Der Mond geht alle Erdbewohner an!“

Tausende von Zuschauern spendeten dem Publikum stehende Ovationen. Das Milliardenpublikum im Fernsehen nickte zustimmend.

Dann meldete sich der Direktor der NASA zu Wort, er sagte: „Der Mond ist bereits zu einem Forschungslabor geworden. Forscher aus vielen Ländern haben ein vielseitiges wissenschaftliches Programm zur Erforschung des Mondes selbst, des Sonnensystems, des Weltraums und der Vakuumphysik gestartet. Das Wissenschaftsprogramm stützt sich auf die bestehende Mondstation und Infrastruktur: Stromleitungen, die Straße, Mondmobile. In nicht allzu ferner Zukunft werden den Wissenschaftlern Flugzeuge und Raumschiffe, Strom im Überfluss, Baumaschinen, Bohrinseln, Produktionsanlagen und Roboter zur Verfügung stehen. Die Forschungsarbeit bezieht die weltweite wissenschaftliche Gemeinschaft in die Durchführung von Experimenten, die Interpretation der Ergebnisse und die Definition von mondwissenschaftlichen Themen ein.“

Auf diese Worte hatten die Wissenschaftsminister gewartet. Es waren diese Worte, die gesprochen wurden.

Der Direktor von Roscosmos ergriff das Wort: „Die Strategie zur Erforschung und Besiedlung des Mondes beruht auf drei Prinzipien: Erstens findet die Monderkundung in der Nähe von Stromleitungen statt, d.h. es gibt Strom in der Nähe; zweitens werden nur leichte, aber komplexe Teile auf den Mond geliefert, während schwere, aber technologisch einfache Teile auf dem Mond produziert werden; drittens werden Roboter zur Montage und Bedienung der Mondtechnik eingesetzt, für die die Entwickler die entsprechenden Programme schreiben. Die auf der Ausstellung vorgestellten

Konzepte lassen auf einen sehr weit verbreiteten Einsatz von Robotern bei der Erforschung des Mondes schließen. Dem Menschen bleibt es überlassen, zu leben, zu beobachten, zu planen und zu erfinden, egal, ob er sich auf dem Mond, in einer Raumstation oder auf der Erde befindet. Jeder kann den Mond anfassen, an seiner Erforschung teilnehmen und ihn studieren. Der Außenposten der menschlichen Zivilisation hat sich weiterentwickelt, ist schließlich auf einen anderen Planeten vorgedrungen! Die Mondsiedlung war ein Erfolg. Die Bewohner, zunächst die Besatzungsmitglieder, werden die Möglichkeit haben, den Mond in großem Maßstab zu erforschen, zu begreifen und zu bewohnen. Drei Mondbewohner und eine Kompanie von Zentauroiden sind in der Lage, jahrhundertealte Träume der Menschheit zu erfüllen!"

Nicht nur Astronomen und Astronauten, sondern auch viele Menschen hatten das Gefühl, dass der ferne, aschgraue Nachthimmel plötzlich ihr Arbeitsplatz, ihr Studienobjekt, ihr Tätigkeitsfeld wurde.

Die Aussteller traten auf das Podium. Sie sprachen gerne über das, was sie erreicht hatten, und zeigten sich begeistert und hoffnungsvoll über ihre Pläne. Was für die Mondbewohner gut war, war es auch für die Erdbewohner.

Die Roboterbauer wiesen darauf hin, dass bewährte Roboter wie Mascha, Dascha und Grischa in der irdischen Industrie eingesetzt werden. Das Prinzip „Roboter tun, was Menschen tun und wie sie es tun" hatte sich als äußerst produktiv erwiesen. Sie ließen sich leicht in bestehende Prozesse integrieren und an verschiedenen Arten von nicht automatisierten Geräten und Maschinen anbringen, bei denen keine Kreativität erforderlich war. Sie hatten ihren Platz auf dem Bauernhof, auf der Plantage und teilweise auf der Baustelle gefunden.

Celeste, die Vertreterin der chemisch-pharmazeutischen Kooperation, sagte, dass sie bereits Anfragen für Extraktions- und Synthesegeräte für Schiffe erhalten hatten, die längere Zeit auf See blieben, sowie Anfragen von polaren Militärstützpunkten und Wetterstationen.

Dehnungsstabilisierte Verbindungen wurden von U-Boot-Fahrern und Handschuhfachherstellern gewünscht.

Die Regenwürmer von Herrn Chan waren zu einer Delikatesse in den renommiertesten Restaurants Europas geworden.

Die Autohersteller probierten die Mondrover-Software für ihre Fahrzeuge aus und rechnen damit, dass der Gesetzgeber bald autopilotlose Fahrzeuge von öffentlichen Straßen verbannen würde.

Die Hersteller medizinischer und elektronischer Geräte, Innenarchitekten und Automobilhersteller zeigten allesamt Interesse an staubabweisenden Beschichtungen.

Die Ausstellung wurde auch von Menschen besucht, die offenbar nichts mit dem Kosmos zu tun hatten. Sie entwarfen Ideen für irdische Angelegenheiten. Sie versuchten, originelle Entwürfe und Lösungen zu finden. Sie versuchten, die Weltraumtechnologie auf der Erde anzuwenden.

Das letzte Wort hatten die Kommandanten der achtzehnten und zwanzigsten Apollo-Mission. Bradley Norton dankte den Männern, die die Apollo-18-Mission geplant und gesichert hatten. Er wies darauf hin, dass alle Schwierigkeiten, die bei der Verlegung der Stromleitungen und dem Bau des Kraftwerks aufgetreten waren, beseitigt worden waren. Und jetzt, im Vorfeld des Starts von Apollo 20, war der Pioniergeist neu entfacht; Labors und Planer antizipierten mögliche Probleme und schlugen originelle Lösungen vor. Norton wünschte der Besatzung der „Zwanzigsten" einen erfolgreichen Flug und eine sichere Rückkehr.

Alexander James sagte: „Der Beruf des Astronauten ist ein Dienst an der Menschheit. Wir fliegen, um die Arbeit unserer Kameraden fortzusetzen, um uns fest auf dem Mond zu etablieren, um die Expansion der Menschheit in den Weltraum auszuweiten. Wir wissen nicht, welche Herausforderungen auf uns zukommen werden, aber wir sind sicher, dass die neuen Herausforderungen Millionen von Menschen unmittelbar betreffen werden, für die der Mond und der Weltraum ebenso nah sind wie für uns. Man muss diese Sache bis zum Ende durchziehen. Die Apollo 20 krönt das 1961 beschlossene Programm für bemannte Mondmissionen. Wir sind stolz darauf, dass es an uns ist, das Apollo-Epos zu vollenden."

James versicherte, dass seine Mannschaft für die Mission bereit sei und ihr Bestes tun werde, um dem Vertrauen der Erdbewohner gerecht zu werden. Über die Konferenz wurde ebenso wie über die Ausstellung in der Presse ausführlich berichtet.

## Die unsichtbare Seite des Monds

Der kleine Raumfrachter mit Roboterteilen und einer mobilen Kabine war eingetroffen.

Das Fahrerhaus wurde gereinigt, repariert und die Polsterung erneuert. Mascha wurde mit einer neuen Batterie ausgestattet. Grischa hingegen war eine kleine Herausforderung. Die Tosi-Ingenieure hatten das Programm für Transplantationschirurgen für Dascha und das Programm für OP-Schwestern für Mascha heruntergeladen. Grischa legte sich auf ein

Gestell im Produktionsmodul, der Strom wurde abgeschaltet und das Chirurgenteam begann mit der Operation. Drei Stunden lang schraubte Dascha zunächst die Muttern ab, löste die Kabel und Drähte und legte Grischa dann rückwärts neue Arme an. Mascha half mit: Sie reichte Schraubenschlüssel, Muttern und Lötkolben. Die drei Männer saßen mit Atemschutzgeräten in einiger Entfernung und beobachteten ehrfürchtig den Vorgang, bereit, jeden Moment zu helfen. Die Operation war ein Erfolg. Grischas „Gehirn" wurde neugestartet, um fortschrittlichere, präzisere Hände zu steuern. In einer folgenden Prüfung fädelte er mühelos eine Nadel ein.

Sie machten sich auf den Weg. Mascha und Dascha wurden auf der Farm zurückgelassen, um Gase aus dem Regolith zu verdampfen. Sie bereiteten sich sorgfältig auf die bevorstehende Expedition auf die unsichtbare Seite des Mondes vor, ließen sich Zeit. Sie freuten sich auf die Reise.

Sie luden den Kühlschrank mit Lebensmitteln voll und brachten ein behelfsmäßiges Bett und einen Stuhl herein. Anstelle des geologischen Hammers, der auf dem Boden des Kraters Gioja lag, nahm Wichrew einen Schlosserhammer aus der Werkstatt. Grischa kletterte auf den Bau-Mondrover. William nahm den Sitz des Kommandanten ein, Marcel den Pilotensitz, und Georgij entspannte sich in einem Behelfsstuhl. Es wurde in der Mitte des Ganges positioniert, dann rollten sie in Richtung Nordpol. Der Bau-Mondrover fuhr voraus. Der Staub flog unter den Rädern hervor und setzte sich sofort wieder ab. Sie fuhren so schnell, wie es die Straße und die Elektromotoren zuließen, und das aus gutem Grund. In Baikonur bereitete sich Energia auf den Start vor. Sie würde ein Umspannwerk, ein Breitband-Kommunikationsmodul, ein Stromkabel und vor allem sechs Teleskope an den Nordpol liefern: ein optisches, ein Röntgen-, ein Infrarot-, ein Gammastrahlen-, ein Radioteleskop und ein Antimeteoroid-Teleskop, zusätzlich zu den beiden, die bereits im Camp installiert waren. Vorher mussten die Freunde einen Ort finden, um eine Sternwarte einzurichten. Einen Ort, den die Sonnenstrahlen nie erreichten. Astronomen hatten seit dem letzten Jahrhundert mehrere Standorte für Polarteleskope identifiziert. Die Mondbewohner mussten sich für die komfortabelste Variante entscheiden.

Die flache Straße brachte sie schnell zum Umspannwerk im Zentrum von Peary, wo sie die Batterien mit Strom auffüllten. Dann war es nur noch eine kurze Fahrt bis zum Nordpol. Einen Kilometer vom Pol des Mondes entfernt fanden sie eine flache, weite Fläche, die von einer hohen Berme eines jungen Kraters begrenzt wurde – ein idealer Platz für ein Observatorium. In der Nähe des Kraters wurde eine Funkstation eingerichtet, und der Raumfrachter empfangen.

Wilson lud eine Kabelrolle auf den Mondrover und machte sich mit Grischa auf den Weg zur Stromleitung. Das Polarkraftwerk erzeugte mit seinem Ostflügel Strom, das Hauptkraftwerk mit seinem Westflügel. Auf Befehl der Erde schalteten beide Kraftwerke die Stromerzeugung ab und die Stromleitungen stromlos. Grischa schloss unter Wilsons Aufsicht das Kabel an die Stromleitung an, und der Mondrover mit der Spule bewegte sich langsam auf das Observatorium zu. Das Kabel wurde abgewickelt. An einigen Stellen wurden es in speziell vorbereitete Rillen gelegt und mit Erde bedeckt. Dies geschah, damit Mondrover und Zentauroiden ungehindert darüberfahren konnten. An anderen Stellen wurde das Kabel auf der Oberfläche belassen, um die Wärme abzuleiten. Insgesamt wurden dreizehn Kilometer Kabel verlegt: Das war die Strecke von der Stromleitung bis zur Sternwarte.

Trial und Wichrew hatten die Teleskope bereits vor Ort gebracht. Es wurde eine Trafostation installiert und die Teleskope wurden daran angeschlossen. Die Parabolantenne des Breitbandmoduls war auf den ersten Repeater ausgerichtet, der auf dem Pass zwischen Peary und Byrd installiert war. Das Ende des Kabels war bereits mit dem Umspannwerk verbunden, als Wilson mit der fast leeren Kabelrolle vorfuhr. Auf Befehl der Erde gaben beide Kraftwerke wieder Strom ab. Die Teleskope erwachten zum Leben, ihre LEDs blinkten, ihre Köpfe drehten sich. Die Astronomen begannen mit dem Test. Die hervorragend konstruierten und gefertigten astronomischen Instrumente erforderten keine Eingriffe der Männer, und Metropolia gab den Befehl, die Reise fortzusetzen.

* *

Das Polarkraftwerk füllte die Batterien mit Strom. Ein Teil der Sonnenkollektoren wurde demontiert und auf den Mondrover geladen. Die Mondrover würden sich nun entlang des einhundertachtzigsten Meridians von der Erde entfernen. Und wenn die Batterien erschöpft sein sollten, würde ein Teil des Polarkraftwerks zusammengebaut.

Auf der unsichtbaren Seite des Mondes brach der Tag herein. Die Mondbewohner hatten vierzehn Erdtage Zeit, um die zirkumpolare Region zu erforschen und geologisch zu untersuchen. Sie konnten jeweils eine halbe Batterieladung lang strahlenförmig in unerforschte Gebiete vordringen. Am Ende des Mondtages auf der unsichtbaren Seite des Mondes ging es dann nach Hause. Sie würden also erst am Polarkraftwerk und dann am Polarkraftwerk im Peary-Zentrum ihre Batterien aufladen und sich dann auf den Heimweg machen.

Drei Männer, drei Mondbewohner, drei Freunde, die es genossen, dort zu sein. Der Austausch und die interessante Arbeit in einer unbekannten Welt machten das Leben sinnvoll und notwendig für diese Menschen, die in die Zukunft blickten.

Marcel Trial war von der Liebe und Fürsorge seiner Kameraden umgeben. Was konnten William und Georgij alles für ihren Kameraden tun? Sie blieben Freunde, wie sie es schon gewesen waren, bevor sie zum Gioja flogen. Wie könnten William und Georgij je vergessen, was Marcel für sie getan hatte? Niemals, natürlich. Die Dankbarkeit würde in ihren Seelen bis zu ihrem letzten Herzschlag weiterleben. Würden sie sich bei jeder Gelegenheit bei Marcel für ihre Rettung bedanken? Auf keinen Fall!

Georgij war längst in einem Alter, in dem die Freunde aus seiner Jugendzeit in weite Ferne gerückt, verloren und verschwunden waren. Glücklich sind diejenigen, die sich ihre Freunde bis ins hohe Alter bewahren können. Georgij hatte in dieser Hinsicht Glück: Im Alter von fünfundsechzig Jahren hatte er neue Freunde gefunden – loyale, liebevolle und weise. Solche Freunde findet man auch als junger Mensch nicht einfach.

William – in seinen Fünfzigern – hatte seine Jugendzeit im Kreise seiner älteren Kameraden durchlebt. Marcel und Georgij bewunderten ihren Kommandanten. Sie schufen eine Atmosphäre der Wärme, in der William gebadet wurde.

**

Die Saturn-5-Rakete hob von Cape Canaveral ab und hob das Raumschiff Apollo-20 in den Himmel. Das Raumschiff trat in eine kreisförmige Erdumlaufbahn ein, erhielt aber sofort einen Beschleunigungsimpuls und bewegte sich auf eine Flugbahn zum Mond. Die Schwerelosigkeit setzte ein. Das Tablet von Alexander James schwebte. Eitan Schneider musste sich übergeben. Für ihn war es der erste Flug ins All. Über Funk hörte Sinaida die aufgeregte, fröhliche Stimme ihres Mannes. Er gratulierte der Besatzung zum Erreichen der passiven Flugbahn. Es bedeutete, dass sie bald, sehr bald, ihren geliebten Georgij sehen, ihn umarmen, sich an ihn kuscheln und er ihr sanft das Haar streicheln würde ...

Sergei Rudakov ist im Jahre 1959 in Frunze geboren. Er hat die technische Hochschule (**Kirgisische staatliche technische Universität**) im Fachbereich Elektroingenieur beendet. Herr Rudakov hat als Ingenieur gearbeitet. Technik und Ingenieurwesen waren immer sein Beruf und sein Hobby. Sein Interesse in der Wissenschaft und in der Technik war immer mehr als nur eine Produktionsbedarf. Er ist sich immer auf die Kosmonautik, Radioelektronik und IT-Technologien interessiert.

Schon im Erwachsenalter erlernte er die Pilotierung eines Hubschraubers und eines Leichtflugzeugs. Herr Rudakov beschäftigt sich auch mit der Nachhilfe bei der Physik und bei der Mathematik. Seine Schüler gehen in die renommierten russischen Universitäten.